Leben atmen

Pilgern auf dem Franziskusweg von Assisi nach Rom

Simone & Anton Ochsenkühn

Leben atmen

Pilgern auf dem Franziskusweg von Assisi nach Rom

Simone & Anton Ochsenkühn

Konzeption/Koordination:	amac-buch-Verlag GbR
Design / Layout:	Simone Ochsenkühn
Fotos:	Simone und Anton Ochsenkühn
Karten:	Simone Ochsenkühn
Bildbearbeitung:	NUREG, Nürnberg
Druck und Bindung:	Eitzenberger Media Druck Logistik, Augsburg (D)

klimaneutral gedruckt
www.natureOffice.com / DE-133-460328

amac-buch-Verlag GbR Ochsenkühn
Erlenweg 6 · D-86573 Obergriesbach
info@amac-buch.de · www.amac-buch.de
Tel. +49 (0) 82 51/82 71 37
Fax +49 (0) 82 51/82 71 38

ISBN 978-3-940285-06-5

1. Auflage, Dezember 2008

Inhalt

> *»Vergangenheit ist Geschichte,*
> *Zukunft ist Geheimnis,*
> *aber jeder Augenblick ist ein Geschenk«*

Tibetisches Sprichwort

Zwei Wochen pilgern, von Assisi nach Rom, zirka 250 Kilometer – na und!?

Erst während unserer Reise merkten wir, dass es doch ein hartes Stück Arbeit ist, 250 Kilometer in 15 Tagen zu »erwandern«. Aber es lohnt sich allemal, denn wir wanderten durch unglaublich herrliche Landschaften, erlebten interessante Menschen, genossen viele Begegnungen. Und vor allem: Wir fanden den Weg zu uns selbst.

Jeden Tag ungefähr 20 Kilometer zu gehen, hört sich zunächst nicht besonders anstrengend an und dennoch ist es äußerst mühevoll. Denn zum einen ist der von uns gewählte Monat August ein sehr heißer »Pilgermonat«. Das Thermometer kletterte in den Anfangstagen deutlich über 35 Grad, teilweise erreichte es

die 45-Grad-Marke. Und die umbrischen Berge haben es auch in sich. So mussten wir an manchen Tagen Aufstiege mit 1000 Höhenmetern bewältigen. Anschließend ging es wieder 1000 Höhenmeter bergab, zumeist ohne auf Menschen, sprich Dörfer oder Siedlungen, zu stoßen. So mussten wir die gesamte Flüssigkeit und den Nahrungsmittelvorrat mit uns tragen.

Zudem haben wir die Wanderung ohne einen Tag Pause bestritten. Jeden Morgen nach dem Frühstück hieß es, die Schuhe zu schnüren, den Rucksack zu packen, Verpflegung zu organisieren und sich auf den Weg zu machen.

So wurde diese Pilgerreise zur intensivsten Erfahrung unsers bisherigen Lebens. Dieses Buch soll unseren Weg dokumentieren, möchte unsere

gesammelten Gedanken aufzeichnen und Ihnen, liebe Pilger/-innen und Wanderfreunde, die Möglichkeit geben, unseren Weg durch die wunderbare italienische Landschaft nachzuverfolgen – mit herrlichem Essen und mit vielen spirituellen Orten, Klöstern und Kirchen, deren Besuch sich auf jeden Fall lohnt.

Wir haben versucht, die Wegbeschreibungen so genau und exakt als möglich zu erfassen, so dass ein »Nachwandern« ohne zusätzliches Kartenmaterial eigentlich denkbar sein sollte. Wir können jedoch keine 100-prozentige Garantie dafür übernehmen. Sollten Sie sich nicht ganz sicher sein, empfehlen wir Ihnen, sich das erforderliche Kartenmaterial zu besorgen.

Die Tagesetappen sind durchschnittlich zwischen 15 und 25 Kilometer lang, also nach einer vernünftigen

Vorbereitung und mit einer durchschnittlichen Kondition sicherlich machbar, auch wenn einzelne Tagesetappen an Ihren Kräften zehren werden. Unerlässlich ist es, Ihr Equipment vorher genau zu prüfen und sich nur mit qualitativ hochwertiger Ausrüstung auf den Weg zu machen. Denn 15 Tage pilgern sind kein Pappenstiel und die kompletten 250 Kilometer wollen erst gewandert sein. Achten sie auf gutes Schuhwerk und auf gute Rucksäcke. Bedenken Sie exakt, was Sie mitnehmen, denn jedes Gramm zu viel werden Sie auf diesem Weg bitter büßen müssen. Aber, und dieses Versprechen gilt: Sie werden als veränderter Mensch zurückkehren, nach zwei Wochen tiefer Erfahrung vor allem mit sich selbst.

Wir selbst sind den Weg gegangen, um unser Leben aus der wohl tiefsten gemeinsamen Krise zu führen. Der Alltag, die Regelmäßigkeit haben unsere Beziehung verschlissen. Daraus resultierte der gemeinsame Wunsch, Außerordentliches zu tun, um einen Neuanfang zu wagen.

Auch das sei an der Stelle erwähnt: Es könnte schwierig sein oder werden, wenn Sie sich mit Ihrem Lebenspartner oder mit Freunden und Bekannten auf den Weg machen. Bisweilen sind die Anstrengungen doch enorm und können so manche Freundschaft und Partnerschaft auf eine harte Probe stellen. Darum sollten Sie, wenn möglich, vorher prüfen, ob Sie diese 15 Tage gemeinsam gehen können – in dem Bewusstsein, täglich 24 Stunden miteinander verbringen zu müssen.

Die Übernachtungen erwiesen sich zumeist als komfortabel: Hotels, Pensionen, B&Bs oder Agriturismo-Betriebe (bäuerliche Pensionen) bieten den notwendigen Komfort. Das Essen ist reichhaltig und für Wanderer gut geeignet. Wir haben uns für die Wanderung eine Zeit ausgesucht, in der es möglichst nicht regnen sollte. Deswegen schieden die Frühlingsmonate aus. Der Juli und der August schienen uns geeigneter, selbst wenn es bisweilen sehr, sehr heiß wurde, was wir aber bewusst in Kauf nahmen. Und wir haben diese mörderische Hitze dann auch bewusst durchlitten, da uns die Wetterlage extrem hohe Temperaturen bescherte.

Aber genug der Vorrede. Genießen Sie das Buch oder – noch besser – genießen Sie die Pilgerreise vom antiken Assisi bis in das zeitlos gewaltige Rom!

Simone und Anton Ochsenkühn

Simones Packzettel:

1 Paar Trekkingschuhe
1 Trekkinghose
2 Funktionshemden, Kurzarm
1 kurze normale Hose
1 ärmelloses T-Shirt
2 Paar Trekkingsocken
1 Schirmmütze
1 Paar Sandalen
2 BH
2 Funktionsunterhosen
2 Unterhosen
1 Jogginghose
(nicht verwendet)
1 Paar normale Socken
1 Regenjacke
1 Bikini
1 Zahnbürste
1 Duschgel, mini
1 Nagelfeile
1 Linsenflüssigkeit
1 Linsenreiniger
1 Linsenbehälter
1 Brille
1 Sonnenbrille
2 Haargummis
1 Puderdose (nicht verwendet)
1 Wimperntusche
(nicht verwendet)
1 Abdeckstift für Pickel
(nicht verwendet)
Sagrotan Desinfektionstücher
1 Schlafsack
2 Kugelschreiber
1 Büchlein zum Reinschreiben
1 iPod-Kopfhörer
1 iPhone
(italienische PrePaid-Karte)
1 Führerschein

Tonis Packzettel:

1 Paar Trekkingschuhe
1 Zahnbürste
1 Trekkinghose
1 Duschgel, mini
1 Sonnenbrille
2 Unterhosen
1 Jogginghose
1 Joggingjacke (nicht verwendet)
2 Paar Trekkingsocken
1 Paar normale Socken
1 Trekkinghemd
1 normales Kurzarmhemd
1 kurze normale Hose
1 Badehose
1 Schirmmütze
1 Paar Sandalen
1 Büchlein zum Reinschreiben
1 Schlafsack (nicht verwendet)
1 iPhone (deutsche Karte)

Gemeinsamer Packzettel:

1 Lavendelöl
1 Hautcreme
1 Bürste
1 Nagelschere
1 Lippenbalsam
1 Sonnencreme
1 Packung Toilettenpapier feucht

1 Zahnpasta
1 Schachtel Aspirin
1 Pflaster (hurra, nicht
   verwendet)
1 Sprachführer Italien
2 Wanderbücher
1 Geldbeutel
2 Kreditkarten
Bargeld € 1000,–
1 Klappmesser
1 Korkenzieher/Flaschenöffner
1 Kaugummipackung
Magnesium direkt
1 Objektiv
1 Kamera
1 Tasche für Kamera
1 MacBook Air
1 Schutzhülle MacBook Air
1 Stromadapter für Computer
1 Ladegerät Kamerabatterie
1 Übertragungskabel Kamera
1 Übertragungskabel iPhone
2 adidas Kopflampen
1 Rain-Cover (nicht verwendet)
2 Stromadapter Italien
1 Kompass
1 Picknickdecke

Neben der körperlichen Fitness ist die Wahl des optimalen Rucksacks von entscheidender Bedeutung für den Spaßfaktor an der Wanderung. Wir haben uns deswegen Rucksäcke von der Firma Deuter mit 35 bzw. 40 Liter Fassungsvermögen gekauft. Tonis Rucksack hat ein intergriertes Rain-Cover, Simone musste einen extra Regenüberzug für ihren Damenrucksack besorgen. Am besten man lässt sich kompetent vom Verkäufer beraten.

Wir – zwei Anfänger in Sachen Pilgerreisen – gingen sehr blauäugig zum Einkaufen, erfuhren aber, dass es sogar spezielle Damenrucksäcke mit schmaleren Schultergurten gibt, und erhielten viele weitere nützliche Tipps. Also, nicht scheuen und den Verkäufer mit Fragen überhäufen, denn Sie müssen bedenken: Der Rucksack ist der ständige und lästige Begleiter und wenn der nicht sitzt, dann gnade Ihnen Gott.

Sie sollten unbedingt vorher einen Testmarsch machen, besser sogar mehrere. Das heißt, den Rucksack packen, wie Sie ihn auch auf der Wanderung tragen möchten, um das Gewicht zu spüren, und damit einmal mindestens eine halbe Tagesetappe gehen. Drei bis vier Stunden genügen, um ein Gefühl dafür zu bekommen, was man auf dieser Wanderung in drei Wochen permanent mit sich herumschleppt. Sie bekommen dadurch ein Gefühl dafür, was man wirklich überhaupt nicht braucht.

Links sehen Sie unsere persönliche Packliste, die als Orientierung dienen soll, was wir alles dabei hatten und womit wir uns ganz vernünftig ausstaffiert sehen.

Nicht außer Acht gelassen werden darf die Fitness. Wir hatten bereits ein gut zweimonatiges Vorbereitungstraining für einen Halbmarathon hinter uns. Dadurch waren wir ausdauernder und eben auch belastbarer geworden. Aber auch Radfahren oder natürlich Wandern ist optimal, um sich vorzubereiten.

Keine Frage: Es ist nicht absolut notwendig, speziell auf die Wanderung hinzutrainieren. Doch ist es wesentlich angenehmer, auch ein Auge für die Natur, die Landschaft und das Geschehen zu haben, als während des Wanderns ständig mit dem eigenen Körper und dessen Kondition beschäftigt zu sein.

Mit einer guten Vorbereitung haben Sie mehr von dieser Pilgerreise.

14.08./14.30 Uhr, Passo Corese

Toni weint. Er weint still. Er weint nicht bitter, er weint einfach. Seine Tränen drücken Traurigkeit aus, weil es vorbei ist. Es ist aber eine heitere Traurigkeit, sofern es so etwas gibt. Vielleicht ist es eine bittersüße. Denn nach allem, was wir erlebten, kann man einfach nicht mehr traurig sein.

Mir sitzt ebenfalls ein Kloß im Hals. Ich würge das Gefühl hinunter, weil ich mit Toni reden will. Ich höre mich sagen: »Es ist doch nicht vorbei, jetzt geht es erst los!«

Wir sitzen im Zug nach Rom. Ich bin verwirrt von den letzten Stunden. So schnell hatte ich mich nicht in diesem Zug sitzen sehen. Ich höre in mich hinein. Ich merke: Es ist gut, alles ist gut.

Es ist kalt, die Klimaanlage im Zug kühlt uns herunter von der Hitze des Tages, friert uns ein, friert unsere Herzen ein. Denn eines ist uns klar: Solch gewaltige Erlebnisse wie in den vergangenen Tagen werden wir in Rom wahrscheinlich nicht haben. Was hat eine Stadt schon zu bieten, verglichen mit der Natur?

14.08./15.00 Uhr, Rom Termini

Ich hätte nicht gedacht, heute und hier im Zug nach Rom zu sitzen. Ich wollte doch noch gehen, einen Tag, zwei. Ich wollte es noch hinauszögern, aber wie lange? Es war eine überwältigende Zeit. Ich bin ein Mensch, der alles festhalten möchte, allem voran die Vergangenheit. Und jetzt rolle ich vor ihr davon. Stimmt das wirklich? Nein! Ich trage sie ja in mir! Sicher ist, dass die jüngste Vergangenheit zu den schönsten gehört, die ich je erlebt habe. Und jetzt werde ich herausgerissen, unverhofft, abrupt. Aber das Leben geht eben weiter. Eins weiß ich sicher: Das war nicht meine letzte Pilgerreise. Ich schmiede in Gedanken schon an der nächsten Etappe.

Auf Rom freuen? Dazu habe ich im Moment viel zu sehr mit mir selbst zu tun.

Das Ende? Nein, jetzt geht es erst los, wie Simone sagt.

1. Tag

Obergriesbach
München

Der aufregende
Start zur Pilgerreise

**29.07./17.20 Uhr,
Obergriesbach**

Wir verlassen Obergriesbach und gehen zum Zug, der uns um 17.43 Uhr nach München bringt. Dort haben wir zwei Stunden Aufenthalt und dann geht es über Nacht weiter nach Florenz.

Meine Erwartungshaltung für diese drei Wochen ist auf jeden Fall, Gewicht zu verlieren. Ich habe mich vorher noch wiegen müssen, weil Simone meint, dass ich so dick sei und von den aktuell 78 Kilo sollten doch bitteschön mindestens vier Kilo abgespeckt werden. Weiterhin glaube, hoffe und wünsche ich mir, die Zeit möge langsamer voranschreiten. Durch das Wandern in der Landschaft möge die Konzentration auf dem Hier und Jetzt ruhen und das Leben verlangsamen. Natürlich freuen wir uns auf eine wahrscheinlich atemberaubende Landschaft und auf hoffentlich sehr nette, hilfsbereite Menschen.

Was mich ein bisschen nervt, ist, dass wir es nicht schaffen, ohne Telefon und in unserem Fall sogar ohne unseren Computer durch halb Italien zu laufen, weil ich das Gefühl habe, in irgendeiner Form Kontakt mit zu Hause halten zu müssen. Dass ich mich nicht mal drei Wochen losreißen kann, ohne im steten Kontakt zum »realen« Leben zu stehen, das ist wirklich ein bisschen schade. Man glaubt, man benötigt diese technischen Hilfsmittel, vor allem das Internet. Aber jetzt geht es los – und das ist das Wichtigste an der ganzen Geschichte.

**29.07./17.42 Uhr,
Obergriesbach**

Es ist jetzt 17.42 Uhr, kurz vor Ankunft des Zuges nach Augsburg. Durchgeschwitzt bin ich schon jetzt nach einigen Kilometern und zudem sind meine Gedanken ein bisschen schwermütig. Irgendwie ist alles unsicher: Die Reise ist zwar durchdacht, aber manchmal läuft es dann doch anders ab, als man es geplant hat.

Im Moment denke ich einzig daran, dass ich nur zwei Paar Unterhosen dabei habe und eigentlich den »Luxus Klamotten« am meisten vermissen werde. Ansonsten hat frau noch geschaut, dass das Haus in Ordnung, der Kühlschrank ausgeräumt, der Rasen gemäht, die Tonne geleert ist. Und viele Dinge habe ich wegorganisiert und delegiert. Ohne Mama und ihr unermüdliches Engagement für unser Haus wäre es kaum möglich, solche Reisen zu unternehmen.

Im Moment habe ich noch gar nicht realisiert, dass wir so lange weg sein werden. Die Gedanken heften sich an Gewohntes, die Emotionen werden unterdrückt, die Unsicherheit ist in Wirklichkeit groß. Was erwartet mich – besonders körperlich – auf dieser ungewöhnlichen, unglaublich spannenden Reise? Ist es eigentlich eine Reise? Oder eine Lebenshaltung? Wir werden es erfahren, oder besser erlaufen. Der Zug fährt ein, es geht los!

29.07./20.00 Uhr, Biergarten Augustiner Bräu, München

Vom Leben und vom Selbstmord. Nachdem Simone behauptet, dass wir eigentlich wie Tiere sind, die Nahrungsmittel aufnehmen, sich um Geschlechtspartner kümmern und dazwischen halt dahinleben, und nicht wissen, was wir tun sollen, und uns dann zwangsweise mit etwas beschäftigen müssen oder wollen, um uns am Leben zu erhalten und um Freude zu haben, denke ich anders darüber.

Ich glaube, dass der liebe Gott ein bisschen was falsch gemacht hat: Er hätte die Menschen nur eine Idee zufriedener erschaffen sollen. Das meiste, das wir Men-schen hier tun, ist, dass wir aus unserer Unzufriedenheit heraus IRGENDETWAS tun. Ich glaube, dass es besser und sinnvoller wäre, wenn der Mensch von Natur aus zufrieden wäre und Freude hätte oder aus einer positiven Motivati-on heraus leben würde. Ich glaube, es würde so deutlich weniger Neid und Ärger mit unseren Mitmen-schen und mit uns selbst geben.

29.07./20.00 Uhr, Unsere Freunde

Das ist ja wirklich bemerkens-wert. Wir fahren seit 14 Jahren mehrmals im Jahr in den Urlaub und es hat nie jemanden wirklich interessiert. Und kaum sagen wir, dass wir von Assisi nach Rom wandern, bricht die Hölle los. Jetzt im Biergarten empfangen wir noch viele SMS-Nachrichten. Alle wünschen uns eine gute Reise und fragen nach, ob sie uns unter-wegs per SMS oder per Telefon erreichen können. Verdammt, was ist da jetzt anders, als wenn man ganz normal in den Urlaub fährt? Es muss anscheinend eine hoch-interessante Geschichte sein, von Assisi nach Rom zu wandern. Und das Beste daran ist: Wir tun es!

29.07./21.00 Uhr, München Hauptbahnhof

Als wir vom Biergarten zum Bahnsteig gehen, wartet unser City-Night-Line nach Florenz schon auf den Gleisen. Er sieht von außen aus wie eine olle Ka-schemme von 1870. Ich will mich schon aufregen, da kommt die Überraschung: Der Zug wurde innen komplett renoviert. Die massive Zimmertür und der Tep-pichboden im Waggon machen Appetit auf das Innenleben dieses verheißungsvollen Zuges. Das Ab-teil ist von der Größe her wirklich nur zum Schlafen gedacht. Karten könnte man nicht spielen, nur von oben nach unten.

Toni lacht und wundert sich über den viel zu engen Zug, über das »megakleine« Zugabteil. Ich freue mich, weil wir aus dem großen Fenster heraus eine tolle Aussicht haben und ein Stockbett – fast wie in meiner Kindheit. Ich komme mir vor, wie ein kleines Mädchen, das oben schlafen darf, was sich aber später als fürchterlicher Fehler entpuppt. Denn der Zug schwankt natürlich oben ungleich mehr. Ansonsten ist alles sehr raffiniert ausgedacht.

Ich schaue aus dem Fenster. Fast alle steigen hier mit einem Rucksack ein, der so groß wie einer der unsrigen ist. Neugierig begutachten wir unser neues Reich: Eine kleine Leiter führt zum Stockbett hinauf.

Übrigens ist das Abteil entgegen der Meinung unserer Freundin Geli super sauber, die Betten sind schön wie in manch einem Hotel und keine Spur von Kakerlaken oder sonstigem Ungeziefer. Jetzt kommt der Schaffner. Er fragt uns, was wir morgen früh zu essen und zu trinken möchten, wann wir geweckt werden wollen und weist uns nach der Kontrolle der Ausweise und des Fahrausweises in die Räumlichkeiten und die Lichter ein. Wir sind überrascht, wie nett er sich uns gegenüber verhält und wie gut der Service hier ist – alles läuft nach Plan. Wir trinken noch unser letztes deutsches Weißbier und dann beginnt die Nacht. Der Zug fährt mich immer weiter weg von zu Hause, vom gewohnten Leben. Alles geht so schnell: Vorhin waren wir noch im Biergarten und jetzt flitzt die Landschaft an

uns vorbei. Ich spüre förmlich, wie die Entfernung von zu Hause zunimmt.

Die Nacht vom 29. auf den 30.07., Im Nachtzug fahren
Nachdem wir im Biergarten Weißbier und sicherheitshalber noch eine Dose Franziskaner im Zug getrunken haben, kann ich im Nachtzug vor»züg«lich schlafen. Die Betten stehen quer zur Fahrtrichtung. Sehr oft geht es mir so, dass ich in einer Art Schwebezustand in meinem Bett liege und meine, der Zug fährt unter mir vorbei. Aber dennoch hat es geklappt und ich bin eingeschlafen. Simone hingegen hat so ihre Probleme damit. Sie hat ständig Angst, dass sie bei einer Notbremsung aus beträchtlicher Höhe aus dem Bett fallen könnte, was ja auch eine gewisse Wahrscheinlichkeit in sich birgt.

● ●

■ *City Night Line*
Der Service und der Komfort sind einwandfrei. Allerdings kann man bei Reisen mit dem Nachtzug ins Ausland noch keine elektronischen Tickets über das Internet ausdrucken. Deshalb empfiehlt es sich, rechtzeitig zu reservieren, weil die Tickets mit der Post eintreffen.

2. Tag

Florenz
Assisi

*Auf den Spuren des
Franziskus von Assisi*

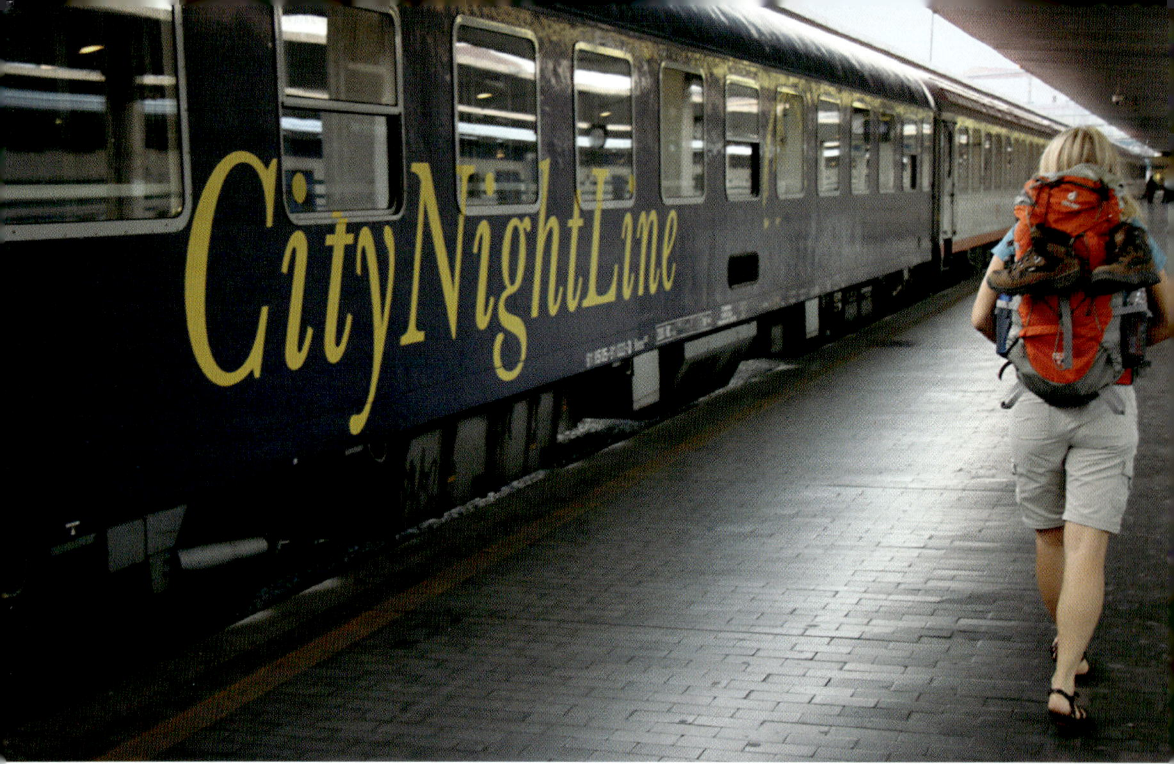
CityNightLine

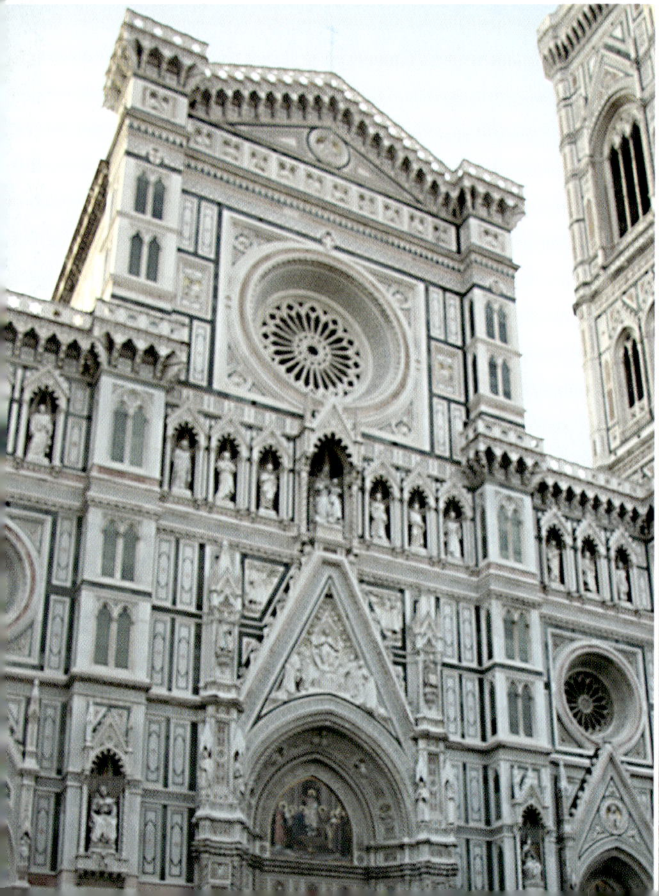

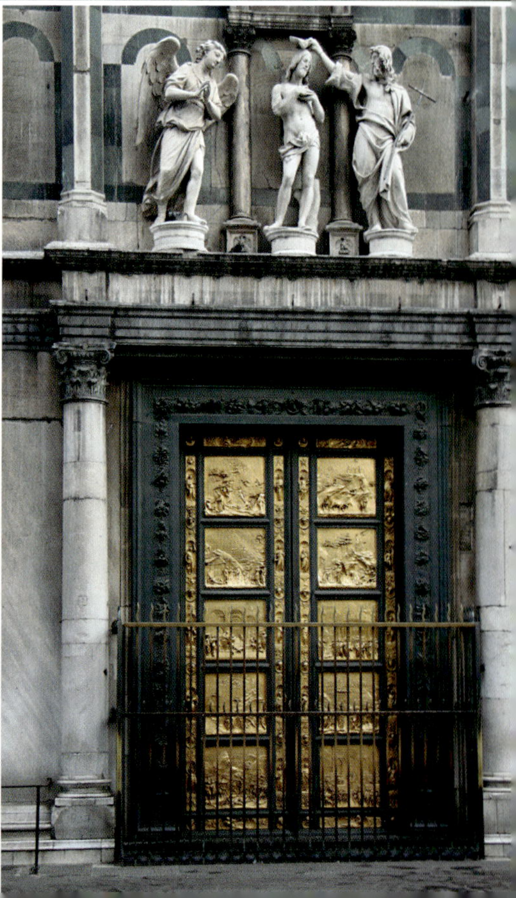

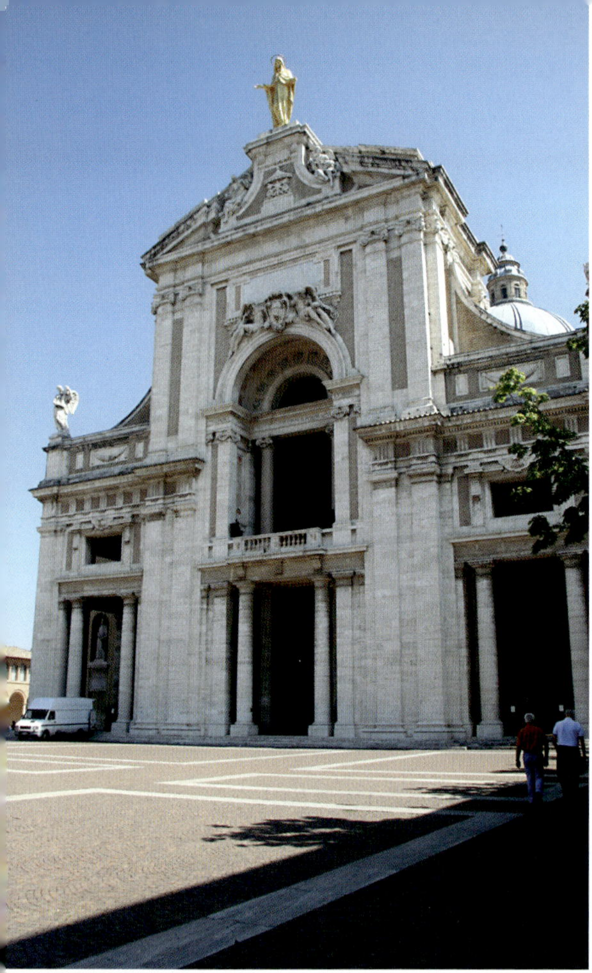
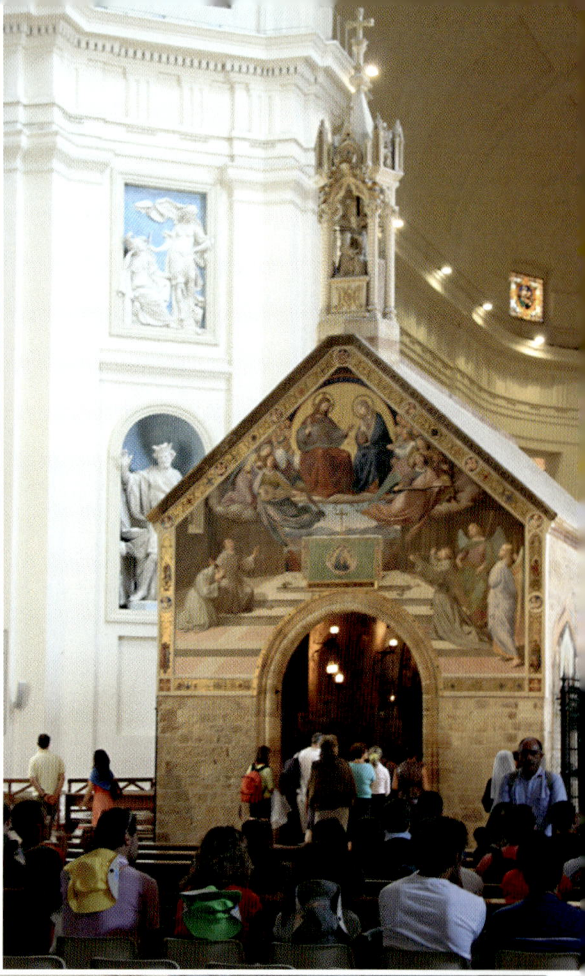
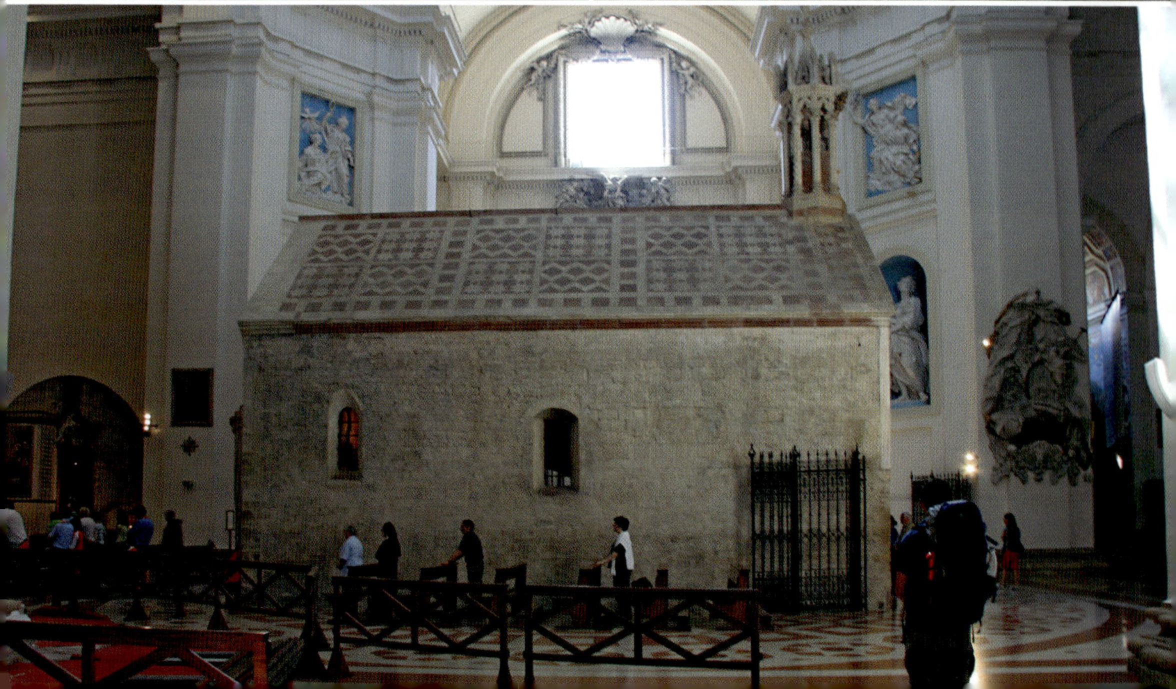

■ *Portiunkula*
(lateinisch: kleiner Flecken Land). »Porziuncola« ist der verbreitete italienische Name der kleinen Kapelle mit dem offiziellen Namen Santa Maria Degli Angeli.
Im Jahre 1569 ordnete Papst Pius V. an, eine gleichnamige Kathedrale über die kleine Kapelle zu bauen, fertiggestellt wurde die gewaltige Basilika aber erst 1679. Am 3. 10. 1226 verstarb in der Portiunkula-Kapelle Franz von Assisi, mit bürgerlichem Namen Francesco Bernardone, im Kreise seiner Anhänger.
Zu Franziskus' Zeiten stand die Kapelle in einem Steineichenwald. Den Überlieferungen nach war sie zerfallen. Die Legende besagt, dass Franz von Assisi die kleine Kirche – und noch zwei andere Kapellen – mit den eigenen Händen wieder instandsetzte. Er vernahm zuvor in der Kapelle in San Damiano Jesu Stimme vom Kreuze: „Siehst Du denn nicht, dass mein Haus verfällt? Baue es wieder auf!"

30.07./6.15 Uhr,
Fahrt nach Florenz
Die Nacht war fürchterlich. Nachdem Toni um 22.00 Uhr einschlief – und das auch noch selig – ruckelte und zuckelte mein Körper durch die Nacht, es trug mich immer weiter fort. Unruhig schlief ich und es war mir, als ob die Zeit nicht vergeht.

30.07./6.30 Uhr,
Florenz Hauptbahnhof
Und dann ging alles ziemlich schnell. Um Viertel vor fünf sind wir aufgewacht und haben nebenan die komfortablen und sauberen Waschräume mit der Dusche besucht, um anschließend noch mal ins Bett zu kriechen. Hundemüde! Um 5.30 Uhr erschallte der elektronische Weckruf, der vom Schaffner so eingespeichert wurde, wie wir ihn bestellt hatten. Tja, und dann sind wir noch einmal eingenickt.
Um 6.00 Uhr kam der verärgerte Schaffner mit dem Frühstück. Verärgert deshalb, weil wir nicht gleich die Türe öffneten, denn wir schliefen ja schon wieder. Fünf Minuten bevor der Zug um 6.18 Uhr – sicherheitshalber auch noch zwei Minuten zu früh – in Florenz ankam, waren wir mit dem Frühstück noch lange nicht fertig. Panik! Wir ziehen uns so schnell wie möglich an, springen aus dem Zug und rennen wieder ins Abteil zurück, weil wir dieses

und jenes vergessen haben. Hektisch fischen wir die restlichen Sachen aus unserem Abteil, aber schlussendlich ist alles gut und wir landen wohlbehütet, aber nervlich angekratzt auf Bahnsteig Nr. 11 in Florenz. Uff – gerade noch mal gutgegangen.

30.07./6.30 Uhr,
Florenz Hauptbahnhof
Morgentoilette am Florentiner Bahnhof: Ich bin es ja vom Camping schon gewöhnt, dass mir die Leute beim Zähneputzen zusehen. Aber auf dem Bahnhof hat das doch einen eher ungepflegten Charakter. Und was ich besonders hasse, ist ein stilles Örtchen mit Schwarzlicht …

30.07./7.00 Uhr, Florenz
Ach, bella Italia! Welch Freude, hier zu sein! Ich war in meiner Kindheit oft mit meinen Eltern in Italien und besuchte es noch, als ich Jugendliche war. Die Abschlussfahrt der Schule führte mich zum ersten Mal nach Florenz. Was für eine Stadt! Wir haben noch ein bisschen Zeit, bevor unser Zug nach Assisi abfährt. So entscheiden wir uns, ein wenig die morgendliche Stimmung in der Stadt aufzunehmen, um unseren ersten italienischen Cappuccino zu schlürfen. Das können die Italiener – traumhaften Cappuccino kochen und leckere Vanillekrapfen backen.

Auf der Suche nach einer geeigneten Bar kommen wir am Dom von Florenz vorbei und sind beeindruckt von den Kunstfertigkeiten und den Steinmetzarbeiten. Toni ist vor allem von den Toren bewegt. Er meint, dass wir in Obergriesbach auch so eine goldene Tür bräuchten, als Eingang zu unserem eigenen kleinen Paradies. Der Dom ist ein Prachtexemplar von einer Kathedrale, von unschätzbarer Kostbarkeit und kaum zu fassender Handarbeit. Wir werfen noch einen Blick hinein – offiziell ist zwar noch nicht geöffnet, ein netter Mann von der Security drückt jedoch ein Auge zu.

Wir finden ein Platzerl in einem Café am Rande einer Piazza und beobachten das morgendliche Treiben. Aber kaum hat's begonnen, ist der Genuss auch schon wieder vorbei. Wir müssen dringend zurück zum Bahnhof. Unsere eigentliche Mission ist ja das Wandern – allerdings bekümmert mich jetzt schon das beachtliche Gewicht auf meinem Rücken. Und das 14 Tage lang? Das kann ja heiter werden.

30.07./8.09 Uhr, Im Zug von Florenz nach Assisi

Wir sitzen jetzt im Zug von Florenz nach Assisi. Es ist 8.09 Uhr, gleich geht es los. Der größte Stress resultierte daraus, Wasser zu besorgen, weil die Dame am Ausgabestand hin und her und her und hin getrippelt ist, ohne dass was vorwärts ging. Ich habe immer irgendwie das Gefühl, aufs Handy schauen zu müssen, aber ich habe gar keines dabei, besser gesagt, ich habe die deutsche SIM-Karte mit meiner Telefonnummer ausgebaut. Ich möchte etwas lesen, aber auch dafür war kein Platz im Rucksack. Im Vorfeld hatte ich einen neuen teuren Rom-Reiseführer gekauft, der nun zu Hause liegen darf.

30.07./9.22 Uhr

Toni ist eingeschlafen. Vorher hat er noch groß und breit erklärt, er hätte super geschlafen im Nachtzug – haha! Toni kann sowieso immer und überall einschlafen: im Flugzeug, im Zug, im Auto, auf Parkbänken, im Freien. Aus mir spricht der Neid – ich bin ein schlechter Schläfer, alles, was mich beunruhigt, hält mich wach. Wahrscheinlich bin ich noch mehr Tier als Toni. Ich muss alles bewachen. Vor allem könnte ja mein Leben in Gefahr sein – böser Zug, böser Flieger! Als ob man das beeinflussen könnte, wenn man wach bleibt. Ich wünsche mir, dass mir diese Wanderung auch in dieser Hinsicht mehr Gelassenheit verschafft. Mal sehen.

30.07./10.15 Uhr, Warum wandern?

Einfach mal Distanz bekommen zum normalen, regulären Leben. Aus der Ferne das eigene Leben betrachten. In der fremden Kultur die eigene Kultur sehen, Neues und Andersartiges essen und trinken, ein neuer Tagesablauf, einfach eine Abwechslung vom Alltag bekommen, um ihn wieder wertschätzen zu können.

30.07./10.40 Uhr, Warum eigentlich der Franziskusweg?

Eine scheinbar einfache Frage und doch ist die Antwort darauf so schwer. Jeder spricht vom Jakobsweg, und weil gerade jedermann den Jakobsweg beschreitet, erschien dieser uns nicht gut genug – nein, das ist der falsche Ausdruck. Es ist einfach nicht unser Ding, einen Weg zu trampeln, auf dem Tausende und Hunderttausende gehen. Es musste eine andere Alternative her. Aus den Erfahrungen von diversen Wanderritten der Vergangenheit wissen wir, dass es interessant ist, neue, eigene Wege zu beschreiten. Auch sollte der Aufwand, eine solche Wanderung vorzubereiten, nicht schier unendlich sein. Da fand ich zufällig in einer Bücherei in Schwerte das Buch »Franziskusweg« von Kees Roodenburg, erschienen im Conrad Stein Verlag. Er hat seine eigene Reise von Florenz bis Rom in 32 Tagesetappen auf 450 Kilometern sehr exakt beschrieben, etwa in dem Stil: »An der 2. Ziege rechts abbiegen, dann am 3. Baum

Florenz
Assisi

Franz von Assisis Erscheinung

Zwar gibt es keine authentischen Bilder des heiligen Franziskus, aber Thomas von Celano, sein frühester Biograf, der 1214 von Franz selbst in die Brüdergemeinschaft aufgenommen wurde, beschreibt ihn so: „Er war ein Mann mit fröhlichem Antlitz und gütigem Gesichtsausdruck; seine Gestalt war eher klein als groß, sein Kopf rund, sein Gesicht eher länglich, seine Stirn eher glatt und niedrig, seine Augen dunkel und klar, sein Haar schwarz, seine Augenbrauen gerade, seine Nase gleichmäßig, dünn und gerade; seine Ohren waren abstehend und klein, seine Schläfen flach, seine Zähne eng beieinander, gleichmäßig und weiß, seine Lippen schmal und zart. Er hatte einen schwarzen, nicht besonders dichten Bart, einen schlanken Hals, gerade Schultern, kurze Arme, schlanke Hände, lange Finger mit langen Nägeln, dünne Beine, sehr kleine Füße und eine zarte Haut. Er war sehr mager."

mit einer Eingravierung rechts abbiegen.« Dieses Reisetagebuch inspirierte uns dazu, den Franziskusweg in Angriff zu nehmen. Die Distanz von Florenz nach Rom war uns mit etwa vier Wochen Wanderdauer jedoch deutlich zu lang. Deswegen haben wir uns durchgerungen, den Weg in exakt der Mitte zu beginnen, nämlich in Assisi. Zudem ist die Anreise mit der Bahn bequem möglich.

30.07./10.49 Uhr, Assisi
Und so sind wir jetzt in Assisi gestrandet und freuen uns richtig auf den Weg von etwa 250 Kilometern Länge. Ein bisschen masochistisch, wie wir finden!

30.07./11.33 Uhr, Assisi, Santa Maria Degli Angeli
Mit dem Zug angekommen – streng genommen nicht in Assisi, sondern in Santa Maria Degli Angeli –, gehen wir zuerst zur gleichnamigen Basilika. Im Inneren dieser riesigen Kirche unter der großen Kuppel steht die Portiunkula-Kapelle, in der Franz von Assisi starb. Eigentlich beginnen wir hier ja mit dem Ende einer Geschichte, aber gibt es überhaupt Anfang und Ende? Oder gleicht das Leben einem Kreis, wie diese Wanderung, die nun mit dem Ende beginnt?

Wir befinden uns auf der Straße von der Basilika nach Assisi, auf der Via Francesca, auf roten Pflastersteinen. Da ich vom Gewicht meines Rucksacks vornüber gebeugt gehe, fällt mir auf, dass auf den Pflastern Namen eingraviert sind und ich frage mich, was die auf den roten Steinen wohl bedeuten. Ob das Sponsoren sind, oder Einwohner oder Wallfahrer, die sich dort verewigen lassen, oder Heilige? Toni korrigiert mich: »Keine Heiligen, Franziskanermönche!« »Sind Franziskanermönche denn nicht heilig?«, frage ich scheinheilig. Manchmal macht es mir Spaß, Toni mit meiner angeblichen Naivität zu ärgern. Die rote Pflasterstraße zieht sich tatsächlich bis hoch in die Stadt. Wir haben uns vorgenommen, oben zu fragen, was die Namen bedeuten. Wir haben es dann aber doch vergessen – leider.
Es ist der erste längere Marsch mit unseren Rucksäcken auf italienischem Boden. Es ist heiß, es ist sehr heiß und es wird ziemlich anstrengend da hinauf. Wir sind vollständig durchnässt, als wir oben ankommen. Auf den letzten Metern wird mir schlecht. Ich muss mich setzen. Irgendwohin. Toni kauft mir etwas zu trinken, offensichtlich bin ich ganz weiß im Gesicht. Der besorgte Ge-

schäftsinhaber sagt irgendetwas auf Italienisch. Ich deute es mit »Ja, ja, ganz schön heiß heute« und frage mich, wie ich die Wanderung lebendig überstehen soll, wenn ich nach eineinhalb Stunden schon keinen Kreislauf mehr habe? Nun, ich schiebe es mal auf die schlaflose Nacht im Zug.

30.07./13.00 Uhr, Tau

Ich bin sehr froh, als wir in unserem vorgebuchten Zimmer ankommen. Zuerst eine Dusche nehmen und dann ab auf das einfache Bett. Das Zimmer ist riesengroß, wie eine Reithalle, liegt zur Straße hin und hat zwei Fenster mit Läden. Wir schließen sie wegen des Lärms, der von der Straße kommt.

Mittags schlendern wir durch die Gässchen von Assisi. Ich habe richtig Hunger und gönne mir ein Panini. Später kaufen wir uns franziskanische Tau-Kreuze als Glücksbringer. Sie sind das Sinnbild des heiligen Franz. Normalerweise bin ich mit Talismännern nicht vertraut. Aber ich hänge mir meines um, denn es gibt mir eine Art Kontinuität mit auf die Wanderung. Da ich all meinen Schmuck zu Hause ließ und auch sonst nichts dabei habe, was ich liebe, kommt mir das Kreuz gerade recht. Es riecht fein, wenn man daran reibt, ist aus Olivenholz und fühlt sich warm an auf der Haut.

Ein Stück Eitelkeit? Nein, eher ein Stück Frieden.

Wir steigen auf einem ziemlich steilen Weg hoch zur Burg, ruhen uns in einem kleinen Picknickgelände aus. Dort stehen ein paar Bänke. Da wir beide ein bisschen durch den Wind sind, diskutieren wir schwer über die Welt und unseren alten Beziehungskram. Nach dem Abstieg zurück zur Stadt besichtigen wir noch einige Kirchen, unter anderem die Basilica di S. Chiara, in der eine wunderschöne Skulptur von Franz von Assisi steht – die Nachbildung des Gesichts ist perfekt. Man weiß zwar nicht genau, ob er so ausgesehen hat, vermutet es aber. Auf jeden Fall ist sie eine tolle Arbeit – ein Kunstwerk. Danach gehen wir zurück in unser Hotel und halten ein Nachmittagschläfchen, weil wir so müde sind.

30.07./19.00 Uhr,
Unser erster Tag geht zu Ende.

Assisi – viele Touristen, relativ unfreundliche Bewohner. Wahrscheinlich genervt ob der unzähligen Menschen, die jeden Tag die Straßen der Stadt überfluten. Aber doch spürt man noch den Geist des heiligen Franziskus, vielleicht der Urvater der ökologischen Bewegung. Hier also war Franziskus zu Hause, hat die Landschaft gehegt und genossen, war mit seinem Dasein im Reinen. Man

kann sich vorstellen, wie er mit Tieren, mit Menschen spricht, das natürliche Leben bevorzugt und seine Lehre weitergibt.

Und ein Stück weit suchen wir diesen Franziskus auf unserer Reise, indem wir ihm folgen auf dem Weg nach Rom. Auf einem Weg, den er sicherlich nicht exakt so gegangen ist, der aber doch an vielen Stellen seiner Reiseroute gleicht. Wir suchen diese gewisse »Erdung«, diese Naturverbundenheit. Und ich bin mir sicher: Wir werden sie finden.

Etwas Angst und Bange ist uns aber vor morgen. Gleich am ersten echten Wandertag liegt ein ziemlich anstrengender Streckenabschnitt vor uns. Es geht den Subasio, einen Berg mit zirka 850 Höhenmetern, hinauf. Und das alles bei dieser nahezu unerträglichen Hitze. Das wird alles andere als ein Spaß. Genügend Trinkwasser ist ein absolutes Muss, um diese erste Wanderung zu überstehen.

Aber jetzt gehen wir erst mal zum Abendessen: Nudeln, Gnocchi, Pizza – alles steht hier nach italienischer Manier auf dem Speiseplan, dazu noch ein Gläschen süffiger Rotwein. Wir werden sicher unseren Spaß daran haben. Und dann hoffentlich eine gute, erholsame Nacht, um Kraft zu schöpfen für die Anstrengungen des morgigen Tages.

Franz von Assisi hat nicht lange gelebt: Er ist nur zirka 44 Jahre alt geworden. 1181 wurde er in Assisi als Sohn eines wohlhabenden Tuchhändlers Pietro di Bernardone und seiner Ehefrau Monna Pica geboren. Als sein Vater von einer Frankreichreise zurückkehrt, auf der er sich zur Zeit der Geburt von Franziskus aufhält, ändert er den Namen seines Sohnes kurzerhand in „Francesco" (kleiner Franzose). Zunächst ist er eher das Gegenteil dessen, was man sich vorstellt, wenn man heute an Franziskus denkt: Nach Thomas von Celano war Franziskus ein Jugendlicher, der gut in die Gesellschaft von Assisi eingeführt war und Sprößling einer wohlhabenden Kaufmannsfamilie, der freigiebig seinen Wohlstand mit seinen Freunden teilte.

Die Jugend

1202 kämpfte er im Städtekrieg zwischen Assisi und Perugia, dabei geriet er ein Jahr in Gefangenschaft. Nach der Freilassung – der Vater konnte ihn freikaufen – beschließt Franz, sich erneut kriegerischen Auseinandersetzungen anzuschließen: Walter III. v. Brienne rief dazu auf, das Land zu verteidigen. Wie viele junge Männer, entschloss sich Franz, dem Aufruf zu folgen. Auf dem Weg nach Pulien, wo sich das Heer sammeln sollte, machte er in Spoleto Rast. Dort hatte er nachts einen Traum, in dem er aufgefordert

wurde, sofort nach Assisi zurückzukehren. Es ist überliefert, dass er bereits vor Morgengrauen wieder in Assisi gesichtet worden sein soll. Etwas hatt sich in seinem Leben ereignet. Er weiß, dass er nicht mehr so weiterleben kann wie bisher. Er gibt ein letztes großes Fest für seine Freunde und zieht sich danach in die Einsamkeit und ins Nachdenken zurück. Auf einer Wallfahrt nach Rom macht er dann die erstaunliche Entdeckung der Süße der Armut. Und er lernt bei einer Begegnung mit einem Leprakranken, seine Abscheu und seinen Ekel vor Krankheit und Tod zu überwinden.

Die Lebenswende des Franz von Assisi

Nach den Worten vom Kreuz in San Damiano (s. S. 23) stiehlt Franziskus Geld von seinem Vater für Steine und Kalk für die verfallene Kirche. Sein Vater ist entsetzt: Er erteilt ihm Hiebe und sperrt ihn unter der Treppe ein. Seine Mutter schließlich lässt ihn wieder frei. Daraufhin verklagt Pietro Bernardone seinen Sohn Franziskus. Der Prozess wird am 5. April 1207 vor Bischof Guido II. von Assisi ausgetragen. Vor ihm verzichtet Franziskus auf das väterliche Erbe und jeden irdischen Besitz und zieht sich schließlich nackt aus, um dem leiblichen Vater auch das letzte Hab und Gut, das er von ihm hat, zurückzugeben und so ganz frei zu werden.

Die franziskanische Bewegung

Er trägt ab jetzt ein sackartiges Gewand aus grobem Stoff von schmutzig-grauer Farbe, vielfach geflickt, das um die Mitte mit einem gewöhnlichen Strick zusammengehalten wird.
In allen Jahreszeiten ist er barfuß unterwegs. Er lebt von erbettelten Lebensmitteln, schläft in Scheunen und Höhlen und ist viel unterwegs. Dabei ist seine Konstitution keineswegs robust. Seine Biografie ist von Krankheitsgeschichten durchzogen. Die Energie, die diesen kleinen Mann vorantreibt, kann nicht in seiner Muskelkraft gelegen haben. Seine Kraft kommt aus einer radikalen Verneinung all dessen, was uns bürgerliche Menschen funktionsfähig macht: Er verleugnet das Sparen, das Planen, die Klassenzugehörigkeit, das Prestige, die hierarchische Hackordnung, den Hunger nach Macht und Einfluss usw.
Franziskus beginnt seine Lehre zu verbreiten und schon bald scharen sich die ersten Gefährten um ihn, die zusammen mit ihm in der Portiunkula Obdach finden. 1209 hat Franziskus bereits zwölf Brüder um sich. Er schreibt eine kurze Regel für den „Orden der Minderbrüder", wie sich die Gemeinschaft nennt, und pilgert gemeinsam mit seinen Gefährten nach Rom, um sich von Papst Innozenz III. die Regel bestätigen zu lassen.

3. Tag

Assisi
Spello

Das Ringen mit
dem Monte Subasio

**31.07./7.30 Uhr,
Aufsteh'n und los geht's.**
Nachdem ein wunderbar er-
holsamer Schlaf hinter uns liegt
und wir endlich ein bisschen
zu Kräften gekommen sind und
damit die Nacht im Schlafwagen
verdaut haben, gibt's Frühstück
europäisch-amerikanischer Stil
– oder wie auch immer. Es ist
sehr spartanisch: zwei Croissants,
weiße Semmeln, Marmelade und
Butter. Von der italienischen Art
zu frühstücken sind wir erst mal
enttäuscht. Aber harren wir der
Dinge, die uns in den nächsten
Wochen erwarten. Um 8.00 Uhr
haben wir vor zu starten, um den
Aufstieg zum Monte Subasio zu
wagen.

31.07./9.00 Uhr, Assisi
Als wir Assisi verlassen, denken
wir über Franziskus nach. Eine
ganze Stadt, nein eine ganze Region, lebt im Banne dieses Mannes,
der vor 800 Jahren gelebt hat und
dem, wenn man den Dokumenta-
tionen glaubt, kein langes Leben
gegönnt war. Der heilige Franziskus wurde zirka 44 Jahre alt und

hat erst in der Mitte seines kurzen
Lebens begonnen, so zu wirken
und zu leben, wie es uns bekannt
ist. Und er muss ein unglaublicher
Mensch gewesen sein. Man sieht
die Zeugnisse seines Lebens an
der Stadt Assisi: unendlich viele
Kirchen, unendlich viele Ordens-
leute. Man schaut hinab, sieht
die Basilika mit der Portiunkula-
Kapelle – ein gewaltiger Bau, der
Zeugnis davon ablegt, dass hier
vor vielen hundert Jahren Einmaliges und Unwiederbringliches
geschehen ist.
Menschen, die die Welt derart
verändern, sind selten und aus-
gestattet mit enormer Kraft. Was
müssen das für Menschen sein,
die so viel bewirken? Welches
Charisma spricht aus ihnen?
Gerne, nur zu gerne möchte man
ihn sehen, mit ihm sprechen,
teilhaben an seinen Visionen, an
dem, was er fühlt, was er spürt.
Ein Stückchen dieses Franziskus
beginnt sich jetzt in mir zu regen,
als ich den Berg hinaufsteige, der
Natur mit meiner Kraft den Weg
abtrotze. Ich weiß, wie wertvoll
es ist, etwas zu trinken zu haben,

den Schatten zu genießen, der
mir den Aufstieg erleichtert
und Kühle spendet. Ich beginne
bereits beim ersten steilen Anstieg
zu verstehen, wie es ist, mit und
in der Natur zu sein, aufgehoben,
sich beschützt zu wissen.

**31.07./9.06 Uhr,
Auf den Subasio**
Ich stapfe den Berg hoch von Assisi in Richtung Gipfel des Monte
Subasio. Mir läuft das Wasser
runter. Es ist heiß und ich bin
fertig, aber es macht Spaß. Ganz,
ganz langsam komme ich Rom
entgegen. Der Schritt, den ich
eben mache, ist nur ein winziger
Fußstapfen des Weges hin nach
Rom. Die Diskussion mit Toni
über Franziskus lässt mich noch
eines hinzufügen: Ich bin die
Natur!

31.07./9.20 Uhr, Subasio
Wir sind jetzt zirka eine Stunde
unterwegs. Nach dem Aufwachen
um 7.00 Uhr, Frühstück um
7.30 Uhr und der notwendigen
Körperpflege haben wir etwa um
8.20 Uhr das Hotel verlassen.

Assisi
Spello

Unser Startpunkt lag am anderen Ende der Stadt, so dass wir noch einmal quer durch Assisi gehen mussten. Auf dem Weg deckten wir uns mit notwendigen Lebensmitteln ein: vier Würste, ein gutes Stück Käse, Brot und Pfirsiche. Wasser haben wir gestern schon besorgt und schleppen etwa 3½ Liter mit.

Nach der ersten Stunde befinden wir uns auf einem sehr steil ansteigenden Weg, der direkt nach dem Verlassen von Assisi an der Stadtmauer entlangführt. Wir überwinden rasch viele Höhenmeter. Es ist unglaublich, wie man dabei ins Schwitzen gerät. Es ist viel heftiger, als man es sich vorzustellen wagt. Das Schwitzen in der Sauna ist mit diesem hier nicht zu vergleichen. Wir schreiben Ende Juli/Anfang August. Gestern war es schon unheimlich heiß. Wir denken, es hat etwa 30 bis 35 °C. Deshalb wollten wir früh morgens starten, um der Hitze ein Stück weit zu entgehen.

Der Aufstieg ist schattig. Aber weil er so steil ist, verlangt er uns Enormes ab. Wir sind froh, dass wir gut vorbereitet sind. Im letzten halben bis dreiviertel Jahr haben wir viel Sport getrieben, im Juni einen Halbmarathon absolviert – den ersten in unserem Leben. Das Training für den Halbmarathon sah so aus: sehr schnelle Läufe über 30 bis 45 Minuten, mittlere Geschwindigkeit für 60 bis 80 Minuten und lang andauernde Läufe bis knapp zwei Stunden – und das drei bis vier Mal die Woche. Weiterhin haben wir in den letzten vier bis fünf Wochen größere Touren auf dem Rennrad unternommen, um unsere Kondition und unsere Beine auf das vorzubereiten, was hier und jetzt wirklich gefragt ist – Muskeln und Ausdauer.

31.07./9.37 Uhr, Subasio

Toni hat mir gestern einen Pinocchio gekauft, als Sinnbild für meine vergangenen Lügen. Gerade eben meinte er, wenn Pinocchios Nase hinten auf dem Rucksack kleiner geworden ist, dann sind alle meine Lügen abgetragen. Toni ist außer Sichtweite, ich bin zu langsam. Manchmal komme ich mir unzulänglich vor: Toni ist perfekt, Toni hat Kondition, Toni rennt den Berg hoch, Toni spielt Fußball, Toni läuft untrainiert einen Halbmarathon, Toni ist ideenreich. Manchmal fühle ich mich unwohl in seinem langen Schatten. Ich möchte ihm immer nacheifern und genauso sein wie er. Dann muss ich jedoch erkennen, dass meine körperlichen und geistigen Grenzen erreicht sind. Das ist manchmal frustrierend. Mir muss endlich klar werden, dass wir eben zwei verschiedene Menschen sind und dass er nicht nach meinen Vorstellungen handelt, sondern natürlich nach den seinen. Man kann nicht immer von einem Menschen erwarten, dass er stehen bleibt, wartet, aufmerksam ist. Sicher, einige Male und immer wieder, aber nicht ständig. Man muss den Menschen auch seinen eigenen Weg gehen lassen und einfach ein paar Meter ohne einander verkraften. Aber Toni hat mich in letzter Zeit – vielmehr in den letzten Jahren – ziemlich oft allein gelassen und seine Aufmerksamkeit sich selbst und seiner Arbeit gewidmet. Darum ist umso verständlicher, was passiert ist. Aber bei all dem

Assisi
Spello

hat er es nicht böse gemeint, denn er war stets der Meinung, er tut es für uns, und deshalb verzeihe ich ihm.

Ich glaube, ich bin auch eine Frau, die sich immer in den gleichen Typus Mann verliebt. Starker Wille, egoistisch, mit Charisma und eben halt so, dass er keine Rücksicht auf mich nimmt. Ich strahle eben selbst keine Hilfsbedürftigkeit aus, sehe so aus, als ob ich alles ganz alleine kann. Das ist aber nur die Schale – der Kern, der liegt ganz woanders.

31.07./9.49 Uhr, Bergwanderschuhe

Dank sei den Bergwanderschuhen, die wir uns besorgt haben, und der tollen Funktionskleidung. Der Weg ist sehr steinig mit losem Geröll. Jeder Tritt sucht neuen Halt. Dank der Schuhe gelingt es sehr gut, der Fuß ist gut stabilisiert, ich rutschte nicht, fühle mich sicher. Kein Wort des Dankes gilt dagegen unserem Rucksack, der auf die Dauer noch deutlich schwerer drückt, als wir es am Anfang vermutet haben. Mit vielleicht 14 Kilo inklusive

der Flüssigkeiten erweist er sich als zäher Gegner den Berg hinauf. Doch wie sollte man den Rucksack leichter bekommen? Ich erinnere mich an gestern Abend. Bevor wir zum Essen ausgingen, fragte mich Simone: »Welches Oberteil soll ich denn anziehen?« Ich antwortete: »Du hast ganze drei zur Auswahl, such' Dir eins aus!« Solche Fragen werden unser Leben in den nächsten drei Wochen bestimmen. Wir haben nur das Notwendigste dabei und hoffentlich genug Kraft und Kondition im Gepäck, um den vor uns liegenden Weg auch zu bewältigen.

31.07./10.00 Uhr, Erkenntnis

Mir ist die Erkenntnis gekommen – direkt hier und jetzt am Kloster –, dass Toni der einzige Mann ist, der an meiner Seite leben darf. Es kann keinen anderen geben, ich liebe ihn sehr.
Wir besichtigen das Kloster des heiligen Franziskus. Dabei ist mir aufgefallen, dass mein Rucksack wahrscheinlich bis Rom nicht ein Gramm leichter werden

wird. Und das ist schlimm. Ich überlege schon hin und her, ob ich nicht irgendwelche Sachen zurückschicke, aber ich brauche wahrscheinlich alles – das ist ein Problem.

31.07./10.00 Uhr, Von der Eremo delle Carceri

Der Besuch dieser Einsiedelei ist ein absolutes Muss beim Aufstieg auf den Subasio. Man verlässt zwar ein Stück weit seinen Weg, wird es aber nie in seinem Leben bereuen, hier gewesen zu sein. Aus der in den steilen Hang des Monte Subasio hineingebauten Einsiedelei wurde ein ansehnliches Kloster. Man erahnt die Einfachheit und die Schlichtheit des Klosterlebens, begreift die Allgegenwart der Natur, versteht den Zusammenhalt einer Bruderschaft. Nichts lenkt einen ab von den »kleinen« Dingen des Lebens: den Sonnenstrahlen des Morgens, die den Franziskus beleuchten, man hört und sieht den »singenden Wald«, wo Klosterschwestern ihre Lieder anstimmen, bemerkt die weißen Tauben, die furchtlos auf einen

■ *Eremo delle Carceri*

Als Franziskus lebte, stand dort, inmitten dieser schönen Wald-schlucht des Subasio nur ein kleines Kapellchen. Nachträglich, um 1400 n. Chr., wurde dieses romantische Kloster von Benediktinern errichtet. Unter dem Bau befindet sich eine Grotte, das sogenannte Teufelsloch. Dorthin zog sich der heilige Franz zum Beten und Meditieren über Gott und die Welt zurück. Das tat übrigens nicht nur er. Viele vor ihm nutzten diesen Ort zum Rückzug und genossen die Stille des Platzes. Angeblich steht dort sogar noch die Eiche von damals, in der die Vögel saßen, zu denen Francesco der Le-gende nach gesprochen haben soll. Heute ist das Kloster für Besucher geöffnet. Es wohnen einige Franzis-kanermönche in ihm und reden oder singen oft mit den Leuten, die ins Haus kommen.
Der Eintritt ist frei.

zufliegen, und fühlt sich eins mit der Natur und dem Leben.

31.07./11.00 Uhr, Eremo delle Carceri – Subasio Gipfel

Nach dem Besuch der Einsiedelei Eremo delle Carceri erwartet uns erneut ein nicht zu unterschät-zender, steiler Anstieg von etwas mehr als einem Kilometer Länge in einer wunderschönen Land-schaft – herrlich duftet das Gras, lautstark zirpen die Zikaden. Ich möchte nirgendwo anders sein, als auf diesem zwar anstrengenden, aber landschaftlich begeisternden Weg zum Gipfel empor.

31.07./11.03 Uhr, Eremo delle Carceri – Subasio Gipfel

Ich hab's gewusst, ich hab's ge-wusst! Ich stinke wie ein Iltis. Das habe ich mir zwar zu Hause schon so vorgestellt, aber in Wirklichkeit ist es noch viel, viel schlimmer. Denn dass mir die Kleidung tropf-nass am Körper klebt, hätte ich nie gedacht. Deshalb hinterfrage

ich den Sinn und Zweck meiner Funktionskleidung. Aber irgendei-nen Sinn muss sie ja haben. Ich frage mich weiterhin, was der hei-lige Franz wohl kleidungsmäßig getragen haben könnte. Der hat sicher bis hier herauf auch ohne Funktionskleidung geschwitzt – damals kannte man so etwas ja noch nicht – und ist trotzdem den Berg hochgekommen. Wie mögen die Leute da erst gestunken haben? Igitt!
Und was hatte er wohl dabei auf seiner Pilgerreise nach Rom? Trug er auch so einen schweren Ruck-sack oder einfach gar nichts? Er hat sich wahrscheinlich »durch-gebettelt« in den Herbergen, bei Privatleuten. Das wirft wiederum die Frage auf: Könnte man in der heutigen Zeit so etwas noch machen? Dürfte man genug Gast-freundschaft erwarten, mit nichts außer seiner Kleidung am Leib? Wahrscheinlich muss wenigstens die Kreditkarte dabei sein, sonst ginge gar nichts.

Assisi
Spello

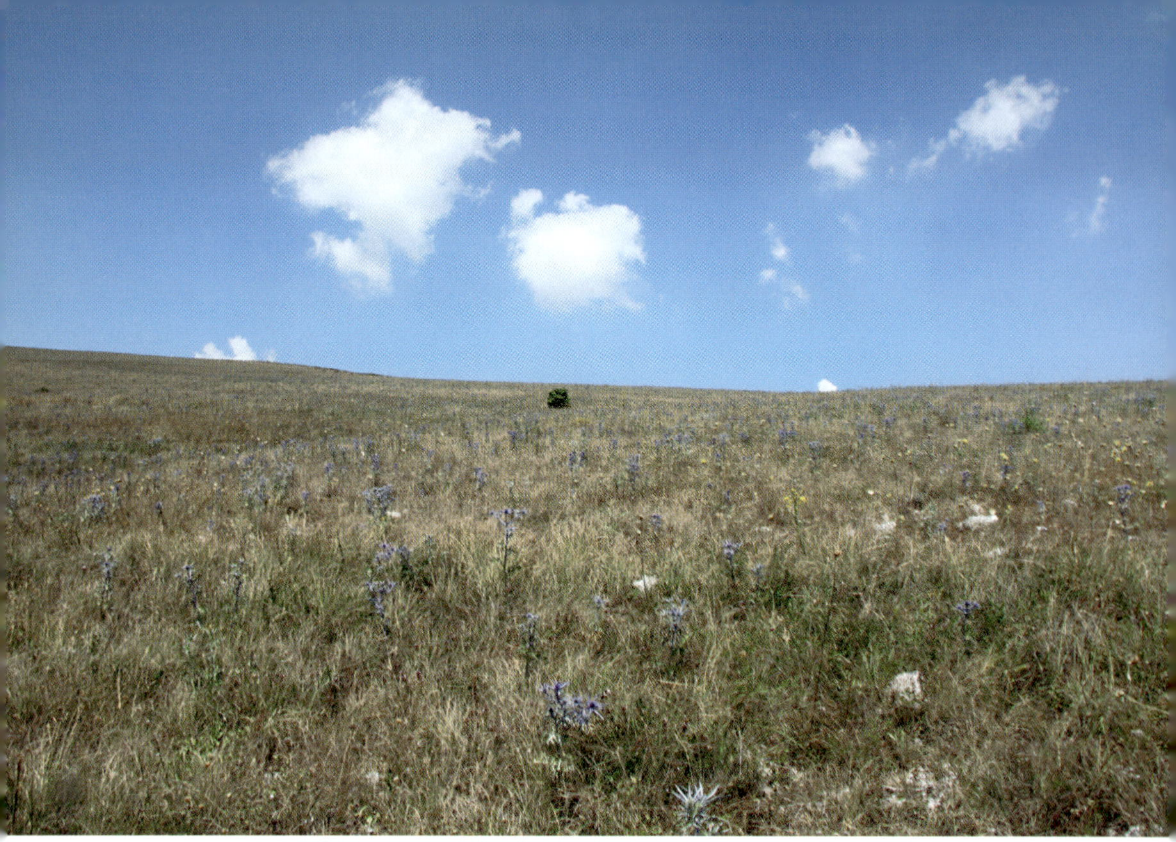

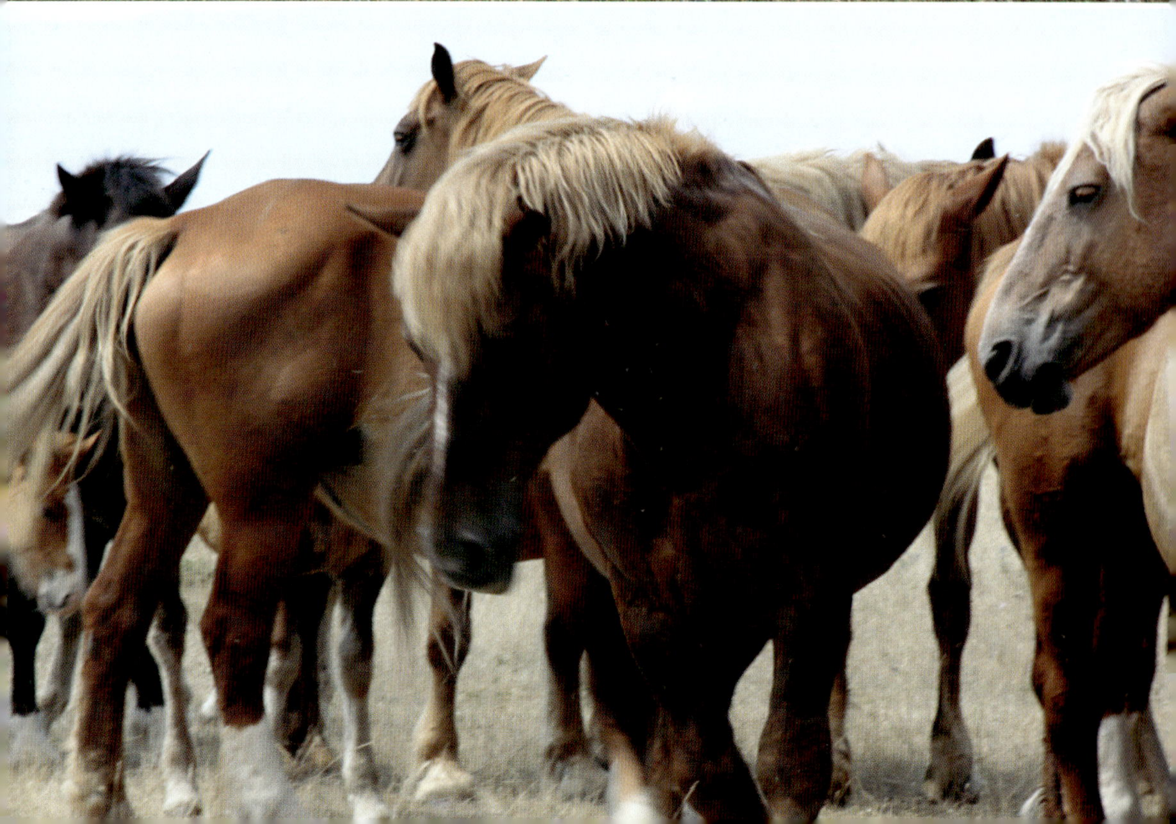

31.07. / 11.45 Uhr, Vom Singen

Interessant ist es schon – als Kind singt man einfach drauflos. Man singt das, was man von den Eltern aufschnappt, auch das, was man im Radio hört. Früher hatten wir Kassette und Schallplatte. Heutzutage kommt die Musik aus dem MP3-Player. Aber als Erwachsener hört man auf zu singen. Vielleicht deshalb, weil einem die Leichtigkeit fehlt. Oder einfach deswegen, weil man nicht mehr genug Freude am Leben empfindet, um sie durch das Singen äußern zu können? Was sollte man auch singen als Erwachsener? Manchmal trällert man einen Hit während der Autofahrt. Dann gibt es noch den Klassiker: das Singen in der Badewanne. Aber wirkliches Singen mit dem Partner, mit der Familie, ein Lied einstudieren – man tut es nicht und doch ist es schön, sich durch Singen zu äußern. Es muss nicht immer Reden oder Schreien sein. Singen ist aktiv, progressiv und nicht langweilig passiv wie Fernsehen oder nur Musik konsumieren.

Ich mag es einfach nicht, das kopflose Konsumieren von Musik. Immer und überall sehe ich Menschen, die noch während sie ins Auto einsteigen, das Radio einschalten, um ja keine Stille oder das Alleinsein zu spüren. Ich mag es, mich wahrzunehmen – wo ich bin, wie ich mich fühle und wie es mir geht. Und ich mag es, die Stille zu durchbrechen durch das Singen eines Liedes, das das äußert, was ich fühle und empfinde. Ähnliches ließe sich über Gedichte sagen. Auch sie sind Tugendenden längst vergangener Tage. Als Erwachsener ist es nicht mehr »in«, sich an Sprüche, an Aussagen, an ein Gedicht zu erinnern und diese für sich selbst in seinem Tagebuch oder in Gesellschaft wiederzugeben. Schade, aber ich glaube, wir verlieren eine Menge Kultur in sehr kurzer Zeit.

■ Monte Subasio

Der 1.290 Meter hohe Monte Subasio ist ein Teil des Apenningebirges in Umbrien. Assisi, Spello und Nocera Umbra sind über den Naturpark Parco del Monte Subasio verteilt. Zum Naturpark Monte Subasio gehören die Gipfel der Berge Sermolla, Civitelle und die Hügel San Rufino und Pietralunga. Die Region grenzt südwestlich an das Gebirgsgebiet, das Assisi mit Spello verbindet.

Die Gipfelkuppeln sind oft rundlich bis flach und durch Karsterscheinungen gekennzeichnet. Dies macht den Berg so einmalig für diese Gegend. Interessant ist, dass die Stadt Assisi aus den roséfarbenen Felsen erbaut wurde. Zu trinken bekamen die Bewohner zu Römerzeiten aus der Quelle Fontemaggio, die dem Berg entspringt. Heute benutzt man die kargen Wiesen auch als Viehweide und Pferdekoppel. Wir haben zwar keine Wölfe gesehen, die soll es hier aber geben, ebenso wie Steinhühner und Adler.

Assisi
Spello

Assisi
Spello

**31.07./11.45 Uhr, Vom Früh-
stück bzw. der Ernährung**
Noch ein Nachtrag zum italienischen Frühstück in der Pension
San Giacomo in Assisi. Ich finde
es wichtig, wie sich ein Mensch
ernährt, was er isst. In vielen
Führern und auch Hotelführern
wird nicht über die Qualität des
Essens geschrieben. Die Betten
sind sauber, das Bad ist toll, aber
es wird viel zu wenig über das
berichtet, was der Mensch dort
essen soll oder kann. Ich vermisste
heute Morgen eigentlich alles,
was ein Tisch zu bieten haben
sollte. Es gab nur Teigzeugs und
Kaffee, aber nix zum Essen, nicht
wirklich.
Frisch aufgeschnittene Früchte, eine kleine Auswahl an Wurst, Käse,
vielleicht auch Kräuter oder Eier,
das wäre doch was anderes, als nur
Teigwaren anzubieten. Denn nicht
nur Wanderer sind den ganzen
Tag über auf den Beinen. Durch
unsere kulinarischen Erlebnisse
bei unserem Freund und Koch
Martin Wastl (Tavernwirt in
Sulzbach), wissen wir, dass gutes

Essen nicht nur Energie und Kraft
gibt, sondern auch gute Laune
macht. Das möchte ich hier mal
anmerken. Ich bin für ein besseres
Frühstück in Italia!

**31.07./11.50 Uhr, Von der
Erfahrung und vom Leben**
Auch beim Wandern ist es nicht
leicht möglich, einem anderen
Menschen verständlich und
greifbar zu machen, was man
erlebt, was man fühlt, was man
spürt. So hatten Simone und ich
viel zu reden über enttäuschte Beziehungen, auch über enttäuschte
Erwartungen und Hoffnungen.
Wir haben versucht, unendlich
viel darüber zu sprechen. Allein
das geht nicht. Leider muss man
Krisen durchleben, muss schmerzlich erfahren, was man nicht lernen oder kognitiv verstehen kann
– und das gilt für alle Bereiche des
Lebens.
Wer beispielsweise sein Geld an
der Börse investiert, wird viele
Ratschläge bekommen, wie man
Gewinne optimiert, Verluste
vermeidet. Aber dennoch ist es

so, dass man seinen Gewinn erst
wieder verlieren muss, um diesen
Verlust wirklich zu begreifen.
Das gilt auch für die Hetze und
Unruhe des Lebens. Wir haben
einen guten Freund, der sein
Arbeitsleben hinter sich hat, wo-
hingegen wir noch mittendrin stecken. Der Zwang und der Druck,
Geld zu verdienen, unternehme-
risch klug zu agieren, verlangt sehr
viel Zeit, sehr viel Energie. So haben auch wir in unsere Arbeit sehr
viel Zeit und Energie gesteckt, die
uns im privaten und gesellschaftlichen Leben dann fehlte. Unser
Bekannter hat uns immer davor
gewarnt, denn das Leben sei hier,
jetzt, das Leben sei heute und das
Leben sei einmalig. Man solle
nicht den Fehler machen, diese
Einmaligkeit, dieses Leben zu
vergeuden. Und dennoch lassen
sich die Worte zwar vernehmen,
man scheint sie auch zu verstehen.
Aber meist genügt es nicht, nur
wegen des Gehörten sein Leben
neu auszurichten, neu zu orientieren. Es müssen leider Gottes
immer erst persönliche Krisen

und tiefe Niederschläge eintreten, die einem begreiflich machen, ganz tief innen drin zu verstehen geben: Pass auf, dein Leben – so wie es aktuell ist – steht auf der Kippe.

31.07./11.55 Uhr, Subasio

Wir sind schon ziemlich weit oben auf dem Monte Subasio. Die Landschaft ist verbrannt, dennoch wachsen einige farbenfrohe Tagblumen und Disteln. Was sehr lästig ist, sind die Fliegen, die uns umschwirren, als wären wir Schafe.
So beginnen wir den Aufstieg zum Gipfel des Monte Subasio, ein langgestreckter schmaler Pfad führt dort hinauf. Anders als zur Zeit Franziskus' steht am Gipfel kein Kreuz, sondern ein Haufen Telefonmasten, die es uns ermöglichen, mit der Außenwelt zu kommunizieren. Im Moment ist es höllisch heiß, die Fliegen umkreisen uns noch immer, ein leichtes Lüftchen lässt uns aufatmen. Aber ich muss feststellen: Ich quäle mich schon sehr.

31.07./13.00 Uhr, Subasio – Gipfel und Abstieg

Nach der Mittagspause und einer kräftigen Jause sind wir ein bisschen gestärkt und gehen nun bergab in Richtung Spello. Mir persönlich gefällt bergab besser, denn schwitzen muss ich eigentlich gar nicht mehr, aber es geht mit der Zeit wahnsinnig auf die große Zehe und auf die Knie. Und trotzdem fühle ich mich jetzt irgendwie erleichtert, da der große Anstieg vorbei ist.

31.07./14.15 Uhr, Subasio – Abstieg

Wir unterhielten uns gerade über Schuhe und plötzlich ging's um den »Kuhfladenalarm«. Toni meinte, seine Schuhe hätten einen eingebauten »Kuhfladenalarm«. Sie würden sich jedes Mal, wenn er in einen Kuhfladen tritt, selbst reinigen und desinfizieren. Daraufhin stellte er sich die Frage, wer denn überhaupt mit mir beim Schuhekaufen war. Und dann stieg ihm wieder heiß seine Eifersucht ins Gesicht.

31.07./15.00 Uhr, Vom Durst gefrustet

Seit 8.20 Uhr unterwegs, eine Stunde Pause auf dem Subasio und nun sind wir auf dem Abstieg nach Spello. In einer guten Stunde dürften wir dort eintreffen. Es ist warm, nein es ist heiß, sehr heiß. Von den 3½ Litern Wasser ist nur noch ein halber übrig. Kaum ein Lüftlein regt sich, wir schwitzen enorm. Die erste Etappe von Assisi nach Spello ist also bereits eine Herausforderung allererster Güte.
Die vielen Stunden mit dem schweren Rucksack, hoch oben auf dem kahlen Berg, wo kein Schatten Erquickung bringt, trocknen uns doch ziemlich aus. Die Mittagspause mit Salami, Käse und Brot hat Kraft gegeben, aber auch Durst verursacht. Wir müssen dringend unsere Mittagsmahlzeit überdenken. Sie sollte weniger »salzig« sein. Aber es ist einfach schwierig, einen gemischten Salat mit Putenstreifen und einem anständigen Dressing auf den Berg zu bringen.

Assisi
Spello

■ *L'infiorata*

Am Fronleichnams-Wochenende findet das L'infiorata di Spello statt. In der Nacht von Samstag auf Sonntag werden viele Straßenzüge mit wunderbaren und aufwendigen Bildern aus echten Blumen verziert, die extra von Hand gestaltet werden. Dafür legen die Einwohner eine Nachtschicht ein, um den Einzug in die Kirche zu zelebrieren.

**31.07./14.58 Uhr,
Zum Thema Sünde**

Also ich finde, für Sünden und Lügen büßt man hier auf jeden Fall. Da muss ich Roodenburg zitieren, der eine Beschreibung für diesen Pilgerweg geschrieben hat: »Menschen gehen mit unterschiedlichen Motiven auf Pilgerfahrt. Sie pilgern zu einer heiligen Stätte, um eine Gunst zu erflehen, um Buße zu tun oder um ihr Glaubensleben zu vertiefen. Andere sehen eine solche Reise als sportliche Herausforderung oder es treibt sie das Interesse an der Kultur....« Für uns spielen sicher alle aufgeführten Gründe eine Rolle. Allerdings haben wir in Sachen »Buße tun« einen riesengroßen Bonus, nämlich die Tatsache, dass wir im

Juli/August pilgern, denn es ist prügelheiß.

**31.07./16.01 Uhr,
Die erste Halluzination**

Ich habe mir gerade vorgestellt, wie ich ohne Kleidung in einem glitzernden blauen Meer bade – es ist ganz kühl. Und dann klettere ich nach meiner Erfrischung auf ein weißes Schiff. Da! Ein Tisch mit weißer Tischdecke, darauf steht frisches Obst: Ananas, leckere Pfirsiche. Eine kühle große Apfelsaftschorle – mindestens ein Liter – in einem wunderbaren Glas, das angelaufen ist von der eiskalten Flüssigkeit, zieht mich magisch an. Ich sitze da, blicke aufs Wasser hinaus und lausche dem Meeresrauschen. Ja, von so was träume ich beim Abstieg nach Spello.

31.07./16.07 Uhr,
Gedanken zum Tagesablauf
Als ich meine Lehre als Schrift-
setzerin begann, 1989 bei der
Tageszeitung in Aichach, musste
ich den ganzen Tag stehen. Ich
durfte mich auf keinen Fall bei
der Arbeit hinsetzen – nur zur
Brotzeit. Das war sehr ungewohnt
und der erste Tag war fürchterlich.
Meine Beine fühlten sich abends
an, als hätte ich sie mir sprich-
wörtlich in den Bauch gestanden.
Aber irgendwann, vielleicht nach
sieben, acht Tagen – so genau
weiß ich das nicht mehr, kam der
Zeitpunkt, wo es völlig normal
wurde. Im Laufe der Zeit habe ich
mich dann so daran gewöhnt, dass
ich es vermisste, als der Computer
Einzug hielt und ich die ganze
Zeit sitzen »durfte«.
Heute ist mein Tagesablauf geprägt vom Gehen und Pilgern mit
14 Kilogramm Gewicht auf dem
Rücken. Acht Stunden am Tag nur
gehen, gehen, gehen. Und heute,
am ersten Tag, denke ich: O Gott,
das schaffe ich nie. Es möge bitte
schnell der Tag kommen, wo
das Gehen für mich normal sein
wird und ich ohne es nicht mehr
auskommen, es sogar vermissen
werde.

31.07./16.35 Uhr,
Ich bin sauer und voller Sorge
Wir sind kurz vor Spello. Aber was
heißt kurz: Jetzt geht der blöde
Weg außen herum und führt weg
von Spello. Wir wollen abkürzen
und gehen schnurstracks den
Hang hinunter, aber plötzlich ist
der Weg abrupt zu Ende. Also
wieder hoch, zurück auf den Pfad,
der von Spello wegführt. Wir
haben kein Wasser mehr und die
Nachmittagshitze ist brutal. Toni
hat einen hochroten Kopf, er lei-
det Durst und ihm ist heißer als er
zugeben mag. Hoffentlich kippt er
nicht um, ich mache mir Sorgen.
Aber es wird schon gutgehen, wir
werden bald unten sein.

31.07./17.00 Uhr,
Ankunft in Spello
Obwohl wir ca. 3½ Liter
Flüssigkeit dabei hatten und
Simone vorab auch noch einen
Liter getrunken hat, kommen wir
ziemlich ausgedörrt in Spello an.
Man möchte es kaum glauben, wie
lecker ein Glas Wasser ist oder das
Lemon Soda, das wir bestellen.
Wir halten fest: Um 8.20 Uhr
sind wir losmarschiert, um
17.00 Uhr hier angekommen.
Dazwischen hatten wir zirka eine
Stunde Mittagspause sowie eine
halbe Stunde für den Besuch
der Einsiedelei Eremo delle
Carceri aufgebracht. Es war nicht
unanstrengend – der Berg, der
Weg über den Subasio, vor allem
die Hitze auf dem grasbewachsenen Gipfel, haben sehr stark an
uns gezehrt. Aber jetzt sind wir
angekommen im Hotel Alta Villa
mit Pool, sind frisch geduscht,
frohen Mutes und freuen uns auf
ein leckeres Abendessen.

Assisi
Spello

4. Tag

Spello
Montefalco

Gestern der Berg
Heute das Tal

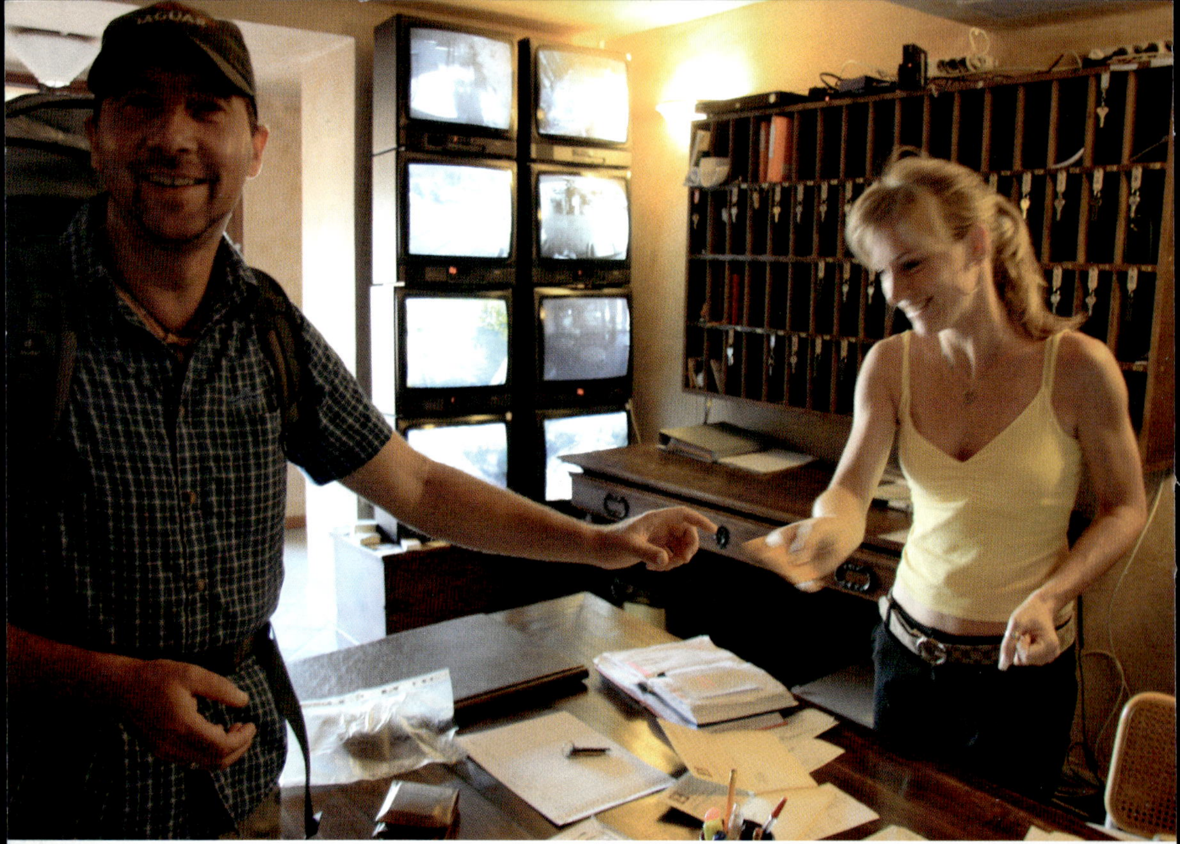

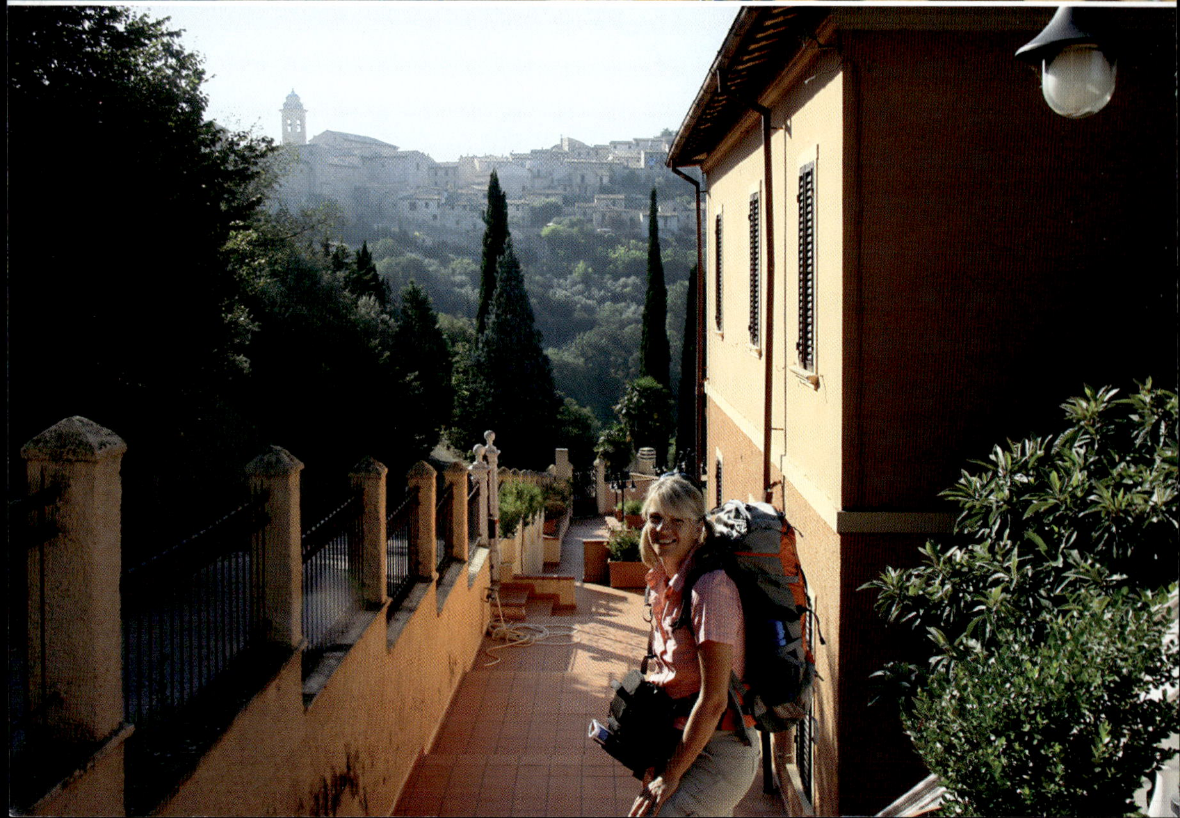

01.08./9.03 Uhr,
Der Morgeneinkauf

Nach einer geruhsamen Nacht sind wir vom Hotel Alta Villa aufgebrochen und machen uns auf in Richtung Montefalco. Jetzt werden wir uns erst einmal im einen Kilometer entfernten Spello Brotzeit kaufen und dann geht's richtig los. Toni will seine Wasserflaschen unbedingt aus der im Führer angegebenen Quelle füllen. Für mich kommt das eigentlich für die gesamte Wanderung nicht infrage. Ich habe mir schon einmal des Trinkwassers wegen eine gewaltige Diarrhoe eingefangen. Darum ziehe ich es grundsätzlich vor, Aqua minerale aus dem Supermarkt in meine Flaschen zu füllen.

Es ist sehr angenehm, in der morgendlichen Kühle zu starten.

Das Dörfchen Spello ist wirklich urig und mächtig alt. Genauso urig ist auch der Laden, den wir auswählen, um unser Mittagsmahl zu kaufen. Eine gesunde dicke Verkäuferin schneidet aus einem Wildschweinschenkel hauchdünn Prosciutto auf und wickelt ihn für uns ins Papier. Wir kaufen aus lauter Gier ein riesiges Weißbrot – lecker, wir freuen uns jetzt schon auf den Mittag.

01.08./9.51 Uhr,
Vorbei mit der Kühle

Das mit der morgendlichen Kühle hat sich bereits erledigt. Das Thermometer zeigt um diese Uhrzeit schon 30 °C und wir verlassen Spello. Spello ist ein entzückendes Dörfchen. Sie hat mich sehr inspiriert, diese kontrastreiche Häuserlandschaft mit den rot-weißen

Steinen und den Blumen, die sehr akkurat und sauber nebeneinanderstehen. Sehr gepflegt alles – typisch italienisch eben.

01.08./10.00 Uhr, Von der
Krankenkasse, der Schuldfrage
und anderen Dingen

Als wir an diesem 1. August auf einer Teerstraße Spello in Richtung Montefalco verlassen, denken wir über viele Dinge nach. Eben beispielsweise über die Bergsteiger, die damals am Nanga Parbat einen Kameraden verloren haben, weil er in eine Gletscherspalte gestürzt ist. Die anderen beiden wurden mit aufwendigen Hilfsmitteln, Satellitentelefon und Hubschrauberanflüge, letztendlich gerettet. Aufgrund der Rettungsaktion entstanden Kosten in Höhe von zirka 55 000 Euro. Da stellt sich uns die

Spello
Montefalco

Frage, wer das denn bezahlen soll. Wo ist die Grenze zwischen dem, was ein Mensch noch tun darf, und dem, was die Solidargemeinschaft abfedern soll?

Oder ein anderes Beispiel: Wenn jemand mit 240 km/h über die Autobahn saust, die Kurve nicht erwischt und an einer Leitplanke landet, wird versucht, mit aller Kraft und aller Gewalt, mit Hubschraubern, mit Einsatzwagen sein Leben zu retten. Es entstehen enorme Kosten. Aber hat er das nicht ein Stück weit selbst verschuldet?

Zu Ende gedacht bedeutet das auch: Was ist mit den Kosten, die jemand verursacht, weil er sich nie sportlich betätigt, einen Ernährungsfehler nach dem anderen macht und eines Tages aufgrund dessen erkrankt?

Ist das nicht auch ein Stück selbst verschuldet? Wo ist die Grenze zwischen individuellem Leichtsinn und der Verantwortung für die Gemeinschaft? Mich würde interessieren, was andere Menschen dazu denken.

01.08./10.37 Uhr

Heute geht es immer nur geradeaus, hauptsächlich auf asphaltierten Straßen. Der Weg ist einfacher als der gestrige, aber die Sonne brennt erbarmungslos auf uns nieder und kein Wind will sich regen. Ich laufe schon wieder leicht nach vorne gebeugt, versuche mich immer wieder aufzurichten, mich zu korrigieren, aber mein Rucksack fordert seinen Tribut. Ich stelle mir vor, wie ich in Rom ankomme, nämlich als buckliges, altes Weib. Der Gedanke daran entlockt mir ein kurzes Lächeln.

01.08./11.01 Uhr, Halluzination

Folgen Sie dem Schotterweg links hinauf, es folgt ein leichter Anstieg, Sie kommen an eine scharfe Kehre. Sie sehen dort ein Bauernhaus, aus dem eine barbusige Magd herausschaut. Diese Magd wird Sie zum Mittagessen einladen. Nehmen Sie diese Einladung keinesfalls an, denn Sie würden dort ausgeraubt und ihrer Kleidung entledigt werden! Danach wirft man Sie nackt auf die Straße ...

Weil es so heiß ist und ich so ausgedörrt bin, denkt mein Gehirn nur noch solchen Unsinn.

01.08./11.40 Uhr, Vision

Ich habe eine Vision! Wir haben zwei Tomaten dabei und ich überlege krampfhaft, wo ich Salz dafür herbekomme. Was aber völlig utopisch ist, denn auf unserem Weg wird es weder einen Laden geben noch werde ich Salz woanders auftreiben können. Aber der Gedanke drängt mich dennoch. Außerdem habe ich, wie gestern, pünktlich um 11.40 Uhr einen Bärenhunger, das ist jetzt anscheinend jeden Tag so.

Spello Montefalco

01.08./12.30 Uhr, Typisches Gespräch zur Mittagspause

»Simone, ich bin für Dich da – Simone.« »Ich weiß um Deinen schlechten Zustand, tu nicht so! «
»Gar nicht!«
»Du bist ja selber so k.o.!«
»Gar nicht!«

01.08./13.00 Uhr, Von der Liebe und der Partnerschaft

Immer wieder stellt sich die Frage: Wann weiß man, ob der Partner, den man findet, der richtige oder falsche ist? Wenn man nach der Pubertät fast erwachsen ist, sucht man hier und sucht man da. Und ist sich bisweilen unschlüssig, ob der Partner, mit dem man aktuell zusammen ist, der Mensch ist, mit dem man sein Leben bestreiten möchte. Woran kann man erkennen, ob dieser für ein Zusammenleben geeignet ist, ein gemeinsames Leben trägt?
Da gibt es eine Geschichte von Leo Tolstoi, die im Rahmen der Kreutzersonate erzählt wird. Der Hauptakteur wählt als Beispiel einen Wagen, in dem sich viele, viele Erbsen befinden. Und irgendwann kommst du als Erbse neben einer anderen zu liegen. Dann denkst du: »Na, das muss doch die Richtige sein.« Aber die Wahrscheinlichkeit, dass du in diesem riesengroßen Wagen voller Erbsen genau die findest, mit der du durch ein Leben gehen kannst, das dich zufriedenstellt, das dein Potenzial ausschöpft, ist doch sehr gering.
Aber wenn man neben einer Erbse in diesem Lastwagen zu liegen kommt, dann ist ja die Erbse immer gleich grün, nahezu gleich groß, gleich rund. Es ist eigentlich egal, neben welcher Erbse man liegt. Die eine ist halt ein bisschen runder, die andere ist ein bisschen grüner und die nächste hat halt eine kleine Delle. Aber im Grunde sind sie mehr oder minder gleich.
Ja, aber es geht in der Geschichte nicht darum, Erbsen dahingehend zu betrachten, wie unterschiedlich sie sind. Es geht vielmehr darum, dass es quasi beliebig viele Menschen gibt und man nicht wirklich die Chance hat, jeden einmal zu treffen, um festzustellen, ob er der Richtige ist. Es geht um die riesige Anzahl, nicht um die Beschreibung der Erbsen. Verstehst du das ...?
Ich versteh das schon und ich sehe es beim Menschen auch ganz genauso. Es gibt Männlein und Weiblein und im Prinzip sind alle mehr oder minder gleich – mal dicker, mal dünner, mal intelligenter, mal dümmer ... Aber prinzipiell glaube ich, dass man, wenn man mit sich selbst zufrieden ist, mit nahezu jedem Partner leben und es sich schön machen kann. Und wenn man auf die Wünsche des anderen eingeht und Anteil nimmt an seinem Leben, denke ich, dass man mit jedem/jeder die erfüllte Liebe leben kann.
Das heißt aber doch, es gibt keinen richtigen und keinen falschen Partner, sondern immer nur den Partner und das, was man mit ihm daraus macht, ist das Richtige, oder ?

Ob es das Richtige ist, kann ich dir auch nicht hundertprozentig sagen. Ich vermute es halt, es ist meine Einstellung.

01.08./13.50 Uhr, Die Teddybären und die Liebe

Weil wir schon über Liebe und Partnerschaft diskutieren, ist mir noch diese Geschichte dazu eingefallen:

Stell dir vor, du hast einen kleinen, süßen Teddy. Von Anfang an liebst du ihn und streichelst ihn und nimmst ihn überall mit hin. Und du erlebst unheimlich viele Dinge mit ihm. Du gewinnst diesen Teddy so lieb, dass du ihn nicht mehr hergeben willst. Es gibt keinen anderen. Mit der Zeit aber greift sich das Fell ein bisschen ab, die Augen glänzen nicht mehr so, vielleicht hast du ihn ja ein paar Mal in den Sand oder ins Meer fallen lassen. Kurz, er kommt ein wenig in die Jahre, aber dir macht das nichts aus.

Bis der Tag kommt, an dem du einen großen, schönen, neuen Teddybären triffst, mit dunklen großen Augen, weichem kuscheligen Fell, ein Kuschelbär durch und durch. Du kannst ja nichts dafür. Er ist einfach da, er ist so riesig, dass du ihn nicht übersehen kannst. Er platziert sich auch immer so, dass er deine Wege kreuzt, und plötzlich verliebst du dich in diesen großen, neuen Teddybären. Für kurze Zeit vergisst du sogar den kleinen in der Ecke völlig und widmest dich ganz dem Kuschelriesen.

Vielleicht tauschst du den kleinen Teddybären gegen den großen aus. Dann merkst du aber nach einiger Zeit, dass der große Teddy viel zu unhandlich ist. Er lässt sich nicht leicht mitnehmen und ist schlichtweg klobig, unpraktisch. Unpraktisch ist kein gutes Wort für das, was ich sagen will – eben unhandlich, unkommod, umständlich.

Du wirst irgendwann wieder an den kleinen Teddy denken und die vielen Erinnerungen und Erlebnisse, die dich mit ihm verbinden. Dann bekommst du große Sehnsucht nach dem kleinen Teddy mit dem abgegriffenen Fell. Erinnerungen kann keiner einfach wegwischen. Wenn man sich besinnt und wieder zurückkehrt zu dem Kleinen, macht man nichts falsch. Vorausgesetzt, er ist noch da, wo man ihn hingelegt hat.

01.08./14.00 Uhr, Vom Wasser

Normalerweise ist es ja so, dass man nahezu zwei bis drei Liter Flüssigkeit am Tag zu sich nehmen soll und Teile davon wieder ausscheidet. Bei dieser Hitze und bei der fatalerweise fast absoluten Windstille, Temperaturen um die 35 Grad, verhält sich die Geschichte etwas anders. Man nimmt täglich etwa vier bis fünf Liter (pro Person!) zu sich, und nur ein sehr geringer Teil verlässt

Spello
Montefalco

den Körper wieder über den Weg der Toilette. Im Detail bedeutet das: Es wird sehr viel Wasser in direkter Form in Schweiß umgesetzt. Den ganzen Tag über rinnen Schweißperlen über die Nase, über die Augen, über die Wangen, über den Rücken hinab.

01.08./14.00 Uhr, Durst

Wie immer treten jetzt die ersten Dursthalluzinationen auf. Man sehnt sich nach zehn Campari-Soda oder einfach nur nach fünf Lemon Soda, aber auch vier Weißbier mit jeweils einer Scheibe Zitrone würden dem Durst den Garaus machen.

01.08./14.30 Uhr, Das Leben ist manchmal nicht schön

Manchmal ist das Leben nicht schön. Im Moment ist es nicht schön. Der Rucksack ist schwer, die Hitze ist sengend und S. fehlt mir, fehlt mir so sehr.

01.08./15.30 Uhr, Alles was kühl macht!

Auf den Berg hinauf nach Montefalco, ca. 350 Höhenmeter

– Simone, was macht alles kühl? Kühl macht z. B. ein Kühlschrank oder Eiswürfel, eine Klimaanlage, Schatten, die Nacht, ein Funktionshemd (was Toni bestreitet), ein Pool, ein Meer, Nebel, Schnee, ein Gewitter, eine Brise, Deutschland im Sommer. Alles meilenweit entfernt!

01.08./16.00 Uhr, Von einem neuen treuen Gefährten

In Assisi hat sich ein alter Bekannter als Gefährte für die Wanderung bei uns eingeschlichen. Anfangs waren wir etwas skeptisch, ob er diesen weiten Weg wird durchhalten können. Aber er hat uns schnell davon überzeugt, dass er ausdauernd und wenig anspruchsvoll ist. Geschwind haben wir ihn an Simones Rucksack befestigt und sie trägt ihn nunmehr mit auf unserer Reise durch Umbrien bis nach Rom hinein. Pinocchio ist bei uns und freut sich über jeden Schritt, den wir mit ihm gehen, denn seine Nase wird immer kürzer.

Spello
Montefalco

01.08./16.50 Uhr,
Die Geschichte der Mülltonnen
Immer wenn wir in der Türkei sind, finden wir es als besonders eklig, an Mülltonnen vorbeigehen zu müssen. Diese sind dort meistens offen und häufig springen urplötzlich mit lautem Geschrei hässliche, verwahrloste Katzen heraus. Hier sind die Tonnen wenigstens zu, aber stinken tun sie genauso. Deswegen stellen wir beim Anblick einer Mülltonne schon automatisch von Nasenatmung auf Mundatmung um.

01.08./17.00 Uhr,
Wir erreichen Montefalco
Toni fragt mich jeden Tag, was denn mein Highlight des Tages sei. Wenn ich so drüber nachdenke, dann finden sich viele Höhepunkte, zum Beispiel mittags, wenn ich die Decke aufschlage und meinen Rucksack weglegen kann. Das ist ein Highlight, genauso wie ein kühles Sprite trinken zu dürfen. Aber heute ist das besondere Highlight das Ankommen, das Ankommen in Montefalco. Das ist vielleicht auch ein Stück Lebensphilosophie – »Ankommen«. Man irrt über Wege, man schaut und will immer irgendwo ankommen, man verläuft sich unterwegs und ist ungeduldig bis ans Ziel. Ich glaube »Ankommen« ist auch im richtigen Leben ein Highlight.

01.08./17.00 Uhr
Wir erreichen Montefalco
Fazit des zweiten Tages: Die heutige Route ist sicherlich landschaftlich bei Weitem nicht mit dem vergleichbar, was wir am ersten Tag von Assisi über den Subasio nach Spello erlebt haben. Der Weg führt notgedrungen durch das Tal. Übrigens kann man in der Früh in Spello schon in der Ferne Montefalco auf dem Berg thronen sehen, sofern das Wetter mitspielt. Damit weiß man schon in etwa, in welche Richtung es geht.
So marschiert man also durch dieses fruchtbare Tal, das relativ dicht besiedelt ist und in der Nähe von Foligno auch sehr viel Industrie aufweist. Darum ist es durchaus eine Kunst, einen vernünftigen Weg durch dieses Tal zu finden. Die Strecke dürfte etwas mehr als 20 Kilometer betragen. Man kommt aber, da es eben ist, relativ zügig voran. Wir haben etwa um 9.30 Uhr Spello verlassen und Montefalco um 17.00 Uhr erreicht, wobei wir Pausen von über eineinhalb Stunden eingelegt haben.
Nicht unterschätzen darf man jedoch, vor allem bei diesem sommerlich warmen Wetter, den Schlussanstieg nach Montefalco hinauf. Dort muss man auf den letzten 400 bis 500 Metern doch noch eine erhebliche Steigung überwinden. Wichtig ist auch hier die Einteilung der Flüssigkeit. Die mitgenommenen 4½ Liter haben wir großteils erst nach der Mittagspause getrunken und ich denke, diese Planung macht Sinn.

01.08./21.30 Uhr, Schlafen
Das Schlafen auf dieser Wanderung ist von einer sagenhaften Traumlosigkeit. Der Körper braucht wohl sämtliche Energien, um das zu reparieren, was tagsüber kaputtging. Ich habe nicht mal mehr die Energie, von irgendetwas zu träumen. Um 7.00 Uhr klingelt der Wecker. Ich denke mir: »Ich habe doch noch gar nicht geschlafen und jetzt soll es schon wieder weitergehen?« Das ist Wandern in Italien!

Montefalco

Imposant auf einem Hügel gelegen, kann man von Weitem schon die sehr gut erhaltene Stadtmauer sehen. Sie ist aus dem 13. Jahrhundert. Betreten kann man die Stadt durch insgesamt vier Tore. Sehenswürdigkeiten sind die Kirche Santa Chiara und die Kirche San Francesco aus dem 14. Jahrhundert. Wenn Sie sich für Kunst begeistern, finden Sie dort die Pinakothek mit Gemälden und Werken von Benozzo Gozzoli und Perugino.

Außerdem können Sie das Rathaus an der Piazza del Comune, die Kirche Sant'Agostino oder die romanische Kirche San Bartolomeo besichtigen.

Den Namen Montefalco, zu Deutsch »Falkenberg«, erhielt Corrosone, so hieß Montefalco früher einmal, von Kaiser Friedrich II. Dieser ging hier oft auf Falkenjagd. Auf dem Stadtwappen prangt heute noch das Symbol des Falken.

Spello
Montefalco

5. Tag

Montefalco
Spoleto

Unglaubliche Hitze
Herrliche Natur

02.08./7.00 Uhr, Vom Schlafen oder besser vom Nichtschlafen!
Lag es an der unerträglichen Hitze im Zimmer, der durchgelegenen Matratze oder der Straßenlaterne, die durch die Tür hereinschien, den vielen Mücken, die im Zimmer umhersausten, oder dem unerträglichen Durst? Nicht zu vergessen das unheimlich knarrende und quietschende Geräusch, als wenn eine Klosterschwester zur Buße die ganze Nacht eine Stahltür auf- und zuschieben müsste. Welche dieser Komponenten uns tatsächlich um den Schlaf brachte, lässt sich nicht mehr feststellen. Wahrscheinlich lag es an der Summe aus alldem. Jedenfalls ist es jetzt Samstag, 2. August, 7.00 Uhr morgens. Und egal, wie schlecht wir geschlafen haben, es geht vorwärts. Beim Wandern wird das Leben ganz einfach: Man denkt ans Essen, sehr oft ans Trinken, ans Schlafen und wieder ans Essen. So ist also eine Pilgerwanderung nach Rom!

02.08./9.00 Uhr
Korrektur, was die Temperaturen angeht: Es hat am gestrigen Tag zirka 40 Grad gehabt und heute wird es nicht wirklich kühler.

02.08./9.34 Uhr, Spannung und Vorfreude
Wir starten ein bisschen später, weil wir noch im Supermarkt waren und uns fürs Mittagessen eingedeckt haben. Mir kommt es vor, als ob ich zwanzig Kilo mehr im Rucksack hätte – wahrscheinlich ist das auch so. Toni kauft vier Bananen und Oliven, Weißbrot, Salami, Nektarinen und einen Haufen, Haufen Wasser. Es ist jetzt am Morgen schon so heiß, dass ich ohne jegliche Bewegung durchgeschwitzt bin. Aber ich bin gespannt auf diese Etappe und was der Tag heute wohl bringen wird.

02.08./9.40 Uhr, Gastwirtin Emanuela
Zu Emanuela: Unsere Gastwirtin, eine quirlige Italienerin, vielleicht Mitte 50 – ich kann es nicht so genau sagen –, empfing uns gestern Abend mit einer herzlichen, wild rudernden Armbewegung und zeigte uns stolz ihr schönes Haus. Wir hatten es ganz für uns alleine – vier Zimmer, Küche, Bad, Esszimmer. Es ist ein wunderbar ausgestattetes italienisches Haus und Emanuela ist sehr hilfsbereit. Heute Abend werden wir in ihrem zweiten Gasthaus in Spoleto übernachten, wo sie schon auf uns warten wird.

02.08./10.35 Uhr, Über meinen Vorsatz »Nicht mehr jammern«
Um 10.34 Uhr habe ich beschlossen, heute den ganzen Tag über nicht zu jammern, weder über meine schmerzenden Füße noch über meine aufgescheuerten Schlüsselbeine, noch über den schweren Rucksack, über die Hitze, darüber, dass es mir schlecht geht. Alles Schlechte und Bejammernswerte wird heute ausgeblendet. Denken kann ich es ja, aber sagen tu ich es nicht :-).

02.08./11.00 Uhr
Ich habe Toni über seine Essgelüste befragt und ob er denn überhaupt welche habe. Er unterstellt mir nämlich, dass mein Körper Oliven braucht, nur weil ich seit zwei oder drei Tagen tierisch Lust auf diese leckeren Dinger habe. Über diese Frage bin ich zu einer Erkenntnis gekommen: Ich glaube, dass wir viel zu weit weg sind von dem, was uns der Körper sagt, und die Signale, die er aussendet, nicht wahrnehmen, weil so viel außen

Montefalco
Spoleto

herum stört. Nahrungsmittel, auf die man Lust hat, sollte man doch auch essen – aber bitte nicht gleich im Übermaß. Vielleicht ist ja doch was drin, das der Körper im Moment dringend benötigt. Toni hat mir übrigens geantwortet: Ihn gelüstet es nach einer kühlen Blonden – einer Maß Bier!

02.08./11.10 Uhr,
Liebeserklärung an Simone
Was ich an Simone liebe: Ich liebe an Simone, wenn sie nachts im Bett liegt und schläft und dabei ein leichtes Lächeln ihre Lippen umspielt. Wenn Sie morgens aufsteht und ganz verträumt, verschlafen und übernächtigt an den Frühstückstisch tapst, ihre Beine auf die Eckbank hochlegt und sich mit dem Rücken an den Kühlschrank lehnt, um mehr schlafend als wachend das Frühstück zu genießen, das ich ihr zubereitet habe. Anschließend tippelt sie zur Couch, um sich mit der Schlafdecke zuzudecken. Noch einige Minuten Schlaf können nicht schaden, sagt sie.

02.08./13.30 Uhr
Die flirrende Hitze über der umbrischen Landschaft setzt uns ganz schön zu. Uns ist gerade aufgefallen, dass wir heute noch gar

keine philosophische Diskussion geführt haben. Das liegt wohl daran, dass sich die Gedanken allmählich beruhigen. Vor ein paar Tagen war ich noch von Unruhe erfüllt. Aber die Gefühle legen sich und das Gehirn denkt nur noch in Nahrungseinheiten, misst Distanzen in Kilometern und Schweiß in Litern.

02.08./13.30 Uhr, Gott
Heute haben wir noch gar nichts Wesentliches zu Papier gebracht. Das lässt sich auch begründen, denn es ist einfach unglaublich heiß. Wir gehen in einer Senke von Montefalco nach Spoleto, haben gerade die Mittagspause hinter uns. Kein Lüftchen regt sich. Es soll noch heißer sein als gestern. Und da hatte es immerhin schon 40 °C. Außer uns beiden Dummköpfen bewegt sich niemand hier draußen. Und wir beide marschieren auch noch zu Fuß von A nach B. Unglaublich! Als wir in der Mittagspause so dalagen und die Salami, die Semmel, die Tomaten und die Oliven verspeisen hatten, kamen wir auf den lieben Gott zu sprechen. Ob Gott sich für uns als Menschen, für uns und unser Leben eigentlich interessiert? Simone meint Nein. Der liebe Gott lässt es

laufen, den interessiert nicht, was wir tun, was wir treiben. Er stößt das Leben vielleicht in irgendeiner Form an und dann »blubbert« es so vor sich hin und jeder ist selbst verantwortlich für sein Tun oder Nichtstun.
Auf die Frage, ob es am Ende des Lebens denn einen Gott gäbe, der – wie man landaus, landein hört – in Gut und Böse unterteilt, sagt Simone: »Nein, ich kann mir nicht vorstellen, dass es einen Gott gibt, der urteilt und unterteilt, kategorisiert.«
Überhaupt scheint es mit Gott so zu sein, dass wir ihn uns nach unserem Bilde schaffen, um unserer Existenz, unserem Leben irgendetwas abringen zu können. Und wir haben noch eine andere Idee: Sind wir vielleicht selbst Gott? Schließlich wurden wir ja laut Überlieferung nach seinem Ebenbild erschaffen. Wäre es dann nicht notwendig, dass wir uns Gott besonders widmen, weil wir Gott selbst sind? Die Menschen – unendlich viele Manifestationen von ein und demselben Daseinszustand? Eine Frage, die uns sicherlich noch weiter beschäftigen wird.

02.08./13.45 Uhr
Toni trottet einige Meter vor mir her. Er sieht von hinten aus wie

Montefalco
Spoleto

ein kleiner Junge. Das ist mir gestern schon aufgefallen. Er verjüngt sich von Tag zu Tag. Vielleicht weil sich seine Gedanken ebenfalls beruhigen? Und weil sein Kopf ihn in Ruhe lässt und er an nichts anderes mehr denken kann als Hitze, Hitze, Hitze! Ich liebe ihn, den kleinen Bub vor mir – sehr.

02.08./13.47 Uhr, Von den Menschen

Ich bin überrascht davon, was Menschen so alles tun, wodurch sie angetrieben werden. Menschen, die viel erreichen in ihrem Beruf, Menschen, die alle Energie aufbringen, um eine Firma aufzubauen, Menschen, die im sozialen Bereich tätig sind, um anderen zu helfen, Menschen, die ehrenamtlich tätig sind, Menschen, die Häuser bauen, Menschen, die Wiesen und Acker bestellen – Menschen wie die, die wir auf den Weinbergen sehen, die Weinreben zurechtschneiden, damit wir ab und an ein gutes Tröpfchen genießen können. Jetzt, bei über 40 °C, steht der Weinbauer in der prallen Sonne und schneidet die Reben zu, damit sie möglichst stark und kräftig werden, damit sie möglichst viel

Frucht und hohen Ertrag bringen. Komisch diese Menschen, die alle etwas tun vom Anfang bis zum Ende ihres Lebens! Komische Menschen.

02.08./14.16 Uhr, Spoleto?

Spoleto ist in Sichtweite. Toni und ich streiten uns darüber, wann wir es wohl erreichen werden. Ich sage, wir brauchen noch drei Stunden.
»Wie lange? Spätestens 16.00 Uhr haben wir das. Also knapp zwei Stunden, nicht länger.«
»Wir werden sehen, wer recht hat!«

02.08./15.12 Uhr, O Gott, Blasen!

Heute Nachmittag entdecke ich mit Schrecken zwei Blasen! Ich habe sie vorher nicht bemerkt, sie schmerzten nicht. Jeweils auf dem kleinen Zeh links und rechts thronen sie obenauf, erbsengroß! Als ich sie wieder samt Füße und Zehen in die Schuhe stecke, tun sie natürlich weh, komischerweise. Wenn man sich also etwas nicht bewusst ist, muss es auch nicht unbedingt schmerzen. Wenn man sich jedoch auf die verletzte Stelle konzentriert, schmerzt sie – logisch oder?

02.08./15.20 Uhr, Italienische Häuser und ihre Innenarchitekturen

Ich frage mich, warum die Deutschen die italienischen Häuser und deren Innenarchitektur so schätzen, schön finden, bzw. warum sie so gerne hierher nach Italien reisen.
Es ist sicher die Mischung aus Sonne, Landschaft, dem Meer. Aber auch die italienische Art, Häuser zu bauen, und insbesondere die Inneneinrichtung liebt der Deutsche, adaptiert sie zuweilen in Reinkultur. Und nicht nur der Deutsche, auch andere Länder wie Österreich, Schweiz oder Frankreich, Spanien, ja sogar Griechenland und die Türkei neigen mittlerweile dazu, etwas im italienischen Stil zu bauen, einzurichten, sich abzuschauen.
Transportiert denn das Möbelstück, das Gemäuer ein Stück Lebenseinstellung, ein Stück Lebensfreude mit ins Heimatland? Mir persönlich kommen die Italiener nicht viel lebenslustiger vor als wir Deutschen.
Noch ein Nachtrag: Italienische Einrichtungsgegenstände sind vielleicht ein Stück feiner als unsere. Möglicherweise schließt man

Montefalco
Spoleto

daraus, dass auch die Menschen feiner sind. Oder ist es doch die italienische Sprache, die einen eine Feinheit in den Italiener hineininterpretieren lässt, obwohl ich mir nicht vorstellen kann, dass ein Italiener wirklich feiner ist als ein Deutscher? Er besitzt aber zweifellos einen guten Geschmack. Davon zeugt ja auch die italienische Mode. Aber das ist eine andere Geschichte

02.08./15.30 Uhr, Vom Wein!
Jeden Abend genießen wir ein leckeres Abendessen, trinken natürlich ein, zwei Liter Acqua minerale frizzante und Vino – einen halben Liter, einen Liter –, oft schlicht Hauswein genannt. Trotzdem schmeckt er jedes Mal superlecker. Liegt es am warmen Abend, der lauen Luft, dem Gefühl, etwas erreicht zu haben an diesem Tag? Oder ist der Wein wirklich so lecker? Vielleicht senden die Italiener nur den Wein hinaus in die Welt, den sie selber nicht trinken und nicht mögen! Was mir als Geizhals bei der Weintrinkerei hier in Italien besonders entgegenkommt, ist, dass der Hauswein sehr günstig ist. Gestern Abend haben wir einen Liter Wein für acht Euro bekommen, tags zuvor für einen halben Liter fünf Euro bezahlt. Und dann schmeckt er auch noch superlecker – genial.

02.08./16.00 Uhr, Das spezielle Verhalten einer Frau
Eine Frau will immer etwas einkaufen. In jedem Dörfchen oder Städtchen gibt es Geschäfte, in die wir nur kurz reinschauen können. Das ist fürchterlich, denn ich hätte gerne eine Olivenschale oder einen Weinständer für Toni. Ich möchte mir ein Deckchen kaufen, Geschirrtücher oder Klamotten. Egal, irgendetwas, doch leider kann ich nichts mitnehmen. Nicht mal einen Käse oder ein Stück Wildschweinschinken, alles zu schwer, alles Gepäck, alles Gewicht – eine schreckliche Situation für eine Frau!

02.08./17.00 Uhr,
Italienische Gastfreundschaft
Jetzt folgt eine positive Bemerkung zu der Gastfreundschaft in den Hotels: Ich finde und fand es sehr schön, dass beim Reservieren der Hotels in Italien das gesprochene Wort noch gilt. Man muss weder ein Fax noch eine Bestätigungs-
E-Mail senden, noch irgendwelche Kreditkartennummern hinterlassen, um ein Hotel zu buchen. Die Leute erwarten einen trotzdem – und nicht eine Reservierung wurde »vergessen«. Toll!

02.08./17.57 Uhr, Spoleto
Wir erreichen unser neues Zuhause, eine Villa am Stadtrand von Spoleto. Für Simone ist die Waschmaschine das Wichtigste. Als Erstes schmeißt sie mit einer teuflischen Freude alles rein, was sie an Klamotten bei sich trägt. Aber das genügt ihr nicht. Die

Trommel dreht sich schon, da mustert sie noch einmal alles, was wir dabei haben, und fragt ständig: »Soll man das nicht auch waschen? Soll man das nicht auch waschen?« In Spoleto ist der Waschwahn ausgebrochen. Und jetzt sitzt sie vor der Waschmaschine und sieht ihr dabei zu, wie sie – porentief rein – unsere sieben Sachen wäscht.

02.08./18.05 Uhr, Bemerkung zum Ende des 5. Wandertages
Wie es mir geht? Heute ist ein Tag, an dem ich mich sehr ruhig fühle. Die letzten Monate, Brücken, Häuser, Wege, ebenso die Dörfer, die wir hinter uns lassen, rücken in immer weitere Ferne. Die Mühlen in meinem Kopf drehen langsamer. Meine Gedanken fühlen sich nicht mehr so aufgewühlt an. Toni und ich führen immer wieder lange Gespräche über die Liebe und das Leben und den rechten Weg. Ich glaube, ich befinde mich wieder auf dem rechten Weg.
Zum Ende eines Pilgertages fühle ich mich jedes Mal gleich: Bevor wir unser Ziel erreichen – vielleicht eine halbe Stunde, eine Stunde vorher –, meine ich es nicht mehr zu schaffen. Mein Körper streikt, meine Waden schmerzen, meine Oberschenkel brennen und ich denke: »O Gott, das ist ja eine Gewalttour, wann hört das denn auf?« Dann stärken wir uns noch einmal oder setzen uns in den kühlen Schatten und trinken etwas. Daraus schöpfe ich Kraft für die letzten Kilometer.

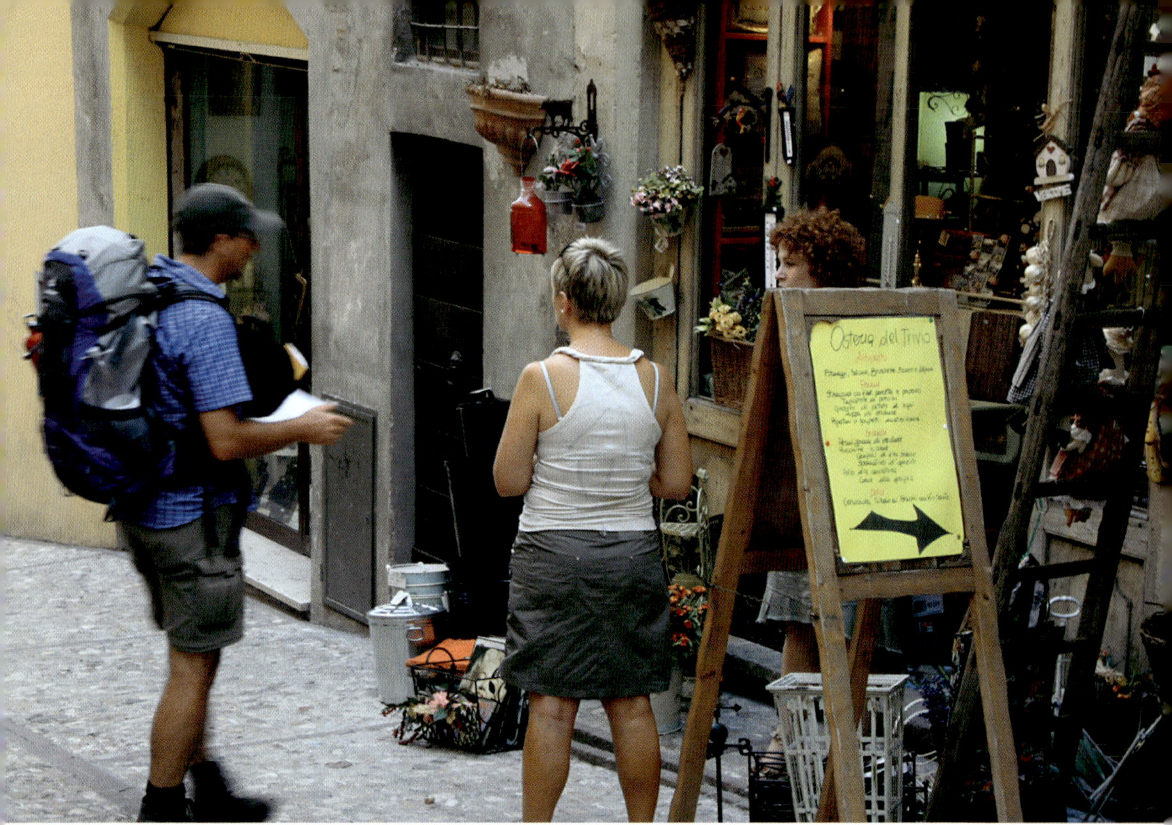
Osteria del Trivio

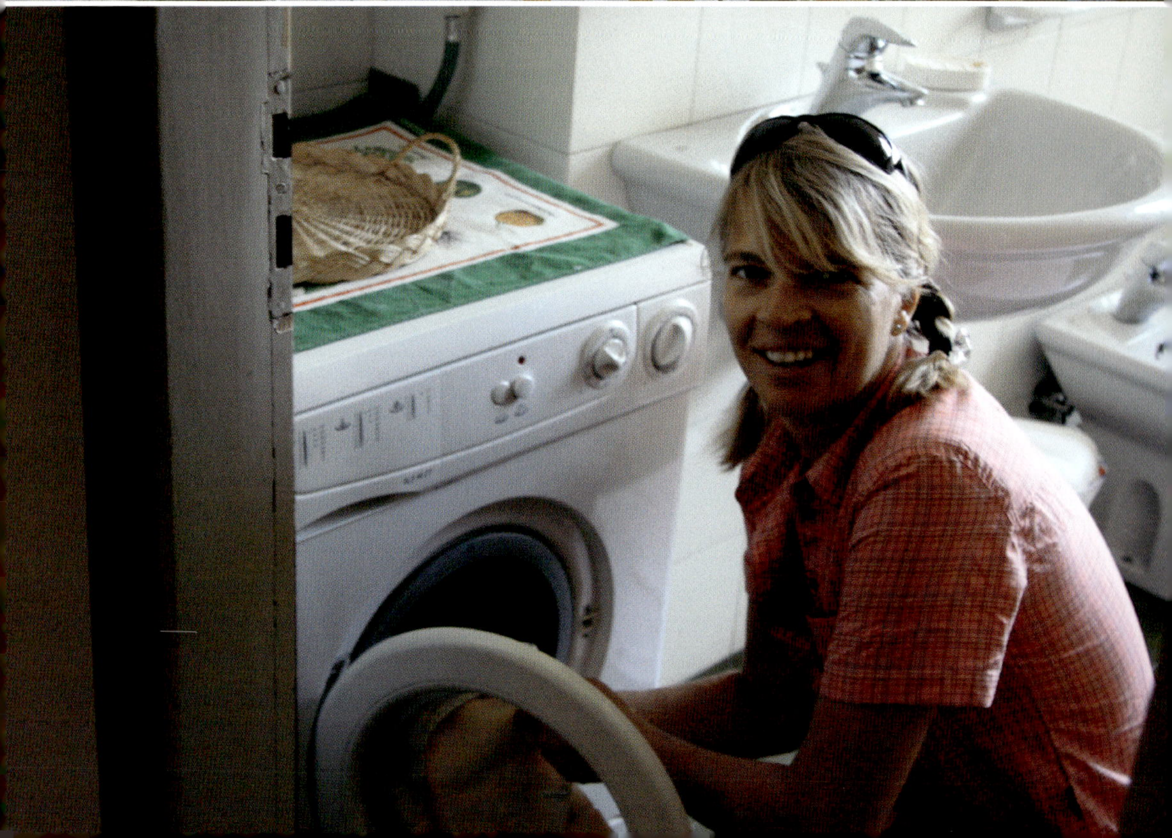

Dabei denke ich oft an den Ausspruch meiner besten Freundin Meggie, die sagt: »Wandern ist wie Beten mit den Füßen.« Im Moment kommt es mir nicht gerade vor wie Beten, sondern ich wehre mich immer noch gegen die körperliche Belastung. Ich warte sehnsüchtig auf die Stunde, wo das Gehen zum Beten wird und meine Füße einfach nur meditativ nach vorne schwingen!

02.08/21.30 Uhr, Erkenntnisse über Kleidung

Als wir heute Abend in Spoleto eingetroffen sind, ist uns die Jugend von Spoleto aufgefallen sowie viele junge Frauen. Frauen, die natürlich sehr gut angezogen waren, sexy mit Einkaufstaschen und Kleidern und Schühchen. Wir mit unseren Funktionsklamotten, flachen Sandalen und kurzen Hosen sahen dagegen aus wie hässliche Entlein. Wir fühlten uns zwar nicht unbedingt schrecklich, aber dennoch ein wenig abgewertet. Ich finde es wichtig, sich ab und an mal gut aussehend und sexy zu fühlen. Darauf will ich nicht immer und gänzlich verzichten, das wird mir hier klar.

Toni merkt dazu an, dass natürlich nur das gut oder sexy aussieht, was einem gefällt. Man könne in einem schönen Funktionshemd auch gut aussehen. Aber meine Meinung ist: Es gibt sehr wohl einen Unterschied zwischen Funktionsklamotten und dem kurzen Schwarzen.

02.08./21.40 Uhr, Simone lamentiert darüber, warum das Wandern so hart ist:

Für mich ist der Rucksack das Schlimmste, besonders morgens, wenn die Brotzeit mit drinsteckt und ich die drei Liter Wasser zusätzlich mit mir rumschleppe. Er wiegt so etwa vier Kilo mehr als gegen Ende des Tages und die hauen mich schier um. Das ist superhart! Das Zweithärteste ist die Hitze und das Dritthärteste sind die Beine, die irgendwann einmal streiken. Aber das wäre alles nicht so schlimm, wenn der doofe Rucksack nicht wäre.

02.08./21.43 Uhr, Tonis Reihenfolge, was für ihn das Härteste ist:

Also, ich finde natürlich auch den Rucksack hart. Der sorgt für eine Belastung, wie man sie sonst in keiner Form zu spüren bekommt. Zudem ist die Hitze enorm. Wir gehen in der Früh los – keine Ahnung, wie heiß es da schon immer ist. Wir sind heute Abend gegen 17.30 Uhr in Spoleto eingetrudelt – bei 39 °C! Ich will mir gar nicht vorstellen, wie heiß es mittags wohl gewesen sein mag. Und du merkst nachmittags einfach, wie es dir deine Kraft »wegbrennt«,

wie der Körper Wasser verliert, so dass du dich nicht mehr vernünftig bewegen kannst.

Natürlich macht der Rucksack viel aus, nervt auf die Dauer, weil er permanent auf den Rücken drückt. Nicht vergessen sollte man überdies unsere exzellenten Wanderschuhe, die mir im Laufe eines Tages so auf den Keks gehen! Du glaubst Betonklumpen mit dir rumzuschleppen, in denen du nur noch vorwärts schleichen kannst. Selig wär's doch, wenn man leichte Birkenstock anhaben könnte – ohne Socken, einfach zum Dahintraben. Aber gut, wir wollten es so, basta!

22.30 Uhr, Fazit Tag fünf

Die Wanderung von Montefalco nach Spoleto verläuft ähnlich wie die von Spello nach Montefalco. Man gelangt relativ zügig aus Montefalco hinaus. Je näher man an die doch größere Stadt Spoleto kommt, desto schwieriger wird es, einen Pfad zu finden, ohne sich auf größeren Verkehrswegen zu bewegen. Nicht unterschätzen sollte man nach Erreichen des Ortsschildes von Spoleto den Weg zur Unterkunft. Es kann durchaus sein, dass Sie innerhalb von Spoleto noch eine Stunde unterwegs sind, um Ihr Ziel zu erreichen. Und damit hatte ich mit der Ankunftszeit recht …

6. Tag

Spoleto
Patrico

Steiler Anstieg

Grandiose Aussicht

**03.08./5.15 Uhr,
Die Nacht in Spoleto**

Ich träumte gerade von einer SMS, die S. mir schrieb: »Nachtfalter, es tut mir leid, wir sehen uns morgen.« Da bin ich erschrocken aufgewacht und denke verwirrt: O Gott, wie kommt er denn so schnell nach Spoleto?

**03.08./8.45 Uhr,
Vom Ausruhen**

Wir haben gerade darüber diskutiert, ob es Sinn macht, den Computer mitzunehmen. Es muss leider sein, denn die Bilder müssen von der Kamera geladen und Texte getippt werden. Unsere ursprüngliche Idee war ja einmal, den Computer mitzunehmen, um abends am Zielort schon mal zu layouten und Bilder zu sortieren. Fakt ist jedoch: Wir kommen am Abend an und legen uns zuerst ins Bett. So beginnt das aktivste Ausruhen, das man sich vorstellen kann. Du legst dich aufs Bett und denkst dir: »Ich muss mich jetzt ausruhen, ich muss mich jetzt ausruhen, ich muss mich jetzt ausruhen.« Da bleibt keine Zeit mehr, um irgendetwas anderes zu tun. Hernach hast du nur noch den Wunsch, irgendwie irgend-

woher etwas zu beißen zu kriegen – mangiare, mangiare, mangiare. Um 22.00 Uhr bist du hundemüde und schläfst sofort ein.

**03.08./9.00 Uhr,
Von Telefonkarten und
Hausversetzern**

Gestern wies uns der Sohn von Emanuela Brizi, das ist die Dame, die uns in Montefalco schon als Gastwirtin empfangen hat, freundlich in die Stadtvilla ein. Dort stand auch eine Waschmaschine und ich bin vor Glück schier in die Luft gehüpft. Es war ein tolles Haus, riesengroß – erneut für uns allein. Und kühl, das war das Wichtigste. Alles in allem liegt eine sehr geruhsame Nacht hinter mir.

Toni bereitete das Frühstück zu und nun sind wir auf dem Weg nach Patrico, einem Bauernhof. Tonis Stimmung ist heute nicht besonders gut, obwohl er gut geschlafen hat. Wahrscheinlich liegt es daran, dass uns die Hausherren versetzt haben und wir deshalb auf den Stempel in unserem Pilgerpass verzichten mussten. Das ärgert ihn sehr. Oder was weiß ich, was für eine Laus ihm über die Leber gelaufen ist.

Und dann ist da noch diese Telefonkartengeschichte. Als wir gestern ankamen, kauften wir uns erst mal eine Telefonkarte für das iPhone – eine italienische Prepaid-Karte. Nach einigen Verständigungsschwierigkeiten klappte es auch und mein iPhone hört seitdem auf eine italienische Nummer. Allerdings muss die erst aktiviert werden – mit Registrierungsnummer und dem ganzen Kram. Der dafür zuständige Automat mit der Damenstimme sprach aber nur italienisch mit mir. Deshalb wollten uns die Hausherren dabei helfen, die Karte zu aktivieren. Weil sie aber heute Morgen nicht mehr da waren, können wir noch nicht damit telefonieren.

**03.08./10.30 Uhr, Von der
Abwechslung des Wohnens**

Ich genieße auf der Wanderung die Abwechslung des Wohnens. Es ist tatsächlich ein großer Kontrast, ob man in einer Stadtwohnung übernachtet oder in einem Landhaus. Heute Abend werden wir auf einem Bauernhof schlafen. Das wird nochmals anders werden. Ich bin gespannt darauf. Im normalen Alltag nehme ich die

Spoleto
Patrico

Kontraste der verschiedenen Hotels nicht so wahr, obwohl ich viel unterwegs bin. Vielleicht sind die Unterschiede nicht so groß oder man ist zuwenig sensibel dafür, weil andere Dinge wichtiger sind als eine gute Atmosphäre oder ein tolles Bett. Man genießt eher die Angebote außerhalb der Hotels. Hier ist das anders, weil man abends erschöpft ins Bett fällt.

03.08./10.30 Uhr, Geld

Vor zwei Tagen wollte Simone schon mal über das Thema sprechen: Wann ist man als Mensch frei, was ist Freiheit? Noch haben wir dieses Thema nicht ausreichend durchdrungen, aber ich glaube, dass Geld ein Stück weit dazu da ist, sich die Freiheit zu nehmen, die man haben möchte. Das ist überhaupt so eine seltsame Geschichte mit diesem Geld, dem man sein ganzes Leben widmet. Man versucht sich über die Schul-, Berufs- oder Hochschulausbildung möglichst viel Wissen anzueignen, um es in einem Beruf einzusetzen, der wiederum mit Geld honoriert wird. So verbringt man mitunter zehn, elf Stunden des Tages damit, Geld zu verdienen. Das ist die erste Hälfte eines normalen Tages,

weitere sieben bis acht Stunden vergehen buchstäblich im Schlaf. So beherrscht das Geldverdienen unseren Tagesablauf.

Wir versuchen, durch neues berufliches Potenzial das Geld zu vermehren. Aus meinem Leben kenne ich das so: Als ich Student war, hatte ich praktisch kein Geld zur Verfügung und schaffte es auch, quasi ohne liquide Mittel, mein Auskommen zu erzielen, zu wohnen, zu leben usw. Dann begann ich zu arbeiten, verdiente das erste Mal so richtig Geld und interessanterweise veränderte das mein Leben nicht dramatisch. Eine Anschaffung hier, eine Anschaffung da. Vielleicht ein Auto, vielleicht eine Eigentumswohnung, vielleicht ein Haus und – schwups – ist das schwerverdiente Geld wieder weg. So kämpft man sich durchs Leben. Vielleicht mit der Vision, einmal so viel Geld zu haben, dass es sich bequem davon leben lässt. Aber irgendwie kommt immer etwas dazwischen. Manchmal ist es das Finanzamt, manchmal eine unvernünftige Geldanlage – Aktien, Immobilien, Schiffe oder was sich sonst so anbietet und sich nicht so entwickelt, wie man es gedacht hatte oder es einem versprochen wurde.

Überhaupt sind das Nachdenken über Geld und das Suchen nach jemandem, der einem dabei behilflich sein könnte, ein ziemlich sinnloses Unterfangen. Jeder behauptet, er werde dich bei der Geldanlage unterstützen oder beraten und will eigentlich nur an dein Bestes, nämlich an dein Geld. Es geht niemandem darum, dir objektiv eine gute Dienstleistung, ein gutes Produkt zu verkaufen, sondern leider Gottes geht es darum, was dem Verkäufer eine gute Provision und damit ihm Geld einbringt.

Eine andere Idee: Ich habe oftmals darüber nachgedacht, ob es nicht besser wäre, wenn jeder bei Geburt bei »Null« anfinge. Es gibt Menschen, die ganz andere Voraussetzungen haben, weil sie eine Menge Geld mitbekommen, weil sie Eltern haben, bei denen Geld keine Rolle mehr spielt. Ist das nicht ungerecht? Unsereins strampelt sich ein Leben lang ab, um zu ausreichend Geld zu kommen, und andere starten gleich mit einer ganze Mengen davon. Wie hätten wir's denn gern, wie macht man es richtig mit dem Geld? Leider kann ich nur formulieren, wie man es nicht machen sollte.

Spoleto
Patrico

Es ist sicher falsch, in einem Job zu bleiben, der einem nicht gefällt, nur um des lieben Geldes willen. Einige Bekannte von uns machen sich täglich mit großem Missmut in die Arbeit auf, um mit noch größerem Missmut zurückzukehren. Das kann es nicht sein! Auch mache ich mir ernsthafte Sorgen, ob wir das, was wir in die staatliche Rente einbezahlen, tatsächlich auch wieder herausbekommen. Wir sind die Generation, die immer weniger Nachkommen zeugt und die meisten Rentner haben wird.

So kann es nicht funktionieren. Wir werden von der Rente nicht leben können.

Was bleibt also? Vielleicht die beiden Komponenten, die ich langfristig als wesentlich erachte. Erstens: auf die Geldausgaben achten! Auch wenn es bedeutet, Dinge, die man glaubt, unbedingt haben zu müssen, doch nicht zu kaufen. Denn bei genauerer Betrachtung sind sie meist doch entbehrlich. Und zweitens: regelmäßig Geld sparen. Denn fest steht: Vor allem die langjährige Geldanlage macht Sinn und bringt Ertrag. Wenn man 40 Jahre Geld privat anspart, ergibt sich irgendwann eine stattliche Summe, da kann man fast nichts mehr falsch machen.

03.08./11.00 Uhr, Über langjährige Beziehungen

Man denkt im Laufe der Zeit, wenn man so lange zusammen lebt, eigentlich nicht mehr an die Anfänge zurück. Zurück an das, was man zusammen erlebt hat, worüber man sich zusammen gefreut hat, über Liebe, Leidenschaft, Sehnen, Schmetterlinge im Bauch. Sich Zeit nehmen, den Anderen stundenlang anschauen, ihm von den Lippen ablesen, ihn küssen und anfassen. Nicht merken, wie die Zeit vergeht, zusammen zu fliegen.

All das geht unter im Beziehungsalltag, der natürlich auch seine Annehmlichkeiten hat. Zum Beispiel, dass man es sich schön macht, ein Haus kauft, eine Familie gründet, die Freizeit gestaltet. Beziehungsalltag ist zum anderen aber leider auch, dass man einander so vertraut ist und damit zu kumpelhaftem Umgang neigt. Ich denke, wer auf Dauer glücklich sein will, sollte darauf achten, dass die Flamme, die am Anfang brennt, nicht erlischt. Auf keinen Fall sollte man den Partner als Kumpel betrachten, sondern ihn immer wie einen Liebhaber behandeln. Man muss sich selbst interessant und schön halten, immer wieder neue Beziehungs-Highlights setzen, ihn überraschen, sie überraschen und ungewöhnliche Ideen – wie am Anfang einer Beziehung – ausleben. Ich glaube, wenn man ein Leben zu zweit lebt, ist die Abwechslung das absolut Wichtigste. Während ich das so schreibe, frage ich mich natürlich, ob das überhaupt umsetzbar ist, was ich da denke. Denn Nähe und Vertrautheit werden durch das Zusammensein automatisch wachsen. Vielleicht ist es auf Dauer gesehen die Prise zusätzlicher Aufmerksamkeit, die ein Liebender mehr verdient als der Kumpel.

03.08./11.14 Uhr, Aufgefallen

Was mir auf dieser Wanderung auffällt, ist ganz klar dieses »heilige«, also nicht scheinheilige, son-

Spoleto
Patrico

dern wirklich »heilige Gefühl«. Wir gehen ziemlich oft an Kirchen vorbei, seien sie nun verlassen oder frisch renoviert, gut besucht oder abgelegen. Überall, wo wir schlafen, hören wir ganz nah Kirchenglocken und Glockenspiele. Es ist Balsam für die Seele – auch für Nichtgläubige – wir spüren eine gewisse Reinheit, die vom Glockenklang ausgeht.

03.08./11.17 Uhr, Vom Bösen
Ich habe mal gehört: »Bös' ist nur, wer Böses tut«. Was ist »böse«, wo ist die Grenze? Ist es böse, jemanden zu lieben? Ist es böse, jemanden anderen zu lieben? Ist Liebe böse? Diese Gedanken gäben Raum für eine lange Diskussion. Sie finge bei der Liebe an und endete wahrscheinlich mit der Moral.

03.08./11.30 Uhr, Das ewige Thema Schuhe
Dieses Thema begleitet uns schon seit dem ersten Tag auf dem Subasio. Toni war sehr eifersüchtig, weil ich die Schuhe mit S. gekauft habe. Jetzt habe ich die gerechte Strafe dafür bekommen: Meine Blasen schmerzen sehr. Die Schuhe sind mir etwas zu klein. Den Schuh, den ich mir allerdings die letzten Monate angezogen habe, der war viel zu groß für mich.

03.08./11.45 Uhr, Zum Thema Weg
Ich finde es viel angenehmer, wie jetzt steil bergauf zu steigen, im Schatten ohne Hut und ohne Sonnenbrille zu marschieren. Vor allem spüre ich eine Verlagerung der Schmerzen in den Beinen. Heute ist beim Hochkraxeln mal wieder die hintere Wadenmuskulatur dran. Gestern ging es geradeaus, heute steil bergauf – und da ist komischerweise der Rucksack auch erträglicher. Allerdings rinnt mir der Schweiß in einem Rinnsal hinab, sammelt sich am Kinn und tropft zu Boden.
Wir erreichen das Kloster Monteluco. Skurril ist, dass Leute in Campingstühlen direkt vor der Klostermauer sitzen und Zeitung lesen, kurzum Camping machen – wahrscheinlich Tagesausflügler, Sonntagsausflügler!

03.08./14.30 Uhr, Gipfelfreuden
Es ist immer das Gleiche: Toni freut sich, sobald es bergauf geht. Mit gewandtem Stechschritt strebt er dem Gipfel entgegen. Wenn er dann vor mir oben ist, strahlt er über das ganze Gesicht. Dieses Gesicht ist unvergesslich und schreit nach vielen Wiederholungen. Im Moment ist es wieder so weit: Wir sind am Gipfel

dieses Berges mit dem Kloster angelangt und erreichen bald unsere Herberge, einen Bauernhof im Besitz der Familie Bartoli in Patrico. Es ist sehr schön hier, die Aussicht ist allemal fantastisch. Da kann ich Toni natürlich verstehen. Aber muss es denn immer bergauf sein?

03.08./14.40 Uhr, Was man alles essen kann, wenn es so warm ist
Als wir weiter nach Patrico marschieren, fällt uns ein, dass es eigentlich viele leckere Dinge gibt, die wir zu Hause essen, wenn es warm und sommerlich ist. Allen voran einen Wurstsalat oder Schweizer Wurstsalat oder auch einen leckeren »sauren Preßsack«, hmmm – ganz fein. Oder einfach einen »Obatzd'n« mit einer Breze dazu, einen frischen Salat mit Putenbrust oder vielleicht Speckstreifen und Champignons. Dazu gibt's immer ein Weißbier oder eine Russenmaß oder eine Radlermaß, lecker!

03.08./14.45 Uhr, Zicken rund um die Uhr
Ich halte fest: Toni ist heute eine Zicke, er zickt den ganzen Tag und redet dummes Zeug. Wahrscheinlich steigt ihm die Pilgerreise zu Kopf!

03.08./18.00 Uhr, Fazit

Wir sind um 10.00 Uhr in Spoleto gestartet und haben uns – auch sonntags – wie immer mit Wasser und Essen versorgt. Gegen 12.00 Uhr sind wir am Kloster Monteluco angekommen. Eine halbe Stunde später war Mittagspause angesagt (für eine gute Stunde). Dabei haben wir den Blick über die weite Landschaft genossen. Anschließend ging's hinauf nach Patrico zur Unterkunft Bartoli, wo wir um 15.00 Uhr eingetroffen sind.

Der Tag war geprägt von zwei kräftigen Anstiegen: zuerst in Spoleto und dann zum Kloster Monteluco hinauf. Zum Glück ist der Weg schattig, weil er durch einen Wald führt. Sie können danach die herrliche Landschaft genießen und erreichen das wunderbare Kloster Monteluco. Eine Sensation ist definitiv der zweite Teil des Weges, wo Sie auf einer Landstraße marschieren, während Ihr Blick über das weite Land schweift. Besonders toll ist auch die Übernachtung im Bauernhof Bartoli: Sie sitzen auf dem höchsten Berg der Gegend und schauen ringsum hinunter ins Tal, das Sie in den letzten Tagen durchschritten haben.

Der Weg von Spoleto hinauf nach Patrico ist eine der kürzeren Etappen der Wanderung. Sie sollten trotzdem unbedingt zeitig aufbrechen, um nachmittags so früh als möglich in Patrico anzukommen. Der Ausblick von dort ist schlicht und ergreifend sensationell. Sie fühlen sich, als würden Sie auf dem Dach der Welt sitzen und hinunterschauen. In der Ferne sehen Sie auch Assisi, wo Ihre Reise begann. Am Berg gelegen erkennen Sie Spello und Spoleto. Sie erhalten also einen Überblick über Ihre gesamte bisherige Wegstrecke – einfach nur herrlich! Genießen Sie die Aussicht und freuen Sie sich an Ihrer Leistung. Wir tun es auf jeden Fall.

03.08./20.00 Uhr, Gut Bartoli

Als wir abends in Bartoli in den Speisesaal gehen und unser Abendessen gemeinsam mit Kind und Kegel und keine Ahnung wie vielen anderen Leuten einnehmen, erfahren wir, dass auch Richard Gere schon hier war. Also, Sie müssen unbedingt nach Bartoli!

Gerne würden wir noch ein paar Tage bleiben, dem Geschnatter der Gänse lauschen, uns ein Pferd ausleihen und in die Berge reiten, das leckere Essen kosten und den Ausblick ins Tal und vieles mehr genießen. Es fühlt sich unbeschreiblich gut an, hier oben auf dem Hang zu sitzen, in die Gegend zu schauen und von netten Menschen umgeben zu sein. Wir fühlen uns wie zu Hause auf diesem Bauernhof. Simone hat schon versprochen, dass Sie wiederkommt, um die bereits gesattelten Pferde im Stall von ihrer Reitkunst zu überzeugen.

■ *Agriturismo in Italien*

Unter diesem Begriff stellen sich viele Urlaub auf dem Bauernhof vor. Tatsächlich findet man Agriturismo-Betriebe nur in ländlichen Regionen. Mit viel Natur drumherum gibt es diese Häuser in allen Facetten und Kategorien. Mit Liebe zur Natur und sorgfältiger Pflege der Umgebung setzen sich die manchmal ehemaligen Landwirte für den Erhalt der Umwelt ein. Da wird noch selbst gekocht, Nudeln gewalkt, oft kommt der Käse oder das Brot aus eigener Produktion. Auch selbst gekelterten Wein kann man unbeschwert genießen. Wir waren wirklich begeistert von Bartoli und seinem Gehöft. Es steht als Musterbeispiel für Urlaub auf dem Bauernhof bei uns an oberster Stelle.

101

7. Tag

Patrico Ferentillo

Finde den Weg

04.08./10.00 Uhr,
Frühstück, die Zweite

Ich hatte gehofft, dass irgendwann einmal die Qualität des
Frühstücks besser werden
würde, insbesondere auf einem
Bauernhof. Nach dem exzellenten Abendessen freuten wir uns
schon auf ein Frühstücksei, Obst
und Melonen, ein leckeres Panini
frisch aus dem Ofen. Irgendwie so
was, aber nein, es gab Marmelade,
Honig, altes Brot, Zwieback, Butter und einen Kaffee, der so stark
war, dass mein Herz nun doppelt
so schnell schlägt als sonst – auch
ohne Anstrengung. Ich freue mich
schon auf den Tag, an dem wir
wieder mit Genuss frühstücken
können.

04.08./10.00 Uhr,
Uhrzeiten und Gehzeiten

Wir verlassen das Gut Bartoli,
um den Berg Monte Fionchi in
Angriff zu nehmen. Die Tagestour
heute ist etwa 20 Kilometer lang
und endet unten im Tal. Wir
erhoffen und wünschen uns einen
schönen Abstieg. Das Wetter ist
uns wie immer wohl gesonnen.
Gestern hatten wir 40 °C und
heute sieht es sehr nach 42 °C aus.
Doch auf dem Berg hier – wir sind
auf etwa 1100 Metern – weht ein
angenehm kühler Wind, so dass
es noch erträglich ist. Aufgefallen
ist mir, dass wir jeden Tag ein
wenig später losgehen. Während

wir von Assisi noch um 8.20 Uhr
aufgebrochen sind, liegt unsere
Startzeit mittlerweile bei 10.00
Uhr. Woran das wohl liegen mag?

04.08. /10.14 Uhr, Nachtrag
zum gestrigen Abendessen

Schon um 17.30 Uhr sehnten wir
uns nach dem Abendessen, da wir
uns mittags nur ein Tramezzini
geteilt und ein bisschen Kuchen
von Emanuela verspeist haben.
Der nachmittägliche Cappuccino
konnte gegen den Mordshunger
auch nicht viel ausrichten. Im
Zimmer stand »Abendessen ab
19.30 Uhr«. Also machten wir
uns so um 19.15 Uhr auf in die
Küche und fragten dort eine richtig italienisch aussehende »Mamma«, wann es denn Abendessen
gäbe. Sie antwortete: »No, no, um
20.00 Uhr gibt es Abendessen im
Speisesaal.« Sie begleitete uns in
den Saal, der aussieht wie eine Rit-
tertafel – zwei riesenlange Tische
stehen dort – und wies uns unsere
Plätze zu.
Wir saßen noch alleine im Speisesaal und die Minuten bis 20.00
Uhr vergingen sehr zäh. Vor uns
standen zwei Liter Wein in einer
Flasche mit Ploppverschluss
(Toni hat schon angekündigt, dass
er einen halben Liter alleine trinken möchte und dieser Wunsch
scheint tatsächlich in Erfüllung
zu gehen). Wir haben uns gleich
Wein und Wasser eingeschenkt,

woraufhin sich der Stallknecht zu
uns setzte und etwas nuschelte
von wegen er sei kein Italiener,
sondern Rumäne. So warteten wir
zu dritt auf die Mamma, die aus
der Küche stob und erst mal mit
einem leckeren Antipastireigen
aufwartete. Es ging los mit einem
mit Gänseleberpastete bestriche-
nen Brot und weiteren Brotschnit-
ten mit etwas Pflanzlichem drauf.
Hernach wurden ganz frische
Melonen und leckerer Prosciutto
sowie Zwiebelkuchen serviert.
O Gott, dieser Zwiebelkuchen –
einfach unvergesslich.
Und so aßen wir gemütlich,
bis nur noch ein einziges Stück
Zwiebelkuchen – gedeckt war für
fünf Leute – übrig blieb. Da betrat
ein Mann mit grauen Schläfen
und einem dicken Bauch den
Saal, dem man schon von Weitem
ansah, dass er der Chef sein muss,
so majestätisch schweifte sein
Blick umher. Inzwischen nahmen
am Nachbartisch quirlige Italiener
Platz, zwei unterschiedliche
Familien, jeweils am Anfang und
am Ende des langen Tisches. Der
Chef behielt das Treiben fest im
Blick.
Scheinbar zufrieden setzte er sich
an das Stirnende unseres Tisches,
das frei geblieben war. Wir boten
ihm Wein an und er nahm das An-
gebot an. Zuerst versuchten wir,
uns auf Englisch zu unterhalten,
was aber gründlich danebenging.

Plötzlich brüllte er in den Saal, ob denn jemand Englisch spreche, aber kein Mensch rührte sich, nicht einmal die jungen Leute. Wahrscheinlich trauten oder wollten sie einfach nicht. Also scheiterte die Kommunikation leider an der Sprachbarriere.

Eine Ergänzung hierzu: Wir wollten ihm auch Wasser anbieten, was er aber gekünstelt schroff zurückwies und uns gestikulierend klarmachte, dass Wasser zum Waschen da sei und nicht zum Trinken. Dabei blitzten seine Augen schelmisch.

Auf die Antipasti folgte – wie in Italien üblich – die Primi Piatti: ein Nudelteller mit hausgemachten Nudeln. Die Nudeln waren so gelb wie die Sonne – mit Naturspargel bzw. ganz dünnem Feldspargel und Tomatensoße. Wir aßen uns satt und rund. Toni konnte nicht genug bekommen, und als die Mamma erneut mit einer riesengroßen silbernen Schüssel voller Spaghetti heraneilte, schaufelte Toni die zweite Portion in sich hinein.

Ich hielt mich vornehm zurück, denn ich wusste, es kommt noch mehr. Tatsächlich folgte als dritter Gang ein Fleischallerlei – Gulasch, wie ich es selten so gut gegessen habe. Zum Abschluss wurden kleine Kügelchen Fleisch serviert, die wir schon fast nicht mehr hinunterbrachten.

Eine Anmerkung noch zum Wein: Es standen insgesamt vier Weinflaschen à zwei Liter auf den beiden Tischen. Nachdem zwei hübsche Italiener an unserem Tisch Platz genommen hatten, begann ein richtiges Wetttrinken. Raten Sie mal, wer gewonnen hat?

Der Abend gipfelte darin, dass Toni Herrn Bartoli fragte, ob er die Weinflasche mit aufs Zimmer nehmen dürfe. Der Chef brummte etwas Unverständliches vor sich hin. Wahrscheinlich hat er die Frage nicht verstanden oder er äußerte sein Unverständnis darüber, was Toni nun mit der Flasche anstellen will. Oder er dachte, wir haben ihn falsch verstanden und nehmen Wein statt Wasser zum Waschen her. Jedenfalls war die Flasche heute Morgen fast leer…

Nach dem Essen legten wir uns ein bisschen weiter entfernt auf die offene Wiese und schauten über Umbrien hinunter ins Tal, das wir durchschritten haben. Die Lichter flirrten und am Firmament glitzerte ein Sternenzelt, so hell und so klar als wäre die Milchstraße zum Greifen nah. Es war ein sehr schöner Abend, nur leider führten wir wieder schwere Gespräche über Abschied und Liebe. Toni meinte, er fühle, diese Wanderung sei kein Neubeginn, sondern die letzte Etappe unserer gemeinsamen Reise. Das glaube ich nicht, im Gegenteil. Es wird jeden Tag schöner und besser. Wir wachsen zusammen. Aber die Angst kann ich ihm im Moment nicht nehmen, obwohl ich fest an ein Happy-End glaube.

**04.08./12.00 Uhr,
Promis auf dem Bauernhof**
Im Speisesaal hängt noch das Bild, das beweist, dass wohl nicht nur Richard Gere, sondern auch Cindy Crawford 1992 bereits auf diesem Gut ausspannten. Schön, dass wir jetzt auch dort waren. Ich glaube aber nicht, dass Bartoli uns an der Wand verewigt, denn da wir so viel Wein „entwendeten", ist er sicher nicht mehr gut auf uns zu sprechen.

Ein Freizeittipp: Man kann hier oben sehr gut Boccia spielen, Reiten, Wandern und die Natur erleben. Es würde sich lohnen, ein paar Tage länger zu bleiben, um sich zu erholen.

Patrico
Ferentillo

04.08./11.31 Uhr

Wir sind an einem Aussichtspunkt angekommen und es ist ein erhebendes Gefühl, hier zu stehen und über die Berge zu blicken. Ich komme mir vor, als ob ich die Natur bezwungen hätte. Gleichzeitig bin ich mit mir im Einklang und empfinde Demut vor dieser schönen Welt.

Ich möchte ein Foto machen, festhalten, was ich sehe und in diesem Moment erlebe. Leider kann man auf Fotos weder Gefühle noch Gerüche festhalten und manchmal – was heißt manchmal, eigentlich immer – verblassen die Erinnerungen im Laufe der Zeit, wenn man solche Fotos betrachtet. Aber ich schieß trotzdem eins.

04.08./11.45 Uhr

Wir müssen durch ein Dickicht. Ich habe meine Hosenbeine angezippt und meine Regensachen übergestreift, um dieses stechende Dickicht zu durchqueren. Toni ist mutiger, er versucht's im Kurzarmhemd. Jetzt sind wir einmal gespannt, wie es uns danach geht. Wir werden ein Vorher-nachher-Foto machen.

04.08./12.20 Uhr

Am fünften Wandertag habe ich das Gefühl, alles im Griff zu haben. Mein Körper reagiert nicht mehr so heftig. Ich bin nicht mehr so kaputt und meine Beine tragen mich wie von selbst. Es ist einfach herrlich, auf schmalen Pfaden

inmitten der unberührten Natur zu wandern. Toni geht vor mir, der Wind bläst mir sanft ins Gesicht und kühlt mich. Es ist erhebend, großartig und wunderschön das Leben. Ich atme Leben.

04.08./14.00 Uhr,
Von der Mittagspause

Haben wir an den ersten Tagen die Mittagspause im Wesentlichen dazu genutzt, um uns im Schatten von der unendlichen Hitze zu erholen, so haben wir zuletzt erfahren, wie erfrischend es sein kann, in der Mittagspause ein kleines Nickerchen zu halten. Wenn möglich im Schatten eines Baumes – so wie heute Mittag im Schatten einer herrlichen Eiche –, hoch oben auf etwa 1200 Metern mit herrlichem Blick ringsum auf die Berge. Wunderschön lässt sich hier ein kleines Schäferstündchen halten, um danach gestärkt den weiteren Weg in Angriff zu nehmen.

Besonders lecker war heute auch das Mittagessen: Wir haben uns von Familie Bartoli Brötchen zurechtmachen lassen, zwei Panini mit Schinken und Käse, Äpfelchen und eine Pflaume dazu. Es hat herrlich geschmeckt.

04.08./14.30 Uhr,
Das Schäferstündchen

An alle Frauen, die länger verheiratet sind: Wenn ihr einen erotischen Nachmittag und ein Schäferstündchen im gottver

lassenen Umbrien verbringen wollt, empfehle ich euch, diesen Wanderweg zu nehmen. Es ist einfach unglaublich, was diese Landschaft in einem Pärchen auslösen kann. Man fühlt sich wie Gotteskinder in freier Natur, die Sonne lugt zwischen den Eichenblättern hervor, ein sanfter Wind weht und die Zeit scheint unendlich zu sein. Solch ein Moment kommt nie wieder, das muss einem klar sein.

04.08./14.30 Uhr, Fantasien

Natürlich kommen einem zivilisierten Menschen hier in der freien Natur auch erschreckende Fantasien. Zum Beispiel habe ich vor dem Mittagessen darüber nachgedacht, ob es hier wohl Bären wie Bruno gibt. Wir liegen da und plötzlich kommt ein großer Braunbär und wir fliehen auf die Bäume. Nein, besser wir bleiben liegen, wie erstarrt bleiben wir liegen, doch der Bär schlägt trotzdem seine scharfen Beißer und Krallen in unsere Körper. Aber zum Glück ist es nur eine Fantasie. Das Herz klopft dennoch.

04.08./15.00 Uhr

Am fünften Tag unserer Reise führt der Pfad steil in Serpentinen nach unten. Man darf den Blick nicht vom Boden nehmen, sonst fällt man auf die Nase. Ich mache mir Sorgen um mein Doppelkinn. Die ganze Zeit nach unten zu sehen – und das schon seit fünf

Patrico
Ferentillo

Tagen – macht meine Haut am Hals wohl elastischer. Aber ich denke mir, dafür ist die Cellulite am Bein weg und die Muskeln am Rücken treten hervor. Das ist ein idealer Ausgleich für ein Doppelkinn finde ich.

04.08./15.00 Uhr,
Von den Italienern

Wenn man sich so wie wir per pedes durch Italien bewegt, erlebt man so allerlei – vor allem erlebt man die Bewohner Italiens. Ein sehr interessantes Völkchen! Besonders beeindruckend ist die hartnäckige Weigerung, eine andere Sprache als Italienisch zu sprechen. Keine Frage – jede Nation hat ihre Sprache, aber in Assisi zum Beispiel wälzen sich jedes Jahr Hunderttausende Touristen aus allen Nationen durch die Gässchen und der »normale« Italiener weigert sich scheinbar beharrlich, mit den Gästen in englischer Sprache zu kommunizieren. Besonders bemerkenswert: Sobald ein Italiener merkt, dass ich der italienischen Sprache nicht mächtig bin, redet er in einem Schwall aus italienischen Worten auf mich ein, als ob ich ein störrischer Esel wäre.

04.08./15.05 Uhr

Während ich so den steilen Abhang hinuntergehe, mich also darauf konzentriere, richtig zu gehen, nehme ich mir vor, nicht an S. zu denken. Es gelingt mir nicht immer, aber immer öfter. Ich habe neulich einen Spruch gelesen, der da lautet: Wenn man jemanden vergessen will, heißt das, an ihn zu denken.

Also, ich glaube nicht, dass das der richtige Weg ist. Ein anderer Weg muss her, ein Weg hin zur Selbstliebe. Und der führt einen auf den rechten Pfad. Womit wir wieder beim Weg wären, dem Weg hin zur Liebe, zur Selbstliebe, zur Selbstfindung. Auf diesem Weg befinde ich mich im Moment. Zu meiner Liebe wieder komplett zurückzufinden, an die ich schon immer glaubte, an den Anfang unserer Beziehung – dorthin gehe ich. Und am Ziel angekommen, gehen wir den Weg zusammen weiter.

04.08./15.07 Uhr,
Von den Italienern, Teil 2

Interessant ist auch, was diese Italiener alles zu sich nehmen. Ein Frühstück besteht im Regelfall aus einem Kaffee und irgendetwas Süßem. Im Zweifelsfalle gibt's noch Zwieback und Konfitüre dazu. Was sie mittags essen, ist uns unbekannt, weil wir hier immer unterwegs sind. Fürs Abendessen gibt es zwei Möglichkeiten: Entweder geht man in eine Pizzeria und begnügt sich mit Nudeln oder Pizza oder man sucht ein Ristorante auf, wo mehrgängig

gespeist wird. Generell scheint der Italiener eine Abneigung gegen jegliche Art von Salaten zu haben. Weder morgens noch mittags noch abends wird Salat oder dergleichen angeboten. Dinge wie Nudeln, Gemüse, Fleisch etc. sind hingegen allgegenwärtig. Besser schaut's beim Trinken aus: Es wird stets Wasser serviert und auch Wein kredenzt.

Bisweilen ist der Italiener aber nicht wirklich ein freundlicher Zeitgeist. Besonders an Orten, an denen reger Tourismus herrscht, so wie in Assisi oder Spoleto, sind sie nicht gerade zuvorkommend oder gar lebenslustig. Ich denke dabei zurück an Assisi, wo wir unsere beiden franziskanischen Holzkreuze gekauft haben. Die Dame dort war unendlich unfreundlich zu uns. Eigentlich hätten wir das Geschäft verlassen sollen. Und so etwas passierte uns noch ein paar Mal. Ab und an trifft man aber auch sehr nette und hilfsbereite, fröhliche Italiener. In der Disziplin Zuverlässigkeit scheinen sie nicht besonders gut zu sein Vielleicht liegt das einfach an der Hitze des Landes, dass sie es nicht so genau nehmen.

04.08./17.15 Uhr

Wir haben unser Ziel La Pila in Ferentillo erreicht und unser Zimmer bezogen. Toni ist schon vor an den Pool gegangen. Ja, dieser Bauernhof, der mehr eine Landpension ist – mittlerweile mit nagelneuen Zimmern –, hat einen Pool! Die letzten Kilometer war ich ziemlich nervig, weil

ich die Ankunft einfach nicht erwarten konnte. Außerdem war die Beschreibung etwas ungenau. Da bekam ich einfach Angst, dass wir uns verlaufen haben und alles wieder zurückmaschieren müssen. Jetzt brauche ich erst einmal einen Moment der Besinnung, bevor es an den Pool geht.

04.08. /17.15 Uhr,
Fazit des heutigen Tages
Der Weg um den Monte Fionchi herum ist nicht einfach zu finden. Wir waren auch ab und an verunsichert, ob wir tatsächlich den richtigen Weg eingeschlagen haben. So mussten wir uns durch ein Dickicht quälen und genau abwägen, wo wir weitergehen sollen. Nichtsdestotrotz war es landschaftlich gesehen ein wunderschöner Wandertag. Vor allem die Rast mittags auf 1200 Höhenmetern mit dem Blick hinunter auf das Tal und auf die umliegenden Berge war einfach nur ein Traum.

04.08./22.17 Uhr, La Pila
Dieses Anwesen thront wirklich sehr schön über der Landschaft. Als wir ankamen, haben wir uns erst mal die Sachen vom Leib gerissen und uns in den hauseigenen Pool gestürzt. Anschließend lagen wir noch bis zum Sonnenuntergang am Pool. Es gesellten sich einige Männer zu uns. Ich war die einzige Frau unter all diesen Männern. Sie wirkten verrucht, und wir spekulierten natürlich, was die wohl hier machen, so ganz ohne Frauen! Wir dachten uns die wildesten Sachen aus. Tatsächlich fuhren sie direkt nach dem Abendessen wieder weg, wahrscheinlich um das zu tun, was alleinreisende Männer im Pulk eben so anstellen. Vielleicht erliegen wir ja nur einem bösen Vorurteil.

Nach der Erfrischung im und am Pool folgte eine kurze Siesta im Zimmer mit anschließendem Abendessen. Beim Trinken hatten wir die freie Wahl, beim Essen eher weniger. Es gab als Vorspeise wieder die üblichen Antipasti mit Brot, Aufstrich, Melone, Prosciutto, sehr frisch und lecker. Als zweiter Gang wurde Risotto mit grünem Naturspargel serviert. Der Spargel schmeckte köstlich. Dass wir gestern auf Gut Bartoli schon Spargel hatten, trübte den Genuss keineswegs. Als dritter Gang folgten drei verschiedene Sorten Fleisch mit einer gegrillten Tomate, sehr schmackhaft und nahrhaft. Zum Abschluss wurde Obst gereicht.
Die Gastgeber sind unverbindlich freundlich, der Vater pflegt die Außenanlagen und grillt das Fleisch. Die Mutter kocht und die Tochter bewirtet die Gäste. Alles ist sehr sauber und in Ordnung.

8. Tag

Ferentillo
Don Bosco

Der Poet

05.08./9.19 Uhr, Jammern übers Frühstück, die Sechste

Ich muss leider schon wieder etwas zum Frühstück sagen: Wir sind mal wieder enttäuscht worden. Heute war alles noch ein bisschen spartanischer als bisher – kein Brot, nur Zwieback und Marmorkuchen, eine Butter und Konfitüre. Dafür war der Cappuccino diesmal lecker. Aber kein Saft, kein gar nichts, nichts, nichts, nichts! Das ist so was von kläglich, aber so scheint das Frühstück in Bella Italia nun mal zu sein. Wenn wir die Früchte von gestern Abend nicht aufgehoben hätten, hätten wir heute Morgen kein einziges Vitamin zu uns genommen!

05.08./9.20 Uhr

Wir verlassen das Gut La Pila in der Nähe von Ferentillo und machen uns auf den Weg durch das eigentliche Städtchen Ferentillo und durch Monterivoso, um hinauf in Richtung Polino zu gehen und dort in Don Bosco zu übernachten. Was uns heute erwartet sind die übliche Hitze, tausend Meter Bergaufstieg und davor hoffentlich noch der Besuch

des Mumienmuseums. Nicht vergessen werden darf, dass wir gestern einen sehr romantischen Abend verbracht haben. Nach dem Abendessen haben wir uns zwei italienische Bier à 0,66 Liter gegönnt – nicht besonders stark, aber immerhin. Wir saßen am nächtlichen Pool und unterhielten uns über Ehe, Liebe, Kompromisse, Weiterentwicklungen und so weiter.

Interessant ist es vielleicht auch, von der Nacht zu erzählen. Nach dem Abendessen haben wir uns das besagte Bier mit aufs Zimmer genommen, wollten uns kurz umziehen und frisch machen, um noch einmal an den Pool zu gehen. Simone stellte das Bier an den Fenstersims, vor das geschlossene Fenster. Ich durfte keinesfalls Licht anmachen, da sonst ja die Insekten »über uns herfallen«. Also weder Licht an noch Fenster auf, damit wir mückenfrei bleiben. Dann ging Simone zur Toilette und beschloss, doch das Fenster zu öffnen. Wobei natürlich das Bier – es waren immerhin 0,66 Liter – klirrend zu Boden fiel! Es roch hernach, als wohnten wir direkt in einer Brauerei. Trotz

aller Versuche aufzuputzen, hatte ich die ganze Nacht das Gefühl, wir übernachten im Hofbräukeller. Was mich persönlich dazu getrieben hat, von Tausenden betrunkenen, torkelnden Menschen zu träumen.

05.08./11.04 Uhr, Ui – Mumien!

Wir sind in Ferentillo, Ortsteil Precetto im Mumienmuseum. Die Mumien sind durch einen besonderen Pilz, der die Mikroorganismen der Verwesung zerstört, besonders gut erhalten geblieben. Haut, Haare, innere Organe, alles ist noch dran. Augen, Zunge, Zähne etc. – alles Mögliche noch da! Es ist sehr beeindruckend, aber natürlich auch sehr gruselig, was nach dem Tod mit einem Menschen so passiert. Und das hat uns zur Diskussion bewogen, was nach dem Tode wohl mit uns geschieht. Und auch: Könnten wir uns »reaktivieren« lassen, indem man uns einfriert, wenn doch die DNA die komplette Kopie des Menschen enthält? Wobei ich der Meinung bin, dass aufgrund der gesellschaftlichen Prägung

Ferentillo
Don Bosco

127

■ *Museo delle Mummie*

Oggi a me, domani a te.
Tu sarai quel che io sono,
io ero quel che tu sei.
Pensa mortal,
che la tua fine é questa.
E pensa che ció sará ben presto.

Heute ich, morgen Du.
Du wirst sein, was ich bin,
ich war, was Du bist.
Denke, Sterbliche, dass
dieses Dein Ende ist
und denke, dies wird bald sein.

So etwas kann man lesen, wenn
man das Mumienmuseum betritt.
Jeder muss dort selbst seine eigenen
Gedanken über Sterben und Tod
formulieren. Einen Besuch möchten
wir auf alle Fälle empfehlen.

trotzdem ein anderer Mensch mit einem anderen Bewusstsein entstehen würde, nicht wir selbst. Toni bezweifelt das.

05.08./11.10 Uhr, Vom Leben, vom Sterben und vom Danach
Nochmals zu den Mumien. Es ist wirklich erschreckend! Du quälst und leidest und hoffst ein ganzes Leben lang und tust alles, um Freude zu finden, Glück zu finden, Leid zu vermeiden, und am Ende bist du doch tot. Irgendwie scheint das Leben aus diesem Blickwinkel ziemlich sinnlos. Darum hat sich bei Simone und mir in den letzten Tagen der Spruch gebildet »Eigentlich ist diese Wanderung ja Schwachsinn«. Ist dann aber nicht auch das ganze Leben irgendwie Schwachsinn? Zurück zu den Mumien. Die Mönche, die seinerzeit im Kloster lebten, haben exakt Buch über das Leben der Menschen im Dorf geführt, wer gestorben ist und wer begraben wurde. So ist etwa ein Rechtsanwalt mit 27 Messerstichen ermordet worden, liegt aber noch im geschlossenen Sarg, weil seine Nachkommen nicht möchten, dass er geöffnet wird. Interessanterweise hängt einige Meter weiter in einer anderen Vitrine einer seiner Mörder. In dem Gemetzel muss auch er »unter die Räder« gekommen sein. Jetzt

liegen die beiden – damals vermutlich vehemente Kontrahenten – höchstens sieben bis acht Meter voneinander entfernt als Mumien für ewige Zeiten vereint unterhalb der Kirche Santa Stefano.
Es sind hier sogar Chinesen ausgestellt. Man vermutet, dass sie sich – so haben es jedenfalls die Mönche beschrieben – auf Hochzeitsreise befanden. Von China nach Rom! Vermutlich haben sie den Weg über Venedig gesucht, um von dort mit dem Schiff zurückzufahren, und sind hier an der Pest gestorben. Da denke ich mir in unserer hektischen Zeit: Fahr du mal von China mit dem Schiff nach Venedig und gehe von dort aus zu Fuß nach Rom. Diese Reise dauert mindestens ein halbes Jahr.

05.08./11.20 Uhr, Angelo und die Ungeduld
Ein Gespräch von gestern Abend mit meinem Liebsten geht mir nicht aus dem Sinn. Toni sprach von Geduld und ich überlege, ob ich geduldig bin. Eigentlich muss ich gar nicht überlegen, weil ich es definitiv nicht bin. Ich bin ungeduldig und ich bin, wenn es unangenehm wird, bereit zu ersetzen.
Deshalb folgt jetzt die Geschichte von meinem Pferd Angelo.
Angelo war ein Traum von einem Pferd. Verlässlich, gut aussehend,

Ferentillo
Don Bosco

temperamentvoll, treu. Jedes Mal wenn ich in den Stall kam, wieherte er mir zu, schon von Weitem erkannte er meine Schritte, verfolgte mich mit seinem Blick und war nie böse auf mich – nie. Wir nahmen an so manchem Dressurturnier teil, auf denen wir zwar nicht besonders gut abschnitten, aber dennoch hielt er es tapfer durch mit mir. Wir bestritten gemeinsam das Reitabzeichen in Bronze und sogar der Reitmeister sagte: »Dieses Pferd reitet mit dir in die Hölle hinunter und wieder rauf!« Kurzum, der treueste Kamerad, den man sich vorstellen kann. Und eines Tages – Angelo ist ein bisschen in die Jahre gekommen – vertritt er sich während eines Winterausrittes den Fuß und zerrt sich die Sehne. Der Tierarzt sagt zu mir: »Mindestens neun bis zwölf Monate Ruhe, nur Schritt, am besten gar nichts machen und dann wird das wieder so wie vorher!« Ich verlor bei dieser Aussage sofort die Geduld und dachte mir: Nein, so lange kann ich nicht warten!

Angelo ist eh nicht mehr der Jüngste, jetzt muss was Neues her! Ich verschenkte Angelo an einen lieben Freund, wo es ihm mit seinen fast 29 Jahren hoffentlich immer noch gutgeht. Und ich vergaß Angelo sofort, als Paul in mein Leben trat. Paul, 180 Zentimeter groß, stattlich, jung, muskulös. Am Anfang schien es auch wie eine treue Freundschaft zu sein, aber das Pferd hatte einen heimtückischen Charakter. Nach zirka neun oder zehn Monaten, etwa zu der Zeit, als Angelo wieder auf der Höhe gewesen sein musste, warf er mich bei einer großen und wichtigen Veranstaltung in hohem Bogen ab. Das Vertrauen war dahin. Und so ging es weiter und weiter. Ich versuchte zu retten, was zu retten war. Ausbildung, Reitlehrer, sogar den Reitstil wollte ich verändern. Es brachte alles nichts – wir passten einfach nicht zusammen. Ich verschenkte ihn schweren Herzens.

Das ist jetzt sieben Jahre her und seitdem besitze ich kein Pferd mehr. Gerade als ich diese Gedanken über Angelo zu Ende bringe, hier auf meinem Weg nach Rom, liegt plötzlich ein Hufeisen vor mir! Ich nehme es als Zeichen dafür, dass ich diesmal richtig handeln und mich für meine alte Beziehung starkmachen soll.

05.08./11.37 Uhr, Gespräch vom gestrigen Abend am Pool

Als wir gestern im Albergo La Pila Abendessen waren, haben die Italiener, wie es immer so ist, ihren Fernseher nebenbei laufen lassen.

Ohne dass du willst, musst du einfach hinglotzen. Es kam aber eine sehr interessante Statistik, dass auch in Italien die Anzahl der Scheidungen von Jahr zu Jahr zunimmt. 1995 hatten sie in einer gewissen Region 80 000 Scheidungen und jetzt sind es schon über 130 000 pro Jahr. Das hat Simone und mich dazu gebracht, am Pool über Scheidung, Ehe etc. zu diskutieren. Hier einige Standpunkte, die wir vertreten haben:

Zur Scheidung:

Ich gehe davon aus, dass es deswegen jetzt mehr Scheidungen gibt, weil:

a) die Menschen finanziell abgefederter sind. Das heißt, es ist nicht mehr so, dass eine Frau nach der Scheidung isoliert dasteht.

b) es sicherlich so ist, dass sich das Image, das früher eine geschiedene Frau hatte, nämlich eher sozial geächtet zu sein, zum Positiven gewandelt hat, sie wird ganz normal in das gesellschaftliche Leben integriert.

Liegt es zusätzlich aber auch daran, dass die Partner mit weniger Geduld und weniger Aufeinanderzugehen und Kompromissbereitschaft leben? In dem Augenblick, in dem etwas nicht sofort funktioniert, verlieren viele sehr schnell die Geduld und suchen sich etwas Neues.

Ferentillo
Don Bosco

Das hat uns dazu geführt, über unsere Kompromissbereitschaft zu reden. Und Simone vertritt den Standpunkt, dass es durchaus möglich ist, mit jedem »normalen« Menschen zusammenleben sofern man ausreichend kompromissbereit ist und ausreichend in sich ruht.

05.08./12.08 Uhr, Zwischenbemerkung

Toni merkt an: »Weil es so steil bergauf geht, überwinden wir relativ schnell viele Höhenmeter.« Ich entgegne: »Dafür fallen wir relativ schnell vom Stangerl.«

05.08./12.20 Uhr, Weiter von Ehe und Scheidung

Ich hingehen glaube, dass es auch Situationen geben kann, wo man mit einem Partner nicht mehr weiterkommt, egal wie tolerant man ist, egal wie man sich bemüht. Und in solchen Situationen kann ich mir durchaus vorstellen, getrennte Wege zu gehen. Ich glaube aber, dass viele Menschen das zu leichtfertig tun. Sie arbeiten nicht an sich, nicht an ihrer Partnerschaft, sondern schmeißen alles einfach hin, weil es nicht mehr gefällt. Sie besitzen weder die Leidensfähigkeit noch die Geduld, sich ihrer Beziehung und ihrem Leben anzunehmen – in guten

wie auch in schlechten Tagen. Simone hat mir gestern abend von einer – nennen wir sie mal Uschi – erzählt, die relativ jung verheiratet ist, zwei Kinder hat und in den wenigen Jahren ihrer Ehe schon zirka 20 Affären mit anderen Männern hatte. Wobei gewiss ist, dass ihr Mann das alles nicht weiß und sich sehr wohl und glücklich in seiner Beziehung fühlt. Da lautet meine Frage: Warum tut man so etwas? Soll die Frau dieses Leben, das sie jetzt führt, an den Nagel hängen? Wo soll sie denn hin, wenn sie auch mit ihren Affären nicht längerfristig glücklich wird? Ich glaube, dass viele solcher Dinge, seien es Affären, sei es Alkohol oder seien es Drogen, eigentlich nur Ausdruck einer tiefen Unzufriedenheit und Unruhe, ja sogar einer Urangst sind, die man verspürt. Dann versucht man, sich mit diesen Dingen Befriedigung zu verschaffen. Ich glaube, dass sich die Seele eines jeden Menschen nach Ruhe, einer Zufriedenheit und Vollkommenheit sehnt. Und jeder Mensch sucht woanders: die einen in der Arbeit, andere im Geld, andere mithilfe von Drogen, wieder andere mit Affären. Aber es wird ihnen nie gelingen, dieses bedrückende Gefühl der Leere loszuwerden.

Das Leben ist wie ein Weg, den die Seele beschreitet. Und, so Gott will, spürt man am Ende seines Lebens diese Zufriedenheit und Ruhe. Vielleicht aber auch erst im Angesicht einer schweren Krankheit oder des Todes. Dann erkennt man plötzlich, worum es im Leben eigentlich geht und was das Leben soll.

Ich denke, das Leben ist ein Weg hin zur Selbstliebe. Wenn man diesen Weg beschreitet, sind Affären wahrscheinlich nicht mehr notwendig und eine Scheidung überflüssig. Wo Liebe ist, da ist weder Leere noch Schmerz.

05.08/12.25 Uhr, Zeit

Solch eine Wanderung gibt dir Zeit.
Zeit, einen Gedanken zu Ende zu denken.
Zeit, dich auf deinen Körper zu besinnen.
Zeit, eine Diskussion zu Ende zu führen.
Zeit, Essen zu genießen.
Zeit, Wasser zu genießen.
Zeit, zu fantasieren.
Zeit, statt zu träumen, Träume zu leben.
Zeit, zu ertragen.
Zeit, dich zu quälen.
Zeit, die Schweißperlen zu genießen, die du selbst produzierst.

05.08./12.30 Uhr, Nochmals von der Ehe, der Liebe und der Partnerschaft

Noch etwas sehr Interessantes haben wir gestern festgestellt: Natürlich lernt man jemanden kennen und ist über beide Ohren verliebt. Das Gefühl ist unglaublich. Aber dieses Verliebtsein sollte sich zu Liebe wandeln, denn sie muss das Alltägliche, Gemeinsame aushalten können, muss die Schwächen und Stärken des anderen erkennen und respektieren. Bei all dem könnte es sein, dass die Beziehung langweilig wird, dass sie beginnt einzuschlafen, dass man aufhört, den Partner für das Beste zu halten, das es auf der Welt gibt. Einige Tipps, um das Beziehungsleben interessant zu halten, könnten sein:
– spontane neue Dinge tun
– sich gegenseitig überraschen
– gemeinsam Dinge tun
– sich attraktiv halten, und zwar körperlich und intellektuell
– getrennt voneinander Dinge tun um eben Abwechslung in die vertraute Zweisamkeit zu bringen.
Wer sonst sollte einen wieder rausholen aus der entstandenen Langeweile, dem öden, dunklen, leeren Alltag, außer der/die Liebste?

05.08./15.24 Uhr, Die Kleiderfrage

Heute schwitzen wir uns den Berg hoch. Das Wasser läuft in Bächen am Körper herab. Ich sehne mich nach einer Waschmaschine, wo ich meine dreckigen Klamotten waschen kann. Und auch mal nach etwas anderem anzuziehen – außer ständig diese beiden Funktionshemden. Ich erinnere mich amüsiert lächelnd an meine allmorgendliche Ritualfrage: »Schatz, was soll ich denn heute anziehen, das Blaue oder das Rosafarbene?«

05.08./15.44 Uhr, Einfälle

Während wir uns auf den Carpio-Pass hinaufquälen, haben wir zwei Einfälle:
Einfall 1: Während wir gestern am Monte Fionchi auf 1300 Metern waren und dann hinunterstiegen auf etwas über 200 Höhenmeter, haben wir heute das Problem, von dort wieder auf über 1000 Meter aufzusteigen. Warum um alles in der Welt kommt kein Mensch auf die Idee, vom Monte Fionchi hinüber eine Hängebrücke zu bauen?
Einfall 2: Nach dem Mumienbesuch sind uns spontan zwei Aussagen unseres lieben Freundes Peter eingefallen.
Erstens: Keinen schont die Zeit.
Zweitens: Einmal ist der letzte Tag.

05.08./16.55 Uhr, Bayerische Vision

Wir laufen wieder bergan, den ganzen Tag bergan. Heute nervt es mal wieder. Ich glaube, das habe ich schon öfter gesagt, aber es fordert einen gegen Abend bis zum Letzten. Ich möchte mir gern die Kräfte einteilen. Ich möchte langsamer gehen, weil ich weiß, ich muss noch zehn Tage durchhalten, bis wir in Rom angelangt sind. Mich dürstet es nach einem kühlen Weißbier

Ferentillo
Don Bosco

■ *Don Bosco*

Don Giovanni Bosco wurde als Sohn von Bauernleuten am 16. August 1815 geboren. Sein Vater verstarb, als Giovanni zwei Jahre alt war. Mit neun Jahren hatte er ein Schlüsselerlebnis, das ihn zum Priestertum veranlasste. Er wollte offensichtlich eine Bande streitender Jünglinge auseinandertreiben, da sprach ein Mann zu ihm, er solle sich an die Spitze der Jungen stellen, aber nicht mit Gewalt, sondern mit Milde und Güte.

Der Bruder Don Boscos, offensichtlich neidisch, verhinderte mit vielen Mitteln den Priesterunterricht, den sich Giovanni selbst verdiente, da er zu Hause auf dem Feld mitarbeiten sollte. Schließlich trennte sich die Familie vom Bruder und die Mutter finanzierte das Studium.

Heute kümmern sich die Einrichtungen Don Boscos immer noch um arme und benachteiligte Jugendliche. Sie sorgen europaweit für deren Ausbildung und Studium.

Das Haus, in dem wir übernachteten, trägt den Namen des früheren Orden, der hier ansässig war. Heute wird das Hotel von Gastronomen bewirtschaftet. Es scheint aber preislich für ältere Menschen sehr attraktiv zu sein.

133

oder einem Radler. Soeben hatte ich eine Ahnung vom Kyklos in Aichach, eine süße kleine Kneipe, in der ich schon länger nicht mehr war: Ich sah mich dort ein kühles Radler trinken – am Glas perlten Kondenswassertropfen.

05.08./17.30 Uhr,
Wir erreichen Don Bosco
Heutiges Fazit:Wir sind um 9.00 Uhr aus dem Agriturismo La Pila gestartet. Gegen 10.00 Uhr waren wir in Ferentillo beim Einkaufen, um 11.00 Uhr haben wir die Mumien begutachtet. Danach mussten wir uns dringend mit einem Cappuccino und einem Schokocroissant stärken. Anschließend führte der Weg über 1000 Meter nach oben und es war super anstrengend – besonders bei dieser Hitze. Wir haben gegen 13.40 Uhr eine Mittagspause von gut einer Stunde eingelegt und sind dann weiter bergan marschiert. Nachmittags haben wir nochmals für eine Viertelstunde gerastet. Don Bosco war schließlich gegen 17.30 Uhr erreicht.
Fazit: Anstrengend, aber landschaftlich sehr, sehr interessant. Die Nachtstation Don Bosco liegt wunderschön an einem Berghang.

05.08./18.30 Uhr
Während Simone sich gestern noch kindlich gefreut hat, die einzige Frau am Pool in La Pila zu

sein, bin heute ich der König! Es sind nur Frauen anwesend, haufenweise Frauen. Wenn ich ganz grob schätze, würde ich auf den ersten Blick so um die 35 sagen. Und ich bin so ziemlich genau der einzige Mann hier. Ein kleiner Wermutstropfen ist lediglich, dass die Jüngste der Damen wohl nicht dramatisch unter 70 ist. Aber ich finde das ganz sympathisch hier und genieße es, Hahn im Korb zu sein.

06.08./22.00 Uhr, Don Bosco
Als wir den steilen Pfad hinaufschritten, fragten wir uns, was Don Bosco wohl sei. Ich vermutete, wahrscheinlich ein Hotel neben einem Kloster. So war es aber nicht, sondern dieses Anwesen muss früher offensichtlich von Mönchen bewirtschaftet worden sein – ein riesiger Komplex mit vielen Zimmern und einem großen Speisesaal, Bar und Terrasse, darunter ein kleines Kapellchen. Es liegt wunderschön am Berg. Die ganze Zeit war Stimmengewirr zu hören, so viel war los. Die Gäste waren im Schnitt über 65, also eher ältere Herrschaften, die dort Erholung suchen und ihre Krankheiten pflegen. Das Zimmer war riesig: vier Betten, Reithallen gleich, wie gewohnt italienischer Standard. Und als wir uns etwas frisch gemacht hatten, gingen wir hinab, um auf das Abendessen zu warten.

Unter einem schattigen Baum stehen ein Steintisch und ein paar Stühle. Auf dem Steintisch lag ein Notizblock. Dort nahmen wir Platz bei einer alten Dame, die selbstredend nur italienisch sprach. Wir saßen da und genossen unseren wohlverdienten Feierabend. Plötzlich tauchte ein älteres Paar auf, vermeintlich ein Ehepaar, obwohl sich später doch das Gegenteil herausstellte. Der Mann setzte sich und sprach uns auf Italienisch an. Wir verstanden zwar kein Wort, aber es war doch irgendwie herauszuhören, dass der Mann wohl ein Poet sein müsse. Zumindest dichtet er gerne und seine Begleiterin schreibt das ins Reine, weil seine Schrift fürchterlich ist (sein Gekritzel konnte wirklich keiner lesen). Und sie hilft ihm auch ein bisschen beim Dichten. Und plötzlich fing er an, sich für mich zu begeistern und über mich ein Gedicht zu schreiben. Er kritzelte und philosophierte und schimpfte, dass wir ruhig sein sollten.
Als das Gedicht fertig war, drückte er mir den Zettel in die Hand. Nun habe ich ein italienisches Gedicht nur für mich allein, von dem ich kein Wort verstehe. Es rührt mich sehr. Toni beschreibt diesen Moment als erotischen Augenblick zwischen dem alten Mann Mario und mir.

Ferentillo
Don Bosco

Simona

BAMBINA DA FAVOLA	Märchenkind,
SEI BELLA E SPLENDENTE	Du bist schön und strahlend
RICCA COME SOLE DOLCE	und üppig wie die süße Sonne.
COME L'AMORE SEI	Wie die Liebe bist Du
BELLE E FAI DIVENTARE	schön, und lässt vergessen.
BELLI ANCHE GLI OCCHI CHE	Auch die schönen Augen, die
TI GUARDANO I TUOI	mich ansehen,
OCCHI AZZURRI CERULEI	Deine himmelblauen Augen
RAGGIANTI COME…	leuchtend wie… ja, wie
DE LA LUPA SCARNA	die der hungrigen Wölfin,
TARLIATI DA VISAGISTI	gearbeitet von Visagisten.
CON LE STELLE A FONDA	Wie die Sterne in tiefer Nacht
NOTTE NEL CIELO TERSO	am reinen Himmel,
DE LA LUCE A LA TUA VITA	die wie ein Licht auf das Leben blicken,
AL TUO IMPERO DI BELEZZE	auf das Reich
DEI QUALI LE TUE	der Schönheiten,
BELEZZE FANNO	von denen Deine eigenen Schönheiten
PARTE DEL TUO CORPO ARMONIOSO	Teil Deines harmonischen Körpers sind.
DEI TUOI MOVIMENTI	Deine Anmut, wenn Du Dich bewegst,
GRAZIOSI E QUANDO	lässt Du erstrahlen
TI MUOVI FAI BRILLARE	die Augen, die Dich ansehen
GLI OCCHI CHE TI GUARDI	und lässt sie
E FAI CASCARE D AL LETTO	aus dem Bette fallen.
TI GIORNI SEI LA	Deiner Tage bist Du
MIRABELLA DE LA NOSTRA	die Mirabelle
MONTAGNA DELLE FAVOLE.	der Märchenberge.

Mario

9. Tag

Don Bosco
Poggio Bustone

Tag der
Ungeduld

**06.08./8.10 Uhr,
Abendgymnastik?**

Die Nachtruhe im Don Bosco
hatten wir uns ganz gemütlich
vorgestellt. Falsch gedacht! Vom
Gefühl her war das die lauteste
Pension auf unserer bisherigen
Pilgerreise. Die alten Herrschaften
wollten gestern einfach nicht ins
Bett, unterhielten sich lautstark
unter unserem Fenster und auf
den Gängen – schlicht überall, wo
es in diesem ehrwürdigen Haus
eine Sitzgelegenheit gibt. Und
als sie dann spät nachts in ihren
Zimmern verschwanden, schoben
sie Tische hin und her. Vielleicht
die Abendgymnastik? Früh morgens weckte uns heute statt des
Kirchengeläuts eine Kuhglocke
unterhalb unseres Fensters.

**06.08./8.30 Uhr, Von der Wan-
derung und vom Leben**

Das Leben ist wie eine Wanderung. Manchmal geht es
bergauf, manchmal geht es bergab,
manchmal läuft man in der prallen
Sonne, manchmal im Schatten.
Bisweilen wird man nass, man
hat Hunger, man stärkt sich, man
knickt um, vielleicht fällt man.
Und doch ist alles darauf ausge-
richtet, das Ziel zu erreichen.

**06.08./9.37 Uhr,
Frühstück, die Neunte**

Das Frühstück in Don Bosco. Was
soll ich noch sagen? Ich verzweifle

in dieser Beziehung an den Italienern. Mir entgleitet morgens
schon ein hysterisches Kichern,
wenn ich mich an den Frühstückstisch setze. Wie erwartet gab
es leckeren Zwieback, leckere
Marmelade, leckere Butter. Die
Erweiterung und das Highlight
waren heute eine Art probioti-
scher Joghurt und ein Quench –
Fertigsirupsaftkonzentrat. Super.
Inzwischen hamstere ich Gott sei
Dank die Früchte am Vorabend,
die das Frühstück erheblich auf-
werten. Aber ich habe die Hoffnung aufgegeben. Wir werden auf
dieser Wanderung morgens wohl
nichts Besseres bekommen.

06.08./9.40 Uhr, Körper

Zur körperlichen Verfassung: Wir
regenerieren uns von Tag zu Tag
schneller. Nach einer anstrengenden Wanderung wie der gestrigen
sind wir schneller wieder fit,
möchten uns gerne unter Leute
mischen und die Beine schmerzen
nicht mehr so. Am Morgen ist alles
ein wenig angelaufen. Beine, Füße
und Hände funktionieren aber
nach wenigen Stunden wieder
perfekt. Witzigerweise bleibe ich
sehr sensibel, was den Rucksack
betrifft. Wenn er nur ein wenig
anders beladen ist als am Vortag,
spüre ich das sofort, und es dauert
schier ewig, bis ich mich daran
gewöhnt habe. Es gibt eben Tage,
an denen er besser sitzt als heute.

07.08./10.30 Uhr, Teneriffa

Ich habe einer weiteren Lüge den
Garaus gemacht und Toni erzählt,
dass ich mit S. auf Teneriffa war.
Ich bin erleichtert und unglücklich zugleich, weil ich es nicht
rückgängig machen kann. Aber
dieser Weg, den wir zusammen
gehen, ist ein neuer Anfang unserer Beziehung und dazu gehört
nun mal ein reiner Tisch.

**06.08./10.33 Uhr, Von der EU
und der Globalisierung**

Ich mache keinen Hehl daraus:
Mir gefällt es nicht, ins Ausland
zu fahren und in der gleichen
Währung zu bezahlen und das
Gleiche zu essen und zu trinken
wie zu Hause. Ich mag sie nicht,
diese Vereinheitlichung. Was wäre
schon dabei, wenn wir in Italien
nach wie vor mit der Lira zahlen
könnten? Ich fände es deutlich
attraktiver. Es gäbe einem wirklich
das Gefühl, in einem anderen
Land zu sein, es mit anderen
Menschen zu tun zu haben.
Dasselbe betrifft die Nahrung. Die
multinationalen Konzerne breiten
sich nahezu in jedem Land aus,
besonders stark in der EU. Das
heißt, du gehst in Italien in einen
Supermarkt – in einen Alimentari
– und erhältst die gleichen Güter,
die du auch bei uns in Deutschland erwerben kannst. Ganz zu
schweigen von globalisierten Pro-
dukten wie einer Coca-Cola, die

■ *Siroppo di Sambuco*
Limonata

Auf dem Weg, im Ristorante
Fuscello, haben wir eine köstliche
Limonade aus Holunderblütensi-
rup genossen. Das hat mich dazu
bewogen, einmal wieder selbst Sirup
zuzubereiten. Hier das Rezept:
10 Holunderblütendolden
1000 g Zucker
1,5 l Wasser
ein paar Zitronenscheiben
30 g Zitronensäure
Das Wasser mit dem Zucker richtig
doll aufkochen, auskühlen lassen.
Die Stengel entfernen, Blütendolden
mit den Zitronenscheiben, der Zitro-
nensäure und dem Sirup vermischen
und eine knappe Woche zugedeckt
an einem kühlen Ort lagern.
Dann den Sud abseihen und in
Flaschen abfüllen. Verschließen und
noch einige Zeit in den Flaschen
ziehen lassen. Nach Geschmack mit
Mineralwasser (oder auch Sekt)
aufgießen, fertig, lecker!

überall auf der Welt heimisch ist. Warum kann man sich nicht auf landesspezifische Dinge fokussieren, so dass man als Urlauber auch das Gefühl hat, in der Fremde zu sein?

Der einzigen Unterschied scheint noch die Sprache auszumachen, was wir manchmal schmerzlich spüren, was aber andererseits auch anregend sein kann. Gestikulierend und von viel Mimik und Gestik unterstützt, versuchen wir uns zu verständigen. Aber der Rest ist Gleichmacherei.

Besonders interessant fand ich es gestern, als ein Italiener seine Zeitung aufschlug und auf der rechten Seite eine Saturn-Anzeige platziert war. Muss es denn sein, überall auf der Welt die gleichen Produkte und die gleichen Konzerne zu haben? Wo ist die Verschiedenartigkeit? Wo ist hier die Möglichkeit zu Konkurrenz, zu Wachstum, zur Ideenanreicherung etc.?

06.08./12.30 Uhr,
Demut vor der Natur

Heute empfinde ich den Wanderweg als grandios und natürlich. Ich spüre Demut und Dankbarkeit vor so viel Natur. Und ich merke, wie ich mehr und mehr eins mit dieser Natur werde und mehr und mehr »geerdet«. Alle unnötigen Dinge und kreisender Unsinn

in meinem Kopf verschwinden langsam. Es ist schön, einfacher zu denken und Wahrhaftigkeit zu empfinden.

Wir gehen nach einem Aufstieg über eine wunderbare Lichtung, es ist wie im Märchen »Das letzte Einhorn« oder »Die Elbenwiese«. Wir werden heute richtig belohnt für unsere Anstrengungen. Die Natur rundum ist optisch ein Genuss. Einsamkeit, Stille, nur die Vögel und wir.

06.08./13.00 Uhr,
Von der Askese

Keine Frage, so eine Wanderung hat doch Ähnlichkeit mit einem asketischen Leben. Das gesamte, sonst üppig ausstaffierte Leben ist reduziert auf wenige Dinge: auf einen Rucksack, auf einige notwendige Kleidungsstücke. Den ganzen Tag über bewegt man sich, hat kaum Rast noch Ruh, genießt am Abend die Unterkunft, die Ruhe, das Nachwirkenlassen und natürlich – wir sind schließlich in Italien – das Abendessen und den leckeren Wein. Ich glaube, es ist notwendig, im Leben auch asketische Dinge zu tun, weil sie das Bewusstsein schärfen, weil sie den Geist hellhörig machen für Dinge, die normalerweise selbstverständlich sein sollten. So sehe ich bisweilen auch Sport als eine Art von Askese, zum Beispiel

Don Bosco
Poggio Bustone

zwei, drei Stunden joggen zu gehen oder sich auf dem Fahrrad die Berge hinaufzuquälen. Dabei spüre ich persönlich einen Entzug vom süßen Nichtstun und das ist bisweilen schön. Entzug steigert eben die Lebensfreude.

So ist es mir während meiner zur Studienzeit zur Gepflogenheit geworden, eine Woche im Jahr, im Regelfall zur Fastenzeit, nichts zu essen. Das war stets eine unheimlich anstrengende und sehr, sehr schwere Zeit. Ich habe eine Woche nur von Wasser gelebt. Das Ergebnis waren zumeist ein Gewichtsverlust von über vier Kilo und zudem ein unglaublich hellwacher Geist. Natürlich riecht man jegliche Art von Speise zehn Kilometer gegen den Wind. Besonders hart war immer der dritte Tag. Am ersten Tag, an dem man nichts isst, beginnt der Magen ziemlich zu rebellieren, am zweiten Tag schon hat er sich daran gewöhnt, ab dem dritten Tag weiß der Körper, dass er keine Nahrung mehr bekommt, und fängt an, von der Substanz zu leben – man beginnt, Gewicht zu verlieren. Das artet in ganz einfachen Dingen aus. So kannst du kaum längere Passagen treppauf gehen. Und ich muss wohl nicht beschreiben, wie lecker Essen oder Trinken schmecken, wenn man nach einer

Woche wieder irgendetwas zu sich nimmt. Man schmeckt selbst die Würze des Brotes. Ein Ei, die Butter auf dem Brot, viele andere Dinge nehmen einen nicht für möglich gehaltenen Geschmack an. Man schätzt den Genuss von Nahrungsmitteln auf einem völlig neuen Niveau.

Jetzt, da wir beide beruflich sehr eingespannt sind, kann ich dieses Fasten leider nicht mehr durchführen. Aber wir haben es uns während der Fastenzeit zur Angewohnheit gemacht, beginnend von Aschermittwoch bis Karfreitag (6½ Wochen) auf Alkohol und auf Süßigkeiten komplett zu verzichten. Das hört sich auf den ersten Blick vielleicht ein bisschen müde, vielleicht ein bisschen langweilig an. Probieren Sie es einmal aus. Verzichten Sie auf etwas, das Sie normalerweise immer tun: auf das Fernsehen oder auf das Radiohören, während Sie Auto fahren. Sie werden sehr schnell merken, wie sich eine Gewohnheit zu einer Abhängigkeit entwickelt hat und wie schwer es Ihnen fällt, davon Abstand zu nehmen. Aber Sie werden erleben, dass Sie dadurch stärker werden, und erkennen, dass das Leben mehr als nur das Konsumieren von irgendwelchen Dingen darstellt.

06.08./16.36 Uhr, Teneriffa, die Zweite

Vor dem Mittagessen hat mich Toni noch ein bisschen über Teneriffa ausgefragt, weil ich ihn darauf ansprach, dass er heute so schwermütig auf mich wirkt. Und als ich ihm dann Details über meine Reise erzählte, hörte er mir mit versteinerter Miene zu – ohne eine Gefühlsregung zu zeigen. Ich denke, er kämpft schwer mit sich und seiner Fassung. Ich könnte es verstehen, wenn er mich dafür hassen würde, aber gestern Abend hat er gesagt, er verzeiht mir. Und das ist wunderbar. Er ist wunderbar. Ich habe wirklich das Gefühl, er hat begriffen, was es heißt, wahre Liebe zu leben.

06.08./17.11 Uhr

Kurzzeitig waren wir mal wieder drauf und dran, vom Weg abzukommen. Jedenfalls verlor ich die Nerven, weil es 800 Meter steil bergauf ging und sich kein Lufthauch rührte, was die Gluthitze beinahe unerträglich macht. Mir rann der Schweiß über den Körper wie nie zuvor, aber das dachte ich ja schon öfter hier in Italia. Gott sei Dank bewegen wir uns nun sicher auf Poggio Bustone zu. Mein Pulsschlag beruhigt sich und ich fühle mich rasch wieder besser.

153

Don Bosco
Poggio Bustone

06.08./19.00 Uhr

Es ist jetzt schon fast 19.00 Uhr und wir haben unser Ziel, die Villa Tizzi, immer noch nicht erreicht. Dabei sollten es von Poggio Bustone laut unserer Wanderroute gerade mal zwei Kilometer bis dorthin sein. Nach etwa einem Kilometer erreichten wir ein anderes Restaurant, das auch als Übernachtungsstation geführt wird. Seitdem laufen wir schon eine geschlagene Stunde und unser Quartier ist immer noch nicht in Sicht. In der Situation zahlt es sich aus, ein Mobiltelefon dabei zu haben. Also rufe ich an und sage: »Hallo, hier Ochsenkühn, wir finden Ihr Hotel nicht.« Woraufhin die Dame in gutem Englisch antwortet: »I am here.« Ich sage: »Where is the hotel?« – »We are here.« Dann sage ich: »Ich bin in der Via Fucile?« Ja, sagt die Dame, ja. »We are here in Hotel Tizzi, five Minutes.« Ich: »Ja, und wir gehen jetzt schon völlig entnervt statt der zwei Kilometer eine Stunde runter vom Berg. Das kann doch nicht sein.« Ich versuche, ihr klarzumachen, dass es wohl Sinn macht, wenn sie uns mit dem Auto abholt. Woraufhin sie mich fragt, ob ich überhaupt in Poggio Bustone sei. »Aber selbstverständlich bin ich in Pog-gio Bustone und laufe schon eine geschlagene Stunde in Richtung Rieti! Wo ist Ihr blödes Hotel eigentlich?« Zehn Minuten später werden wir doch mit dem Auto abgeholt. Und wie es der Teufel will, warteten wir ziemlich genau 300 Meter vom Hotel entfernt. So treffen wir erst kurz vor 19.00 Uhr ein. Jetzt freuen wir uns auf eine Dusche und hoffentlich auf eine Hotelwäscherei.

06.08./19.30 Uhr, Villa Tizzi

Simone ist super happy über die hoteleigene Wäscherei. Was natürlich wieder ein gewisses Risiko in sich birgt, weil wir all unsere wertvollen Dinge – Funktionshemden, Socken, Hosen – Fremden anvertrauen müssen. Das Hotel selbst ist supercool! Wir sitzen auf einer unglaublichen Terrasse, schauen über das Rieti-Tal auf die gegenüber liegenden Berge, links liegt Rieti – sensationell! Noch sensationeller ist: Wir sind die einzigen Gäste. Und das scheint uns auf der ganzen Reise zu verfolgen. Die erste Nacht verbrachten wir in Assisi. Ich weiß jedoch nicht, ob sonst noch jemand da war. In der zweiten Nacht in Spello in der Alta Villa waren wir definitiv die einzigen Gäste, das Hotel hatte nur für uns geöffnet.

In Montefalco und Spoleto übernachteten wir in einer Villa und waren so natürlich allein im Haus. Auf dem Berg in Patrico waren wir erneut die einzigen Gäste. In Ferentillo im Agriturismo mit dem Pool trafen wir andere Besucher, ebenso wie gestern in Don Bosco. Heute sind wir in der Villa Tizzi südlich von Poggio Bustone definitiv wieder unter uns.

Als wir gestern telefonisch das Zimmer geordert haben, fragte uns die Hotelangestellte, ob wir auch was essen wollen. Wir: »Na klar wollen wir was essen.« Und jetzt beginnen wir den Sinn der Frage zu verstehen: Sie müssen extra wegen uns die Küche öffnen.

06.08./20.30 Uhr,
Ganz, ganz alleine

Wir essen gerade in der Villa Tizzi zu Abend. Marco Pantani, der berühmte italienische Radfahrer, scheint ein Spezl unseres Gastgebers gewesen zu sein, außerdem war auch Papst Benedikt schon hier. Und jetzt sind wir da. Lustig ist, dass außer uns gar niemand hier ist. Wir sind wirklich ganz alleine in dem gigantischen Speisesaal, der geschätzt zehn Meter breit und 40 Meter lang ist. Wir sind definitiv die einzigen, die heute Abend hier essen.

154

06.08./20.30 Uhr

Wir sind in der Villa Tizzi die einzigen Gäste. Valentino, unser Gastgeber, ein sicher erfolgreicher Gastronom – wovon die vielen Auszeichnungen an der Wand zeugen –, kocht für uns auf, als wären wir der Papst, der amerikanische Präsident und UNO-Generalsekretär in Personalunion. Wir essen wie die Fürsten, und zwar wirklich nur wir – ganz, ganz allein. Das ganze Hotel gehört uns und Valentino. Der Besitzer ist zwar schon ein bisschen in die Jahre gekommen, büßt aber überhaupt kein Charisma ein. Er muss einmal ein gut aussehender, italienischer »Monaco-Franze« gewesen sein, was seine Bildergalerie beweist. Sie belegt auch, dass er sehr stolz auf seine Villa Tizzi ist.

Ein bisschen in die Jahre gekommen ist auch das Hotel. Es ist wunderbar, aber man spürt, dass es bereits bessere Zeiten gesehen hat. Das macht mein Herz traurig und schwer, denn alles ist vergänglich. Der Grund, warum dort nicht mehr los ist, ist uns unbekannt. Aber vielleicht fliegen die Menschen doch lieber in Donnervögeln in die Karibik und in die Dominikanische Republik, legen sich »all inclusive« unter Palmen und saufen sich die Hucke voll, anstatt bei Valentino lecker zu speisen und der italienischen Weinkunst zu frönen. Es gibt hier nämlich auch eine Weingrotte. So viel zur Geschichte von Valentino und seiner Villa Tizzi.

**06.08./21.30 Uhr,
Villa Tizzi, Fazit des Tages**

Wir sind heute von 9.25 Uhr losmarschiert bis etwa 11.30 Uhr. Nach einer halben Stunde Pause ging's dann weiter, um nachmittags eine Rast von etwa 14.00 bis 15.00 Uhr einzulegen. Die Ankunft erfolgte kurz vor 19.00 Uhr. Die Stecke ist durch verschiedene Wälder hindurch sehr abwechslungsreich und interessant. Besonders schön ist der Weg durch den Buchenwald etwa in der Mitte der Strecke – herrliche grasbewachsene Lichtungen und immer wieder Kühe dazwischen. Auch sehr schön war die Mittagsrast an der Franziskuskapelle, der Blick schweift hinaus auf das freie Feld. Dieser Platz strahlt eine unglaubliche Ruhe aus.

Gegen Ende der Wanderung weiß der Blick in das Rieti-Tal zu überzeugen, wo wir in der Ferne bereits das Ziel des morgigen Tages sehen, die Stadt Rieti. Wir erkennen Seen und Flüsschen, die sich durch dieses Tal schlängeln. Von weiter oben ist das Tal relativ dicht besiedelt, ähnlich wie das Tal, das wir von Assisi, über Spello nach Montefalco durchschritten haben. Nur ist das Rieti-Tal schmäler – wir können von einem Ende zum anderen blicken.

10. Tag

Poggio Bustone
Rieti

Auf heiligen Wegen

**07.08./9.15 Uhr,
Grundsätzliche Überlegungen
zu den Übernachtungen**

Wir haben von zu Hause die
Übernachtungen nur für die ersten vier Nächte festgelegt, da wir
nicht sicher waren, ob wir das geplante Wandertempo tatsächlich
durchhalten. Allerdings stellte sich
so die Frage, ob wir kurzfristig
eine geeignete Unterkunft finden.
Wir handhaben das jetzt so, dass
wir tags zuvor am Zielort anrufen
und uns nach einem Zimmer
erkundigen. Bisher – zur Halbzeit
der Reise – gelang das immer völlig problemfrei. Es besteht nicht
wirklich die Notwendigkeit, alles
von zu Hause aus zu organisieren. Auch in den Hotels sind die
Leute stets sehr hilfsbereit. Die
Gastwirte sprechen gerne Hotel-
empfehlungen aus und rufen dort
an, um die nächste Übernachtung
klarzumachen.

**07.08./10.30 Uhr, Vom Abend
und der Nacht in der Villa Tizzi**

Nachdem wir fürstlich gespeist
und wieder einmal eine Flasche
leckeren Montepulcano verkostet
hatten, nahmen wir den Rest des
Weins mit auf unsere Privatve-
randa, die so groß wie ein Palast
war. Jeder hatte seine eigene Hol-
lywoodschaukel. Da es eine wunderbar laue Nacht war, stellten
wir es uns sehr romantisch vor,
im Freien zu schlafen. Wir legten
uns hin, jeder auf seine Schaukel,
schauten noch kurz den Mond
an und nickten sofort auf den Hol-
lywoodschaukeln ein. Aber jedes
Mal, wenn wir uns umdrehten,
knarzten die beiden Hollywood-
schaukeln – einmal Tonis und
dann meine. Das riss uns wieder
aus dem Schlaf. Zudem veran-
stalteten die Einheimischen etwa
einen halben Kilometer entfernt
ein Fußballturnier. Das Endspiel
gipfelte in einem Elfmeterschie-
ßen, wobei alle zwei Minuten
das ganze Stadion schrie und die
Pfiffe des Schiedsrichters zu hören
waren. Und dann bellte jedes
Mal, wenn der Schiedsrichter
pfiff, ein Hund los. Uff – die erste
Nachthälfte war alles andere als
romantisch. So zogen wir uns gegen Ende der Geisterstunde in das
wunderschöne Doppelbett zurück
und verbrachten dort den Rest der
Nacht – geruhsam, versteht sich.

**07.08./10.45 Uhr,
Desaster in der Villa Tizzi**

Gestern Abend, als wir um 19.00
Uhr völlig frustriert hier ankamen, hatte Simone nur noch einen Wunsch: Unsere Klamotten
müssen in die Waschmaschine.
Nachdem sich im Zimmer keine
Waschmaschine befindet, hat sie
die Tochter des Hotelbesitzers
gebeten, dies zu übernehmen.

Poggio Bustone
Rieti

Sie sagte natürlich: »Klar, kein Problem.« Am Abend machten wir uns dann Sorgen, ob sie das auch richtig macht, nicht dass aus unserer wertvollen Funktionswäsche Brei wird. Aber, na ja, sie wird das schon im Griff haben. Man muss das verstehen: Es sind zurzeit unsere einzigen Kleidungsstücke, da hängt man eben sehr daran.

Als wir heute Morgen um 8.00 Uhr aufstanden, sahen wir auf unserem Balkon ein neu gespanntes Seil, auf dem unsere Wäsche hing. Wir gehen hin, berühren sie und merken: Verdammt, das Zeug ist patschnass! Das Hotelpersonal hat es gerade erst gewaschen. Desaster! Simones gesamte Wanderklamotten und all meine wichtigen Sachen sind nass.

Was tun? Wir gehen erst mal frühstücken und beruhigen uns. Als wir uns eine gute Stunde später anziehen, nehme ich kurzerhand die feuchte Hose und das feuchte Hemd und schmeiße mich mit einem Stoßseufzer hinein. Nachdem es ja Funktionssachen sind, ist es zwar unangenehm, aber dennoch erträglich. Simone macht das Gleiche. Die restlichen Sachen hängen wir hinten an den Rucksack.

Ich lache über das Gesicht, das Simone beim Anziehen ihrer Klamotten macht – als ob sie in eine Zitrone beißen würde. So süß sieht sie aus, wenn sie sauer ist.

07.08./10.35 Uhr,
Zur körperlichen Verfassung
Wir waren sehr, sehr erschöpft und völlig erledigt von der langen und beschwerlichen Wanderung gestern. Heute ist mir alles ein bisschen egal. Beim Gehen merke ich, dass ich noch lebe. Ich bin innerlich sehr ruhig und mein Körper brennt auf Sparflamme in Erwartung dessen, was auf mich zukommt.

07.08./10.40 Uhr,
Was macht das Leben interessant?
Im Moment verlassen wir das wundervolle, am Hang gelegene Bergdorf Poggio Bustone. Wir blicken nach oben und sehen die Häuser des uralten Dorfes. Vorhin hatten wir deswegen schon eine Diskussion darüber, was denn um alles in der Welt ein Leben interessant macht? Ist ein Leben uninteressant, wenn man sein Leben lang am gleichen Ort lebt, dort geboren wird, zur Schule geht, heiratet, Kinder bekommt, im Familienverbund lebt und irgendwann auf dem dörflichen Friedhof beerdigt wird?

Ist das Leben interessanter, wenn man von Hamburg nach München, nach San Francisco, nach Italien, hierhin und dahin und dorthin jettet und sich immensen Reizen aussetzt? Das ist die Frage, die uns beschäftigt. Ich als detailverliebter Mensch denke mir, man kann sicher auch Freude im Kleinen finden, wenn man einen Kopfsalat anbaut, der wächst, die Jahreszeiten beobachtet und die Jahre aufmerksam an sich vorbeigleiten lässt. Die Zeit vergeht vielleicht sogar etwas langsamer und man empfindet das Leben länger.

Auf der anderen Seite ist es aber auch eine Kopfsache, sich zu disziplinieren, wenn man viel unterwegs ist, und den Moment und den Augenblick zu genießen. Egal wo man ist, egal was man tut – den Moment bewusst wahrzunehmen, das macht das Leben interessant.

**07.08./10.40 Uhr,
Was macht das Leben
interessant?**

Meine Ansichten darüber: Sein
ganzes Leben ist man eingebettet
in das Sozialleben eines engen,
begrenzten Dorfes ohne die
ganzen Fort- und Weiterbildungs-
möglichkeiten, die bestehen; vom
begrenzten Zugriff auf Ideen und
Kultur ganz zu schweigen. Man
ist eingezwängt in eine dörfliche
Gemeinschaft, die bisweilen hart
mit ihren Mitgliedern umgeht.
Wer nicht in ein gewisses Schema
passt, wird von der dörflichen Gemeinschaft oftmals bitter ausge-
grenzt. Aber dafür ist man geborgen in einem sozialen Leben, wo
jeder Platz hat, wo jeder jemand
ist im Gegensatz zum anonymen
Leben in einer großen Stadt, in
der man selbst niemanden kennt.
Obwohl man hier den ganzen Tag
über viele Menschen trifft, ist man
doch allein und einsam und holt
sich seine Freundschaften und
Beziehungen über die Arbeit oder
neuerdings über das Internet. Man
sitzt nächtelang am Computer
und surft im Internet, um sich mit
irgendwelchen Menschen virtuell
in Chaträumen auszutauschen,
statt einfach an die Tür des Nachbarn im selben Hochhaus zu gehen, dort anzuklopfen und diesen
realen Menschen kennenzulernen,
was oft viel, viel spannender sein

kann als irgendeine Internetbe-
kanntschaft, die am anderen Ende
des Planeten sitzt.

**07.08./10.50 Uhr, Von der
Unzufriedenheit des Menschen**
Ich knüpfe noch einmal an die
vorherigen Worte an: »Leben
im Moment.« Ich glaube, der
Ursprung aller Unzufriedenheit
liegt darin, dass man nicht den
Moment lebt und ihn nimmt,
wie er ist, sondern immer das
möchte, was man gerade nicht
haben kann. Und so verstreicht
die Zeit und die Momente ziehen
an einem vorüber, ohne dass
man es merkt. Man lebt in einer
Parallelwelt und merkt nicht, wie
das Leben fortschreitet und sich
dem Ende zuneigt. Das verstärkt
die Unzufriedenheit und steigert
das Verlangen nach Dingen, die
man nicht haben kann. Vielleicht
liegt der Schlüssel des Lebens im
Genießen des Moments, den man
nicht zurückholen oder verändern
kann.

**07.08./11.53 Uhr, Vorstellung
von einem Leben im Kloster**
Es hört sich vielleicht komisch
an, aber irgendwie kann ich mir
auf dieser Wanderung vorstellen,
tatsächlich im Kloster zu leben.
Warum? Die Landschaft ist
unglaublich bereichernd, herrlich
anzusehen. Die Klöster liegen

■ *Convento la Foresta, Rieti*
*Das Kloster Convento la Foresta
zählt zu den vier Heiligtümern:
Convento Colombo, Santuario di
Greccio, Santuario Poggio Bustone
und eben La Foresta. Alle befinden
sich in der Valle Santa, der heiligen
Schlucht und werden jährlich
von vielen Pilgern und Touristen
besichtigt.*

167

zumeist fantastisch! Ins Kloster zu gehen bedeutet, Abschied nehmen vom Besitz. Doch die Frage ist, wozu man den Besitz eigentlich braucht. Wenn ich ehrlich bin, muss ich sagen: Es ist nett, ein Auto zu besitzen. Aber es verhält sich doch so, dass das Auto 95 Prozent des Tages nur dumm rumsteht. Warum also nicht ein Auto teilen?

Oder nehmen wir Bücher, die man gelesen hat oder liest. Es macht deutlich mehr Sinn, sie einer gemeinsamen Bibliothek zuzuführen, um aus einem größeren Pool an Literatur auswählen zu können. Wozu soll man also Bücher besitzen?

In meinem Kleiderschrank hängen bestimmt 25, 30 Hemden. Wie viel davon ziehe ich tatsächlich an? Es ist doch so, dass ich Lieblingskleidung habe, die ich immer und immer wieder anziehe, dass vieles in meinem Schrank hängt, das gar nicht notwendig wäre. Ergo wäre es zu ertragen, in einem Kloster kaum Kleidung zu haben. Das Einzige, von dem ich mich schwer trennen könnte, ist ein eigener Computer. Ein Computer, der meine Gedanken sammelt, die Kommunikation mit anderen Menschen, die E-Mails. Darauf verzichten könnte ich schwer bis gar nicht.

Könnte ich mich überhaupt losreißen vom Leben, das wir führen, von einem Leben, in dem ich faktisch keine Grenzen habe, in dem ich heute in ein Flugzeug steige, um morgen in New York von Bord zu gehen? Könnte ich mich davon trennen? Auch das könnte schwerfallen. Dafür gewinnt man durch die Gemeinschaft in einem Kloster viel Nestwärme, soziale Gemeinschaft und auch viele Ideen. Ich weiß nicht warum, aber ich stelle mir ein Kloster auch immer als einen Ort vor, in dem gute, wertvolle und auch tiefe Gespräche geführt werden, als einen Ort, an dem eine Naturverbundenheit gelebt wird, die draußen im realen Leben nicht mehr stattfindet. Wäre ein Leben im Kloster denkbar?

07.08./11.55 Uhr, Rucksäcke sind doof
Heute geht mir der Rucksack schon wieder so auf den Keks. Ich würde ihn am liebsten in die nächste Mülltonne werfen, dann wäre ich dieses stinkblöde Teil endlich los. Natürlich wäre ich damit auch all meine Sachen und meinen gesamten Besitz los, den ich mit mir rumschleife. Aber das ist mir heute egal. Ich schwitze und jammere vor mich hin. Aber dieser Tag wird auch an mir vorübergehen.

07.08./12.05 Uhr, Toni
Toni kommt auch auf dem »Zahnfleisch« daher. Er schwitzt und hat dunkle Augenringe. Bei jedem Cammino-Schild bricht er in Freudengeschrei aus, weil wir bisweilen denken, wir hätten uns verlaufen. Aber wie es sich für einen Mann gehört, gibt er es natürlich nicht zu.

07.08./12.50 Uhr,
Einkaufen in Cantalice
Während wir die Treppen in Cantalice hinaufsteigen, kommen wir nicht umhin, über das Einkaufen nachzudenken. Enge verschlungene Gassen verbieten es, mit dem Auto oder einem anderen Gefährt an sein Haus zu kommen. Wir hingegen sind es gewohnt, mit dem Auto vor das Haus bzw. in die Garage zu fahren, den Fahrstuhl zu nehmen, um unsere eingekauften Artikel wohlbehütet in die Wohnung zu bringen. Hier hingegen ist Schleppen angesagt. Man kann mit seinem Auto maximal bis zur Stadtmauer fahren. Von da an heißt es, die Waren in die Stadt zu tragen.

07.08./15.11 Uhr
Nachdem wir so erschöpft waren, hat die Mittagspause wahnsinnig gut getan. Zum ersten Mal spüre ich bis in die letzte Zehe, dass die Siesta am Mittag sehr erholsam ist für Körper und Geist. Nach anfänglichem Dahingestolpere geht es auch etwas besser. Heute ist es furchtbar heiß und schwül. Vielleicht liegt es auch an dem Bier gestern nachmittag, das wir viel zu schnell getrunken haben – aus lauter Frust, weil wir das Hotel nicht sofort gefunden haben. Vielleicht liegt es auch einfach nur am Wetter, dass es uns heute so hart ankommt, aber da müssen wir durch. Und zum Glück sind wir bald in Rieti.

07.08./15.50 Uhr, Kloster
Convento la Foresta, Rieti
Ich sitze auf der Klostermauer von La Foresta und schaue Toni hinterher. Er geht um das Kloster herum, denn er will noch in die Kirche schauen. Währenddessen blicke ich auf den wunderschönen Klostergarten und denke über das Leben der Mönche nach. Warum entscheidet man sich, ein Mönch zu werden? Ich sehe als Argument ein geregeltes Leben mit einem gleichförmigen Tagesablauf. Also feste Zeiten, sowohl fürs Aufstehen als auch für das Essen, das Arbeiten, das zu Bett gehen, als Abwechslung ein bisschen Freizeit dazwischen.
Das gibt einem Menschen zwar Halt, dennoch frage ich mich gerade, ob manch ein Mönch ungeduldig ist, weil er seine Gedanken nicht beruhigen kann, gerade wenn er jung ist. Vielleicht ist er auch unzufrieden mit sich selbst, weil er nicht genügend Geduld aufbringt, das gleichförmige Leben eines Mönchs zu leben.

Vielleicht klappt es auch nicht auf Anhieb, sich einzufügen, anzupassen an das klösterliche, fromme Leben. Es wäre interessant, mit jemandem zu reden, der sich für das Leben hinter Klostermauern entschieden hat.

Während ich hier so auf der Klostermauer sitze, fällt mir auf, dass zwei, drei Gruppen von älteren Italienern rings um die Klostermauer sitzen und sich lärmend unterhalten. Das passt nicht so ganz zum besinnlichen Flair des Ortes. Können Italiener eigentlich nie den Mund halten?

**07.08./15.15 Uhr,
Über Computer**

Jetzt ist es ziemlich genau 20 Jahre her, dass ich das erste Mal mit und an Computern gearbeitet habe. Im Rahmen des Studiums waren es damals DOS-Systeme mit Betriebssystem DOS 2, DOS 3 und einer Programmiersprache namens Turbo-Pascal. Im Praktikum im sechsten Semester hatte ich dann meinen ersten Kontakt mit einem Macintosh-Rechner. Das war damals ein »Classic Mac« mit einem Neun-Zoll-Schwarzweißdisplay. Die Frage ist: Wie hat sich die EDV in diesen 20 Jahren geändert?

Sicherlich ist im PC-Bereich von der DOS-Welt zur heutigen Windows-Welt viel geschehen. Wie ist diese Entwicklung aber beim Mac verlaufen? Vor 20 Jahren gab es Motorola-Prozessoren mit Megahertztaktungen, ein MB oder zwei MB Arbeitsspeicher. Wenn man eine große Festplatte hatte, gingen 20 oder etwas später 40 MB drauf. Als Betriebssystem war System 6.07 aktuell. Mit diesem war es schon möglich, durch den sogenannten Multifinder mehrere Programme gleichzeitig laufen zu lassen und über die Zwischenablage von der einen zur anderen Applikation Daten auszutauschen. Ich habe noch einen Rechner im Keller, der mit diesem System 6.07 läuft. Der ganze Computer hatte eine Leistungsaufnahme von vielleicht 20 bis 30 Watt. Wenn man das Gerät einschaltet, stellt man sehr erstaunt fest, dass das Betriebssystem nach kurzer Zeit gebootet ist, was bei einem modernen Rechner teilweise sogar Minuten dauert. Auf diesem alten Macintosh-Rechner habe ich einige Applikationen wie Word und Excel installiert. Der Start dieser Applikationen geht enorm schnell vonstatten und man erkennt auf den ersten Blick, dass sie fast den gleichen Leistungsumfang haben wie die modernen Applikationen.

Keine Frage, sicherlich umfassen die modernen Office-Anwendungen mehr Features. Aber wie viele davon benötigt der Anwender wirklich? Ich habe damals mit dem CompuServer-Netzwerk E-Mails verfasst, war in Chaträumen aktiv. Dinge, die man auch heute noch macht – nur mit dem Unterschied, dass man jetzt Computer benutzt, die x-10000-fach schneller sind, mit minimalen Festplatten von 500 GB, hochgerüsteten Arbeitsspeichern von 2, 6, 10 GB und mehr. Aber ist man wirklich vorwärts gekommen? Ist der Mensch schneller und effizienter? Eigentlich verbrauchen die Rechner nur mehr Energie. Ein moderner PC hat eine Leistungsaufnahme von 200 W bis hinauf zu 600, 700 W, sobald eine ordentliche Grafikkarte eingebaut ist. Sind wir also wirklich vorwärts gekommen in den letzten 20 Jahren?

07.08./17.14 Uhr, Rieti,
Fazit des heutigen Tages

Wir erreichen unser Hotel Quattro Stagione. Es liegt direkt am Hauptplatz in Rieti. Gegenüber befindet sich ein wunderschöner Palazzo mit einem Lustgarten. Wir sind angekommen und das ist für heute das Wichtigste. Es ist wieder einmal ziemlich heiß gewesen, so dass der Weg auf der Teerstraße runter vom Kloster megaanstrengend war. Wir benötigten von dort aus noch eine geschlagene Stunde. Aber jetzt sind wir da.

Simone meint, die Strecke war ganz nett. Mir hat es heute weniger gut gefallen. Das Interessante an der Route war für mich die Besichtigung der beiden Klöster. Wobei das Kloster vor Rieti im Wald deutlich mehr Charme ausstrahlte als das oberhalb von Poggio Bustone. Wir freuen uns auf jeden Fall auf eine kühle Dusche und ein angenehmes Abendessen.

■ Rieti

Die Stadt Rieti ist weithin als der Mittelpunkt Italiens, »ombelico d'Italia«, bekannt. Im Zentrum befindet sich ein Marmorwerk, das diese Tatsache noch unterstreichen soll.
Sehenswert ist auf jeden Fall der Dom, Baujahr 1226, nahe dem Hotel Quattro Stagioni mitten im Herzen Rietis.

11. Tag

Rieti
Greccio

Der Tag
der Verzweiflung

08.08./8.00 Uhr,
Doppelkick am Morgen
Zuallererst werfe ich einen Blick
aus dem Hotelzimmer: Ja, richtig,
der Himmel ist bedeckt heute. Es
wäre angenehm, mal ohne diese
knallheiße Sonne von Rieti nach
Greccio zu wandern. Trotz der
Bewölkung sieht es nicht nach
Regen aus. Es ist einfach nur eine
zarte Bewölkung, die uns die
notwendige Kühle und Schatten
spenden wird – hoffentlich.
Zweiter Kick am Morgen: Endlich
ein vernünftiges Frühstück im
Hotel Quattro Stagioni. Wir
bekommen das erste Mal frische
Croissants, warme Brötchen,
Wurst, Eier, Joghurt, Früchte,
Wasser, Cappuccino – kurzum
alles, was man sich normalerweise
von einem Frühstück wünscht.

08.08./9.00 Uhr,
Rückblick auf gestern Abend
Wir waren gestern Abend in einer
Pizzeria in Rieti und haben wie
immer Wasser bestellt. Und wir
erhielten wieder eine herrlich
geformte Flasche Acqua minerale
con gas. Da überfiel mich plötzlich
eine Erinnerung an zu Hause.
Dort bekommt man sein Wasser
auch in einer Flasche vor sich
hingestellt. Aber es gibt nur eine
genormte Sorte von Flaschen, in

die Überkinger, Frankenbrun-
nen oder Adelholzener und Co.
abgefüllt werden, während hier
in Italien in jedem Dorf, an jeder
Ecke andere Flaschen verwendet werden. Warum ist das so
anders als bei uns? Vermutlich
sitzen in Deutschland Buchhalter mit spitzem Stift und haben
ausgerechnet, dass der Einsatz von
identischen Wasserflaschen das
Pfandsystem deutlich vereinfacht.
Man gibt identische Flaschen in
verwechselbaren Supermärkten
ab. Egal, welches Etikett drauf ist,
du kannst die Flaschen überall hin
zurückbringen, waschen und wieder verwenden. Während hier in
einem Restaurant oder in einem
Alimentari-Shop vermutlich 50
verschiedene Kisten bereitstehen,
weil jede Flasche ein anderes
Aussehen hat und auf einem anderen Weg zurückgebracht werden
muss. Vielleicht werden einige
auch gar nicht zurückgebracht,
sondern weggeschmissen.
Das führt mich zu der Überle-
gung, dass diese verschieden
geformten Flaschen eines aufwendigen Rückholsystems bedürfen
und damit mehr Arbeitsplätze
entstehen. Eigentlich hat der
Buchhalter in Deutschland falsch
gerechnet, denn die Ersparnis in
Sachen Rückholsystem hat uns

mehr Arbeitslose beschert, weil
wir weniger Personalaufwand
haben, um die Flaschen wieder
vernünftig zurückzubringen.
Und diese zusätzlichen Arbeits-
losen bezahlen wir dann über die
Sozial- und Arbeitslosenversi-
cherung etc. Haben wir uns an
der Stelle also tatsächlich etwas
gespart? Und zusätzlich führen
die verschiedenen Flaschentypen
zu mehr Absatz, weil jedes Mal
eine komplett andere Flasche von
einem anderen Anbieter kommt.
Das Wasser schmeckt anders, das
Auge trinkt mit. Das nenne ich
Vielfalt.

08.08./9.11 Uhr, Migräne
Heute Morgen um halb sechs
bin ich mit Migräne aufgewacht
und blicke diesem Tag eher
finster entgegen. Die körperliche
Anstrengung wird ihren Tribut
fordern, aber ich hoffe, ich werde
es überleben. Zum Glück ist es
etwas bedeckt und wir haben zum
ersten Mal gut gefrühstückt.

08.08./10.00 Uhr,
Von den 10 Geboten
Als wir gestern Abend in unserem
Hotel Quattro Stagioni ankamen,
sind wir irgendwie auf das Thema
»Die 10 Gebote« gekommen:
Das ist doch interessant. Da wer-

Gebot	Juden	Anglikaner, Reformierte u. a.	Orthodoxe	Katholiken, Lutheraner
Ich bin der Herr, dein Gott.	1	Präambel	1	1
Du sollst keine fremden Götter neben mir haben.	2	1		
Du sollst dir kein Bildnis machen.		2	2	
Du sollst den Namen Gottes nicht missbrauchen.	3	3	3	2
Gedenke, dass du den Sabbat heiligst.	4	4	4	3
Du sollst Vater und Mutter ehren.	5	5	5	4
Du sollst nicht morden.	6	6	6	5
Du sollst nicht ehebrechen.	7	7	7	6
Du sollst nicht stehlen.	8	8	8	7
Du sollst kein falsches Zeugnis geben.	9	9	9	8
Du sollst nicht begehren deines Nächsten Frau.	10	10	10	9
Du sollst nicht begehren deines Nächsten Haus.				10

den also Lügen und Stehlen auf dieselbe Stufe wie Töten gestellt. Kann das denn sein? Ist zu töten nicht viel, viel schlimmer, als wenn ich jemanden anlüge oder bestehle oder Vater und Mutter nicht so achte, wie es sich eigentlich gehört? Sehr komisch. Wir haben darüber nachgedacht, warum so etwas nie thematisiert wird. Dazu sollte doch der Religionsunterricht in der Schule da sein. Aber hier wird einem das einfach hingeknallt: So ist es, das sind die 10 Gebote, lerne diese auswendig und denk ja nicht darüber nach. Sie ist doch komisch, diese Diskrepanz zwischen einem »Du sollst nicht töten« und »Du sollst Vater und Mutter ehren«. Je länger ich darüber nachdenke, desto unglaublicher finde ich es. Warum spricht man nicht darüber? Oder war es früher so, dass jemanden zu töten eine Art Kavaliersdelikt war? Nein, das kann ich mir nicht so richtig vorstellen.

Dabei ist uns noch mehr aufgefallen. Wir haben festgestellt, dass der Glaube einfach dogmatisiert wird. Es ist nicht angesagt, Dinge, die der Glaube vermittelt, zu hinterfragen, darüber nachzudenken, was das wohl alles bedeuten soll, um es letztendlich auf sich selbst anzuwenden. Und noch etwas ist uns aufgefallen, da wir im Moment auf den Spuren des heiligen Franziskus marschieren: Den Franziskanerorden kennen wir, aber es gibt ja noch andere Orden wie Benediktiner, Zisterzienser etc. Und wenn ich ganz ehrlich bin, weiß ich nichts über diese Orden. Ich kenne nicht einmal die wichtigsten Glaubensregeln der prominentesten Orden. Ich kenne keine Entstehungsgeschichte, könnte die Orden nicht einmal voneinander unterscheiden. Das Gleiche gilt für die Beweggründe der Ordensgründer. Sind solche Dinge für einen Menschen mit bürgerlichem Leben überhaupt wichtig? Nun, vielleicht stellen sich einem solche Fragen erst während einer Pilgerreise.

08.08./10.11 Uhr

Nachdem wir Rieti verlassen haben, gehen wir immer geradeaus an einem schönen Fluss entlang in Richtung des Klosters Colombo. Noch immer ist es bedeckt und daher wunderbar zu laufen. Nur leider drückt wieder mal der Rucksack aufs Kreuz bzw. aufs Gemüt. Jedes Mal, wenn er morgens mit dem Essen und Trinken für den Tag frisch beladen ist, denke ich mir: O Gott, warum tue ich mir das eigentlich an? Aber aus den vergangenen Tagen schlussfolgere ich: Im Laufe des Tages wird der Rucksack leerer und dann werde ich ihn nicht mehr so spüren. Ich bin froh, hier zu sein mit meinem Liebsten. Ich bin froh, hier zu wandern, und ich bin glücklich, eine so tolle Erfahrung zu machen. Ich bin auf dem rechten Weg, im wahrsten Sinne des Wortes.

08.08./10.15 Uhr,
Wandern macht nicht nur Hausfrauen frei!

Wenn man so wandert, hat der Kopf nicht allzu viel zu tun. Man schaut umher, man lebt und denkt im Moment. Man denkt voraus, man denkt zurück und kehrt zu seinen Grundsätzen zurück. Und während ich mein reales Leben Revue passieren lasse, küsst mich plötzlich die Muse.

Ich nehme mir für zu Hause vor, wieder mehr mit ursprünglichen Lebensmitteln zu kochen und ich werde dem Liebsten einen Schokokuchen backen oder mir die Zeit nehmen, die Früchte des Gartens zu ernten, die Jahreszeiten zu betrachten, den Regen zu mögen. Ich fange sogar an, das kalte deutsche Wetter zu lieben. Und so ordnet und reinigt sich der Geist der Hausfrau auf der Pilgerreise nach Rom.

08.08./11.30 Uhr,
Von Buße, Sühne und Reue

Ich, ein katholisch erzogener Mensch, kenne das Ritual der Beichte. Welche Idee steckt wohl dahinter? Nun, man lebt so vor sich hin und begeht allerlei Vergehen, auch Sünde genannt. Die Beichte ist dazu da, sich dessen bewusst zu werden und sich zu besinnen. So sitzt du also in der Kirche in der Nähe des Beichtstuhls und denkst über dein Leben in den vergangenen Wochen und Monaten nach und versuchst zu erkennen, was nicht richtig gelaufen ist. Genau dies teilst du dem Pfarrer mit. Dieser spricht dich von Deinen Sünden los und gibt dir eine Buße auf. Die dahinterstehende Idee besagt, dass du durch etwas, das du tust, begangenes Unrecht wieder gutmachen kannst. Es entspricht im Kleinen also dem, was wir Katholiken glauben. Nämlich, dass durch die Kreuzigung Jesu die vielen Sünden der Menschheit als Gesamtes getilgt wurden. Aber ist das denn richtig? Kann eine Buße, eine Läuterung etwas ungeschehen machen? Ich glaube nein. Etwas, das einmal angerichtet wurde, hat möglicherweise ein für alle Mal die Welt verändert. Hört sich zwar dramatisch an, stimmt aber. Möglicherweise hat eine Beleidigung eines anderen Menschen dessen Leben verändert und bringt ihn auf einen ganz anderen Weg. Was soll durch eine Buße, durch Reue wieder gut werden? Nichts von dem, was einmal geschehen ist, kann jemals wieder rückgängig gemacht werden. Jeder Tag, jede Sekunde, jeder Augenblick, jede Minute steht für sich selbst und hat doch, obwohl alles nur einmal passiert, Auswirkungen für die Ewigkeit.

Vielleicht ist es ein Stück die Aufgabe der Beichte, dass man zu dieser Erkenntnis kommt. Dass man erkennt, dass jeder Augenblick, der gelebt wird, von enormer Wichtigkeit für die gesamte Zukunft ist. Für die eigene Zukunft, für die Zukunft der Menschen, mit denen man lebt. Man kann sich und das Leben jeden Augenblick neu definieren. Man kann aber auch in jedem Augenblick die Chance auf eine bessere Zukunft sukzessive zerstören und kaputt machen.

08.08./11.30 Uhr

Heute habe ich keine große Lust, etwas aufzuschreiben. Wir gehen weiter auf das Kloster Colombo zu. Mir ist so fad – im Kopf wie am Körper. Ich muss schwitzen und muss leiden und mir ist das Gehen ein wenig langweilig.

08.08./12.45 Uhr, Heute ist der Tag der Wunscherfüllung

Schon heute Morgen wünschte ich mir ein leckeres Frühstück mit Eiern und Schinken. Und siehe da: Mein Wunsch ging in Erfüllung. Mittags, bevor wir Kloster Colombo betraten, habe ich zu Toni gesagt: »Ich möchte jetzt endlich mal ein paar anständige Mönche sehen!«, da die Klöster bisher eher unbewohnt wirkten. Tatsächlich kamen wir genau um 12.00 Uhr an und konnten die Mittagsmesse besuchen, die sechs

richtige Franziskanermönche gemeinsam abhielten. Hoffentlich geht dieser Tag der Wunscherfüllung so weiter.

Das Kloster selbst ist sehr beschaulich, sehr besinnlich und man spürt die Anwesenheit des heiligen Franz. Mir ist fromm ums Herzen.

08.08./13.10 Uhr, Erkenntnis, was unser Mittagessen angeht

Wir haben heute gedacht, wir ernähren uns in der Mittagspause mal wieder gesund und haben deswegen Bananen und Pfirsiche eingekauft und schleppen Äpfel mit uns herum. Aber nach drei Stunden lästigen Tragens merkten wir, dass das Zeug einfach viel zu schwer ist. Du kommst dir vor, als würdest du Kieselsteine auf dem Rücken mit dir herumtragen. Deshalb reifte in uns der Entschluss, künftig wieder auf bewährtes Mittagessen zurückzugreifen, auf Brot mit Schinken und Käse – weil es einfach deutlich leichter ist.

08.08./13.37 Uhr, Hunde

Bemerkenswert: Während all meiner Urlaube in Italien ist mir noch nie aufgefallen, wie viele Hunde es hier gibt. Die Italiener lieben offensichtlich Hunde. Jedes Haus hat drei, vier, fünf, vielleicht

sogar mehr Pinscher in allen möglichen Facetten: Rassehunde, Promenadenmischungen, mit Schwanz, ohne Schwanz, mit langen oder spitzen Ohren. Eines aber haben alle gemeinsam: Sie kläffen. Überall weisen Schilder darauf hin: »Attenti al Cane.« Manchmal wünsche ich mir, dass so ein kleiner Freund neben mir herläuft und mit mir diese Wanderung bestreitet.

08.08./14.45 Uhr

Heute ist kein guter Wandertag. Die einzige Pause, die wir bisher hatten, legten wir im Kloster Colombo beim Mittagsgebet ein – eine schnelle Banane inbegriffen. Und schon wieder ging die Post ab – den Berg runter. Jetzt geht es bergauf, und zwar noch drei Kilometer. Toni rennt und rennt und rennt. Er will das Ziel schnellstmöglich erreichen. Ich habe es bald satt. Wir kommen nicht dazu, einfach mal einen Cappuccino zu trinken.

Mit einem Auto braucht man fünf Minuten nach oben. Wir quälen uns schier unendlich langsam den Berg hoch. Jetzt es ist drei viertel drei. Wenn alles gut geht, sind wir in eineinhalb Stunden in Contigliano, aber noch lange nicht am Ziel. Heute reicht's mir, mir reicht's, mir reicht's.

08.08. / 15.40 Uhr,
Von der Verzweiflung

Bisweilen sind diese Tagesetappen zum Verzweifeln. Wie heute: Du gehst auf dieses Kaff namens Contigliano zu, aber anstatt direkt drauf zu führt der Weg links vorbei, bergauf. Die Wege verlaufen einfach nicht so, wie wir uns das vorgestellt haben. Ich denke: »Jetzt ist Schluss. Ich hör auf, ich lass es sein. Ich frag nach einem Taxi, nach einem Bus. Keine Lust mehr!« Ich hinterfrage, warum ich mich abmühe und quäle. Es ist nicht so heiß wie in den letzten Tagen, aber irgendwie herrscht eine schwüle Hitze vor. Das macht die Sache sehr hart und sehr anstrengend. Wir sind seit 9.30 Uhr unterwegs. Es ist jetzt fast 16.00 Uhr und wir brauchen dringend neuen Mut und noch dringender etwas zu trinken und zu essen. Das mitgenommene Obst erweist sich bei Weitem nicht als die Kraftnahrung, die wir benötigen würden.

08.08. / 18.30 Uhr,
Wir laufen in Greccio ein

Fazit: Wir haben uns in Rieti mit Essen und Trinken versorgt, sind dann zum Kloster Fontecolombo marschiert und haben oben zirka eineinhalb Stunden Pause gemacht. Dann sind wir weitergezogen bis nach Contigliano (Ankunft etwa 16.00 Uhr). Das ist genau der Ort, in dem der so oft zitierte Hund begraben liegt. Es gibt nicht mal eine Bar, geschweige denn irgendeinen Laden, in dem sich Ess- oder Trinkbares kaufen ließe. Wir konnten auf dem weiteren Weg zum Glück noch eine Bar finden, aber erst unten im Tal. Und wir sind extra den Berg hoch, um festzustellen, dass in diesem Ort praktisch niemand wohnt!

Nach dieser Pleite ging's rüber nach Greccio, wofür wir nochmals eine Dreiviertelstunde benötigt haben. Der Grund ist ganz einfach: Es geht nach dem Aufstieg nach Contigliano zuerst hinunter ins Tal, dann aber wieder hinauf auf den Berg in Richtung Greccio-Dorf.

Es war unendlich nervig, ständig die Berge rauf und wieder runter zu klettern, ohne anzukommen. Kaum ein Teilstück, das geradeaus führt. Die Strecke dürfte deutlich über 20 Kilometer lang gewesen sein. Zudem waren wir uns auch zwei- oder dreimal nicht sicher, ob wir überhaupt auf dem richtigen Weg sind.

Kurzum, es war fürchterlich oder mit Simones Worten ausgedrückt: »Es war die Hölle« Aber schlussendlich sahen wir das schöne Greccio vor uns und irgendwie hat sich die Anstrengung dann doch

■ Greccio

Das malerische Dörfchen Greccio liegt zirka 705 Meter über dem Meeresspiegel an einem Hang mit wunderbarem Blick über das Rieti-Tal. Die knapp 1500 Einwohner haben dort oben viel Platz für sich. Das naheliegende Kloster Santuario di Greccio gehört zu den berühmtesten unter den Franziskanerklöstern, denn dort hatte Franz von Assisi seine Vision vom Weihnachtsfeste, der Geburt Jesu. So wie wir sie heute kennen – mit Krippe, Stall und Esel – hat Franz von Assisi die Szene gesehen und seine Vorstellung davon wurde in der christlichen Welt verbreitet.

Rieti
Greccio

gelohnt. Auf jeden Fall freuen wir uns jetzt auf eine hoffentlich angenehme Übernachtung und auf leckerstes Abendessen. Wir trinken heute Abend wahrscheinlich mindestens eineinhalb bis zwei Liter Wein, weil wir so frustriert sind.

08.08./19.00 Uhr, Schwere Geburt, aber alle Schmerzen sind vergessen
Bei der Ankunft in Greccio sind alle Mühen vergessen. Wir sind etwa 700 Meter über dem Meeresspiegel in einem traumhaft am Berghang gelegenen Dorf. Über allem thront selbstverständlich eine alte Kirche. Das Hotel trägt den Namen Belvedere, in Deutsch schöne Aussicht, und die Aussicht ist in der Tat sensationell. Wir schauen hinunter in das Rieti-Tal, sehen gegenüber Poggio Bustone – auch Rieti ist zu erkennen. So können wir viel von dem Weg einsehen, den wir in den vergangenen Tagen beschritten haben. Es ist

ein großartiges Gefühl, auf dem Gipfel eines Berges zu sitzen und majestätisch hinunter ins Tal zu schauen. Alle Strapazen sind wie weggewischt und auch der Frust ist verschwunden. Die Gastgeberin ist nett, fragt uns sofort, wann wir zu Abend essen wollen. Natürlich ist das Restaurant voll verglast und bietet einen unglaublichen Ausblick auf das Tal sowie auf das Kloster. Wir freuen uns auf den Abend.

08.08./19.10 Uhr, Noch zwei sehr wichtige Randbemerkungen
Erstens: Natürlich war hier auch schon Johannes Paul II. Und zweitens: Natürlich sind wir die einzigen Gäste.

08.08./19.12 Uhr, Die Geschichte vom Bidet
Keinesfalls dürfen wir vergessen, von unserer allabendlichen Zeremonie zu erzählen. Nachdem wir das Zimmer erreichen, rei-

ßen wir uns zunächst einmal alle Kleider vom Leib, um sie dann so schnell wie möglich ins Bidet zu schleudern, Wasser aufzufüllen und sie mit Seife zu waschen, um sie möglichst rasch irgendwo aufzuhängen, damit die Klamotten am nächsten Tag wieder trocken sind. Man möchte es kaum glauben: Egal, wo wir hier übernachtet haben, es gab immer ein Bidet, das uns viele nützliche Dienste beim Waschen der Wäsche erwiesen hat.

08.08./20.10 Uhr, Der Mensch
Es gibt Dinge, die sind so selbstverständlich, dass man vergisst, sie zu erwähnen. Zum Beispiel den Menschen, mit dem man diese Wanderung erlebt.
Die Pilgerreise ist eine ziemlich anstrengende Angelegenheit. Man ist körperlich arg beansprucht. Überdies ist man natürlich rund um die Uhr zusammen. Man isst miteinander, verbringt den Tag, wandert miteinander und

versucht, sich am Abend zu erholen, kümmert sich um die Übernachtungsmöglichkeiten etc. Und wenn es dabei zwischenmenschlich nicht klappt, weil die Beziehung es nicht trägt, dann ist es ziemlich schwer, diese Zeit gemeinsam durchzustehen. Und ich bin dankbar, dass ich diesen Weg mit Simone gehen darf, denn wir ergänzen uns und verstehen uns die ganze Zeit über prächtig. Wir sind gemeinsam erschöpft, gemeinsam glücklich, gemeinsam frustriert, gemeinsam traurig. Hört sich nach unendlicher Harmonie an. Ja, vielleicht ist es das auch. Es ist sehr schön, mit ihr – der Liebe meines Lebens – diese Gefühle teilen zu dürfen.

08.08./21.47 Uhr,
Wo ist der Wirt?

Der Wirt hat das Haus verlassen und wir sitzen tatsächlich ganz allein in seiner Wirtschaft herum. Ich frage mich, was wir heute noch trinken. Doch jetzt gröhlen wir erst mal lauthals aus dem Fenster, damit die in Greccio was zu lachen haben.

08.08./22.00 Uhr

Der Wirt ist längst über alle Berge. Wir sitzen nach wie vor allein in seinem Ristorante und feiern eine richtige Party.

08.08./23.30 Uhr,
Wo gibt's denn hier
was zu trinken?

Wir können es immer noch nicht fassen und johlen und lachen über unsere Einsamkeit. All die Flaschen Campari, Whisky und Wein und wir dazu. Ich bekomme Durst. Die Flasche Wasser, die wir bestellt haben, ist leer und ich mache mich auf die Suche nach Nachschub! Das klingt zwar langweilig, aber wir brauchen tatsächlich noch antialkoholische Getränke. Zuerst suche ich nach dem Lichtschalter und knipse unter lautem Gelächter aus Versehen das komplette Licht aus. So wird die Situation gleich noch skurriler. Ich suche die dunkle Küche, den Kühlschrank, die Fächer nach Wasser ab – nichts zu finden! Und als ich so herumstöbere, werde ich vom Wirt überrascht. Ganz toll, Simone. Ich komme mir wie eine Diebin vor. »Was fällt Ihnen ein, Signora Ochsenkühn, einfach in meiner Küche herumzuschnüffeln?« Er sagt das zwar nicht, aber anders sind seine Blicke nicht zu deuten. Ich: »Äh, äh, Acqua minerale?« Er reicht mir eine neue Flasche und wir verziehen uns, kichernd und nicht mehr ganz nüchtern, auf unser Zimmer…

■ *Italienisch im Restaurant*

Ein paar Worte italienisch schaden weder in solchen Situationen, wie wir sie erlebten, noch ganz allgemein, wenn man nach Italien reist.

Desídero = Ich möchte
Acqua minerale = Mineralwasser
frizzante = mit Kohlensäure
Squisito = Ausgezeichnet!
Alla Sua Salute! = Zum Wohl!
Sono sazio. = Ich bin satt.
Solo un pocco. = Nur ein wenig.
Non posso bere bevande alcóliche. =
Ich darf keinen Alkohol trinken.
Buona notte! = Gute Nacht!

Rieti
Greccio

197

12. Tag

Greccio
Stroncone

Der Tag
des Gebets

09.08./8.30 Uhr,
Erkenntnis am Morgen

Bei einer Wanderung bzw. Pilgerreise bist du geistig komplett auf
dich allein gestellt. Es gibt faktisch
keine Einwirkungen von außen.
Du bekommst keinen neuen Input
durch Fernsehen oder Radio oder
Bücher. Und da wir des Italienischen nicht besonders mächtig
sind, gibt es auch von dieser Seite
keine äußeren Einflüsse. Man
kann es also drehen und wenden
wie man will, du bist mit dir
unterwegs und du musst dich mit
dir auseinandersetzen. Du kannst
dich praktisch nur mit dir selbst
und deinem Leben beschäftigen.
Manchmal, besonders abends,
wenn wir ankommen, sehnen wir
und danach, etwas zu lesen, um
neue Ideen oder Eindrücke zu ge-
winnen. Dann greifen wir immer
und immer wieder zu den beiden
mitgenommenen Franziskus-Bü-
chern, um irgendeinen Lesestoff
zu haben und dem Gehirn etwas
zu arbeiten zu geben. Die Anzahl
der informellen Reize, draußen
auf dem Wanderweg, ist eben sehr
begrenzt.

Besonders interessant war die Erfahrung vor drei Tagen, als wir uns
in Poggio Bustone mit dem Auto
hinauf aufs Kloster fahren ließen.
Diese Autofahrt war unglaublich. Du bewegst dich mit – für
unsere derzeitigen Verhältnisse
– enormer Geschwindigkeit von
A nach B. Alles fliegt an dir vorbei,
und du bist nicht in der Lage, alles
zu sehen und aufzunehmen, was
da draußen an dir vorbeisaust.
Die Autofahrt dauerte etwa fünf
Minuten, aber sie war unglaublich anstrengend, weil Auge und
Hirn nicht dazu imstande waren,
in dieser Geschwindigkeit zu
arbeiten und mitzudenken. Wir
sind buchstäblich vom Autofahren
entwöhnt.

09.08./10.30 Uhr,
Sind Reißverschlüsse praktisch?

Wir philosophieren über die prak-
tische Handhabung unserer Rucksäcke. Sie lassen sich sowohl von
oben als auch von unten beladen.
Im unteren Drittel befindet sich
im Inneren ein Reißverschluss,
damit man entweder das gesamte
Volumen nutzen oder zwei klei-

nere Fächer daraus machen kann.
Aber wir haben festgestellt, dass
das eigentlich völlig egal ist, da
man das Ding den ganzen Tag auf
dem Rücken trägt und eh keinen
Zugriff auf das untere Fach hat.
Man muss ihn also abnehmen,
um etwas herausholen zu können,
oder ein anderer muss behilflich
sein. Deshalb ist die Teilung unserer Meinung nach vollkommen
unnütz.

Außerdem sind die äußeren
Reißverschlüsse in eine Art Ver-
kleidung eingepasst, wahrscheinlich damit es nicht reinregnen
kann. Aber das Futter klemmt
sich immer wieder ein und ist
sehr unpraktisch. Das nächste
Mal, wenn wir Trekkingrucksäcke
kaufen, werden wir darauf achten,
dass die Reißverschlüsse nicht so
aufwendig angebracht sind.

09.08./11.20 Uhr,
Von der Freude des Wanderns

Wir sind jetzt gut eine Woche
unterwegs und oftmals ist es
unbeschreiblich, was man sieht,
was man erlebt, was man spürt
und was man fühlt. Gerade stehen

■ *Kloster Greccio*

Die Felsen des Klosters sind als franziskanisches Bethlehem bekannt, da Franz von Assisi der Legende nach hier mithilfe des Gutsherrn Giovanni Velita Weihnachten gedachte. Die Asche von Giovanni ruht heute an diesem Ort.

Die Fresken in der Grotta del Presepe (Höhle der Krippe) stammen aus der Schule Giottos und gehen auf das 14. Jahrhundert zurück. Sie stellen die beiden Krippen von Bethlehem und Greccio dar.

Über die kleine Zelle und das Refektorium gelangt man über eine Treppe nach oben zu den Zellen aus dem 13. Jahrhundert. Sie sind komplett aus Holz gefertigt.

Im neueren Teil befindet sich heute eine Krippensammlung mit handgearbeiteten Exemplaren aus der ganzen Welt.

Hinweis: Im Souvenirladen gibt es nicht nur Ansichtskarten, sondern auch einen Führer in Deutsch über die Wallfahrtsorte im Rieti-Tal.

wir am Santuario di Greccio, dem Kloster in der Nähe von Greccio mit einem unglaublichen Blick über das Rieti-Tal. Wir haben leckere Salami und leckeren Käse im Gepäck. Wir wissen, dass wir heute Abend wieder eine gute Unterkunft finden werden, und wir spüren die Kraft und Energie, die von diesem Kloster ausgeht – eine unglaubliche Ruhe und Spiritualität. Es geschieht viel mit uns in diesen Tagen, in diesen Stunden. Herrlich, wie einfach das Leben ist, wenn man nur unterwegs sein darf. Wenn man sich auf sich selbst konzentriert, auf sich selbst verlässt, sich selbst überlassen ist.

09.08./11.32 Uhr,
Im Santuario di Greccio
Das Kloster ist wirklich mächtig und überdies sehr alt. Innen schmücken es alte Fresken und die Kammern sind alle aus schwerem Holz gezimmert. Ehrwürdig ist es und tatsächlich ein heilig anmutender Ort. Toni sieht sich noch genauer um, während ich die Zeit nutze, um ein paar Postkarten zu schreiben. Und auch Toni schreibe ich eine Postkarte nach Hause, mit seinem Lieblingsfresko hier im Kloster. Da wird er sicher

überrascht sein. Plötzlich gesellen sich einige deutsche Franziskanermönche zu mir auf die Bank. Wundersam – sie reden eigentlich wie normale Menschen miteinander. Über den Hunger, den sie haben, über Gewohnheiten, die sie pflegen, und darüber, was sie auf dieser Reise noch alles vorhaben. Eigentlich habe ich mir mehr erwartet, vielleicht so eine Art spirituelle Kommunikation, aber da bin ich wohl einem Vorurteil aufgesessen.

09.08./11.23 Uhr,
Vom heiligen Franziskus
Was mir nicht einleuchtet, ist, dass viele Heilige zuerst durch ein Martyrium gehen mussten, um ihre Heiligkeit zu erreichen. Ist es denn im Sinne Gottes, dass wir uns läutern und quälen? So verstehe ich die Botschaft Jesu: Ist es nicht vielmehr eine Freude, am Leben sein zu dürfen? Jesus war auch ein Wanderer, der durch die Orte zog, die Menschen für seine, für Gottes Botschaft begeisterte. Und wie hat er das gemacht? Nicht indem er den Menschen sagte: Esst nichts mehr, trinkt nichts mehr, sitzt nur noch da und betet!

Greccio
Stroncone

Nein, er ging zu einem Weinfest in Kanaa, heilte Kranke, ließ Tote auferstehen. Er gab den Menschen, was mich besonders beeindruckt, in der Bergpredigt eine tolle Ansammlung von Verhaltensregeln, damit das Leben gelingen kann: Sorge dich nicht um den nächsten Tag; mit all deiner Sorge kannst du die vergangenen Tage und auch den nächsten Tag nicht beeinflussen. Lebe im Hier und Jetzt – du hast keine andere Wahl. Und sieh, wie stolz du auf dich sein kannst, denn selbst König Salomon war in all seiner Pracht nicht so herrlich gekleidet wie ein Schmetterling, der übers Feld fliegt, oder eine Blume am Wegesrand.

Die jesuanische Botschaft ist für mich eine andere als die von Franziskus. Moment, der Ansatz stimmt nicht ganz – die franziskanische Botschaft geht schon in Richtung Botschaft Jesu: Leben in der Natur, Leben mit der Natur, Freude am Leben. Auch Franziskus lebte ein ganz anderes Leben als seine Zeitgenossen. Und doch war es der Überlieferung zufolge ein Leben in Qual und Martyrium. Das wirft in mir die Frage auf, ob nicht ein Leben, das Freude ausstrahlt, eher Begeisterung weckt als ein Leben, in dem man sich quält. Sicher, das Ende Jesu war zwar auch ein Martyrium, denn er wurde ermordet.

**09.08./12.43 Uhr,
Abschied vom Rieti-Tal**
Wir verlassen nach einem für mich super anstrengenden Aufstieg das Rieti-Tal. Ich glaube, ich hab in meinem Leben noch nie so geschwitzt. Das Wasser läuft mir in Bächen übers Gesicht. Wir sind nun oben angelangt und können noch einen letzten Blick zurück ins Tal werfen. Jetzt erfüllt es mich mit Stolz, zurückzublicken. Ich kann zu Recht sagen: »Ich habe dieses Tal durchschritten!«

09.08./14.30 Uhr
Im Kloster Greccio habe ich Lust bekommen, mir ein kleines Pergament zu kaufen mit einem Gebet von Franziskus darauf: »Um des Friedens willen«.

■ *Gastronomischer Tourismus in Stroncone*

In ganz Umbrien, vor allem aber in Stroncone, kann man einmalige naturreine und feine Lebensmittel genießen.

Die Küche von Stroncone ist abwechslungs- und ideenreich. Die Tradition verspricht die naturreinste Verarbeitung der Nahrung von ganz Umbrien. Dazu gehören Trüffel, Käse, Hülsenfrüchte wie Puffbohnen und Nüsse und exklusive Öle.

Es gibt auch naturbelassenes Fleisch, weiße Pizza, über Asche geräuchert, oder im Feuer gebackenes Brot mit Holzrauchgeschmack, Olivenbrote und vieles mehr.

Stroncone liegt inmitten von Weinbergen, aus denen zahlreiche süffige Weine stammen, die dann das gewählte Menü kulinarisch abrunden.

Greccio
Stroncone

■ *Gebet des heiligen Franziskus*

O Herr, mach mich zu einem Werkzeug deines Friedens,

dass ich liebe, wo man sich hasst,

dass ich verzeihe, wo man sich beleidigt,

dass ich verbinde, wo Streit ist,

dass ich die Wahrheit sage, wo Irrtum herrscht,

dass ich den Glauben bringe, wo der Zweifel drückt,

dass ich die Hoffnung wecke, wo Verzweiflung quält,

dass ich ein Licht anzünde, wo die Finsternis regiert,

dass ich Freude mache, wo der Kummer wohnt.

Herr, lass du mich trachten:

nicht, dass ich getröstet werde, sondern dass ich tröste;

nicht, dass ich verstanden werde, sondern dass ich verstehe;

nicht, dass ich geliebt werde, sondern dass ich liebe.

Denn wer gibt, der empfängt; wer sich selbst vergisst, der findet;

wer verzeiht, dem wird verziehen; und wer stirbt, erwacht zum ewigen Leben.

Und dieses Gebet lerne ich gerade auswendig. Denn selbst als nicht religiöser Mensch wandelt man auf diesen Pfaden hin zu einer frommeren Geisteshaltung.

09.08./14.45 Uhr, »Geerdet«
Es ist interessant, wie sich Untergründe unter den Füßen anfühlen, wenn man so viel unterwegs ist. Man spürt die Unterschiede tatsächlich: Von Asphalt bis hin zu losen Steinen, gepflasterten Wegen oder ganz feinem Sand, man fühlt durch die Wanderschuhe die Beschaffenheit der Wege. Im Moment gehen wir einen sehr holprigen, mit losen Steinen übersäten Pfad nach unten. Ich wäre beinahe gestürzt, weil ich

auf einen größeren Stein getreten bin. Das lässt sich auch aufs Leben übertragen: Je unsicherer der Untergrund, desto größer ist die Sturzgefahr.

09.08./14.45 Uhr, Unerwartetes Papier
Es geschehen seltsame Dinge auf so einer Wanderung. Als wir heute im Kloster Greccio waren, hat Simone für € 0,50 einen Zettel gekauft, auf dem ein Gebet des heiligen Franziskus steht. Welches Gebet ist es? Das mir längst vertraute »Um des Friedens willen«. Lustig, ich hätte nie gedacht, dass Simone einmal einen Zettel mit einem Gebet kaufen würde.

09.08./14.50 Uhr, Meine Gedanken an S.
Manchmal noch denke ich daran, was die letzten Monate geschah. Seltsam, dass man so schnell vergessen kann, ohne jeglichen Kontakt und ohne Information darüber, was er so macht. Meine letzte Information besagt, dass er heute Abend eine Poolparty schmeißt.
Ich denke, nach dem heutigen Tag ist es noch einmal ein Stückchen leichter, nichts mehr von einem Menschen zu wissen, der einen früher berührt hat. Ich stehe dem Ganzen wohl gesinnt gegenüber und ohne jeden Groll, bin bereit, ihn loszulassen – und zwar vollkommen.

09.08./16.25 Uhr,
Ankunft im Hotel in Stroncone

Der Tag heute sah so aus: Wir sind um 9.45 Uhr in Greccio losmarschiert – hinüber zum Kloster, wo wir eine knappe Stunde verbrachten.

Anschließend ging es den Berg hinauf. In Prati gönnten wir uns in einem Café auf dem Campingplatz noch eine halbstündige Pause. Beim Weg hinunter von Prati nach Stroncone legten wir an der Trinkwasserquelle nochmals eine viertelstündige Pause ein und sind um 16.25 Uhr hier gelandet. Was war das Wichtigste des Tages? Auf jeden Fall der Besuch des Klosters. Dann haben wir das Rieti-Tal verlassen, in dem wir mehrere Tage unterwegs waren. Für mich am interessantesten war, dass Simone sich im Kloster das Gebet mitgenommen und auf dem Weg versucht hat, es auswendig zu lernen. Zum Glück sind wir heute schon früher in der Unterkunft. Jetzt können wir den ganzen Nachmittag über relaxen, um morgen gestärkt aufzubrechen.

09.08./20.30 Uhr,
Abendessen in Stroncone

Wir sind im Lokal La Mola in Stroncone – herrliches Ambiente in einem wunderschönen Gebäude und das bis dato leckerste Essen. Als Vorspeise essen wir Spaghetti aglio et olio, Simone wählt zur Hauptspeise Kalbfleisch mit Trüffel und Rucolasalat. Ich nehme Gnocchi, ebenso mit Trüffel. Es schmeckt einfach perfekt.

09.08./20.30 Uhr,
In der Taverna La Mola

Ich denke einfach nicht ans morgige Frühstück und behaupte wieder mal, dass es in Italien kein schlechtes Essen gibt, vor allen wegen dem vorzüglichen Abendessen. Es ist schlicht ein Gedicht! Hier steht offenbar eine Meisterköchin am Herd. Ihre unzähligen Auszeichnungen zieren die Wände. Nach diesem Essen fühle ich mich kräftig genug für den morgigen Tag, die vielleicht anstrengendste Etappe dieser Reise.

■ *Stroncone und*
  Taverna La Mola

Das Restaurant Taverna La Mola liegt im Herzen der mittelalterlichen Ortschaft Stroncone. Die Räume mit den damals typischen Kreuzgewölben, dem originellen Ziegelpflaster und einer kleinen Grotte waren einmal eine alte Ölmühle.
Die traditionelle Innenarchitektur versetzt die Gäste in romantische Stimmung.
Die ausgezeichnete Meisterköchin verwöhnt ihre Gäste mit den einheimischen Spezialitäten wie Trüffelgerichten, hausgemachter Pasta und ungewöhnlichen Broten.
www.tavernalamola.it

Greccio
Stroncone

13. Tag

Stroncone
Calvi dell'Umbria

Viele Höhenmeter

Viele Erkenntnisse

10.08./9.30 Uhr, Stroncone

Heute ist Sonntag. Als wir das Hotel verlassen und eine ruhige Asphaltstraße hinabschreiten, scheint es, als ob die Welt stillstehen würde: Alles ist ruhig, kein Lüftchen regt sich, kein Vogel zwitschert, kein Auto lärmt. Nur wir befinden uns in dieser verharrenden Welt. Ein Innehalten findet statt – für einen kurzen Augenblick herrscht Stillstand auf Erden.

10.08./10.41 Uhr, Vision

Während ich durch diese wunderschöne Gegend wandere, sehe ich viele herrlich gelegene Bauernhöfe, Gehöfte und Häuser. Warum nicht hier leben? Ein einfaches, bescheidenes, aber glückliches Leben – ein Leben fernab von der Hektik, vom Stress, dem wir in Deutschland ausgesetzt sind. Fernab von den Problemen, von den tagtäglich neuen, überwiegend schlechten Nachrichten, weg vom Sozialversicherungssystem, weg vom Leistungsdruck, weg von der Notwendigkeit, Geld zu verdienen, das man sowieso beim Finanzamt abliefern muss.

Ein einfaches und ein bescheidenes Leben führen. Ein Leben mit Tieren, ein Leben, in dem man sich seine Nahrungsmittel selbst anbaut. Ich fühle mich bei diesen Gedanken gut, angenehm, entlastet und stelle mir vor, dass dies ein glückliches Leben sei. Aber wird das nicht mit der Zeit fürchterlich schal und fad? Ein Leben, in dem von außen keine Ansprüche mehr an mich als Person herangetragen werden, in dem ich nicht mehr gefordert bin, sondern nur noch darauf konzentriert, mein tägliches Leben zu bestreiten. Würde es funktionieren, umzuschalten vom aktuell gehetzten Dasein zu einem Leben, in dem ich mir Zeit nehme, in dem ich mir Zeit lasse? Könnte es klappen?

10.08./10.41 Uhr, Körperlicher Zustand

Die Blasen vorne an den kleinen Zehen sind sowohl rechts als auch links irgendwie verheilt, ebenso die Wunde unten am Zeh. Dafür hat sich an der rechten Achillessehne eine Riesenblase aufgetan mit einem Durchmesser von zwei Zentimetern. Sie drückt kontinu-ierlich bei jedem Schritt. Aber es ist auszuhalten. Das hätte ich nicht gedacht, als ich sie heute Morgen entdeckt habe und loskreischte. Ansonsten habe ich heute eher ein mentales Problem. Vielleicht sind die Serotoninspeicher im Kopf leer. Ich bin melancholisch, schwermütig und möchte eigentlich nicht mehr weitergehen. Aber ich sehe das Ziel Rom vor mir, das mich mit Freude erfüllt und das ich mit Spannung erwarte. Ich habe mir schon immer gewünscht, Rom zu sehen. In knapp sieben Tagen wird es so weit sein. Das beflügelt mich und zwingt mich zum Weitergehen.

10.08./10.42 Uhr, Harte Nuss

Die heutige Etappe ist vermutlich die schwerste, die wir hinter uns bringen müssen. Wir haben eine Strecke von über 20 Kilometern vor uns und es geht in der Summe zirka 1000 Meter bergauf und etwa 1000 Meter bergab. Wie immer ist es sehr heiß. Das Thermometer kletterte vormittags um 10.00 Uhr bereits über die 30-Grad-Marke und uns stecken natürlich die vergangenen zehn

Stroncone
Calvi dell'Umbria

Pilgertage in den Knochen. So haben wir großen Respekt vor der vor uns liegenden Etappe, vor dem kräftigen Berg, den es zu überwinden gilt, und vor der Länge der Strecke.

10.08./10.50 Uhr, Pinien
Während wir einen Berg hinaufsteigen, erfüllt Pinienduft die Luft um uns. Mir wird vollkommen klar, dass ich auf Dauer nicht mehr ohne diesen Duft leben will. Ich weiß jetzt plötzlich, dass der Ort, an dem ich künftig lebe, von diesem Pinienduft umgeben sein muss.

10.08./11.12 Uhr, Was mir an den Italienern gefällt!
Ist die Art, wie sie ihr »Buon giorno« schmettern oder ihr »Buona notte«. Sie betonen diese beiden Grußworte leidenschaftlich und voller Inbrunst. Sie sprechen es fast Buchstabe für Buchstabe und rollen dabei das »r« ganz lange. Oder das »uo« – ich hab's zwar versucht, kann es aber unmöglich nachsprechen. Man nimmt ihnen tatsächlich ab, dass sie einem einen wirklich guten Tag oder eine wirklich gute Nacht wünschen. Und es fühlt sich so an, als ob sie sehr stolz auf ihr »Buon giorno« und ihr »Buona notte« seien.

10.08./11.24 Uhr
Mit dieser Wanderung verhält es sich wie mit meinem Leben en miniature. Ich fange etwas voll Euphorie an und bin überzeugt davon, dass es funktioniert. Ich bin Feuer und Flamme und stürze mich förmlich in die Situation, in das Leben, in die Aufgabe und plötzlich – mittendrin – wird es fad oder langweilig oder anstrengend. Sobald ich ein bisschen »beißen« muss, denke ich mir: »O nein, was ist jetzt los, keine Lust mehr, soll ich abbrechen, war der Weg richtig?« Ich beginne zu zweifeln – am Weg, an meiner Meinung, an meiner Arbeit. Und so schlingere ich hin und her und verliere mein Ziel aus den Augen, so auch jetzt – am Tag elf unserer Wanderung.
Ich bin heute sehr lustlos, was das Fotografieren betrifft, und das Gehen auf diesen Wegen ist ja sowieso immer gleich. Hinzu kommt der Frust über die stets wechselnden Zimmer. So denke ich vor mich hin und mag alles in allem einfach nicht mehr.
Aber ich sollte mich auch etwas loben, denn mit zunehmendem Alter erreiche ich meine Ziele immer häufiger. Manchmal zwar mit Hängen und Würgen, aber ich finde, ich darf jetzt ruhig mal stolz

auf mich sein. Nur eines kommt immer zu kurz: nämlich erreichte Ziele tatsächlich zu feiern und lange nachhallen zu lassen.

10.08./12.11 Uhr, Wegevergleich
Vorhin sprach ich von meinen persönlichen Zielen, die ich meist nur schwer erreiche. Und ich finde, diesen Franziskusweg kann man tatsächlich mit dem Leben an sich vergleichen. Zu oft geht es bergauf, es ist anstrengend, schweißtreibend, zermürbend, bisweilen fast unmöglich, die Anhöhe doch noch zu erklimmen. Manchmal geht es aber bergab auch schnell, fast zu schnell. Das Leben rauscht an einem vorbei und man muss sich konzentrieren, damit man nicht fällt, weil die Talfahrt zu rasant wird. Man gerät ins strauchlen, fällt trotzdem und bleibt liegen. Hin und wieder klappt es jedoch wie am Schnürchen, es geht flott voran: Ein frischer Wind weht einem durchs Haar, schattige Bäume weisen einem den Weg. Die ebenen Wege sind leider die kurzen Abschnitte des Lebens. Meistens ist der Weg beschwerlich und ohne Schwitzen und ohne Mühen kommt man nirgendwohin. Erreicht man sein Ziel trotzdem, wird man dafür

Stroncone
Calvi dell'Umbria

belohnt. Egal, wie schwer und steinig es nach oben oder bergab geht, die Aussicht ist grandios.

10.08./12.30 Uhr, Mord um halb eins

Im Dorf Ville werden wir Zeuge der ökologischen Landwirtschaft. Es ist mittags um halb eins. Die Bäuerin verlässt das Haus, geht hinaus zum Hühnerstall und greift sich ein Hühnchen. Man hört zwei, drei Schläge, ein Jammern – das Huhn ist auf dem unmittelbaren Weg zum Kochtopf. Was daraus wohl wird? Suppe oder Grillhendl?

10.08./13.10 Uhr, Ich weine

Wir quälen uns steil hinauf zum Kloster Sacro Lo Speco di Sant'Urbano. Toni entscheidet, dass wir entgegen der Beschreibung den Weg nach rechts oben nehmen. Wider meinem Gefühl folge ich ihm. Jetzt ist er außer Sichtweite. Ich fange an zu weinen und weine und weine, bitter und laut schluchzend. All meine Traurigkeit und das Leid meines Daseins und der letzten Monate strömen aus mir heraus. Ich glaube, nie wieder damit aufhören zu können. Ich glaube, S. nie vergessen zu können. Und plötzlich höre ich auf zu weinen. Es ist auf einmal alles still und friedlich in mir. Ich fühle, alles wird gut.

10.08./17.27 Uhr

Den Berg hinab nach Calvi dell' Umbria sehen wir das erste Mal unser Ziel: Rom, weit in der Ferne liegend, aber dennoch sichtbar. Ich denke kurz, wir haben unser Ziel schon fast erreicht. Da fällt mir ein, dass immer noch fünf Tage erwandert werden wollen.

10.08./19.10 Uhr, Fazit der heutigen Wanderung

Gnadenlos! Simone sagt, wir nennen den heutigen Tag »Wanderung gnadenlos«. Wir kamen abends um 19.00 Uhr in Calvi an und es hatte immer noch 31 °C. Aufgebrochen sind wir heute früh in Stroncone nach 9.00 Uhr bei 29 °C. Wir wollen gar nicht wissen, wie hoch die Temperaturen tagsüber waren. Der Tag war geprägt von gut zwanzig Kilometern mit den stärksten Auf- und Abstiegen im Rahmen unserer bisherigen Tour. Nichtsdestotrotz war der Ausblick von Lo Speco absolut sehenswert, ebenso wie weiter oben der Blick zurück in das Tal, in dem Stroncone und Terni liegen. Und schließlich konnten wir in der Ferne zum ersten Mal Rom mehr als nur erahnen – grandios. In der Summe war es trotz allem ein sehr, sehr anstrengender Tag und wir sind heilfroh, dass wir jetzt im Hotel sind und uns waschen, duschen und später unser Essen genießen können.

10.08./20.30 Uhr

Preisfrage: Wie viele Leute waren gestern in Stroncone in unserem Hotel über Nacht? Richtig, zwei! Wie viele Leute waren davor in Greccio in unserem Hotel über Nacht? Zwei! Von Rieti wissen wir es leider nicht, vielleicht waren wir zu dritt. Wie viele Leute sind wir heute Abend beim Essen? Zwei! Mit wie vielen Leuten waren wir gestern beim Essen? Ui, zehn oder so! Wie viele Leute waren vorgestern beim Essen? Zwei! Also, irgendwie ist das komisch: Wir treffen weder bei den Übernachtungen noch beim Essen auf andere Leute, obwohl die doch jetzt auch Urlaub und Ferien haben müssten. Was ist denn hier los?

14. Tag

Calvi dell'Umbria
Albergo La Pineta

Nasse Füße und

trockene Füße

11.08./11.10 Uhr,
Vom Frust eines Pilgers
Wenn ich zu Hause bin, werfe ich
zuerst die Schuhe, die Sonnencreme, die schwarze Schirmmütze,
die normale Creme, die Socken,
das Funktionshemd und den
Rucksack weg!

11.08./11.23 Uhr
Wir verlassen Calvi dell'Umbria.
Das Essen gestern Abend war
wieder hervorragend, noch besser
als alles, was wir bisher genießen
durften – feinste italienische
Gourmetküche mit internationa-
lem Charakter! Die Portionen waren für ausgehungerte Wanderer
jedoch etwas klein.
Die Nacht selbst verlief für mich
etwas unruhig, weil es zum
einen im Zimmer sehr warm war
und zum zweiten der Lärm von
der Straße nicht zu überhören.
Das verleitete mich dazu, ein
Handtuch nass zu machen und auf
meinen erhitzten Körper zu legen.
Trotz alledem geht es mir heute
Morgen erstaunlich gut und der

Tag fühlt sich besonders klasse an.
Ob es an dem guten Abendessen
von gestern liegt?

11.08.2008/11.47 Uhr,
Zehn Dinge, auf die sich ein
Pilger freut, wenn er wieder
zu Hause ist
Weißwurst
Holzhaus
Weißbier
Waschmaschine
Wasserbett
Wasserbett
Baden
Brot backen
Nicht mehr gehen müssen
Immer frische Klamotten haben
Etwas lesen dürfen
Meine Mama
Abwechslungsreiches Essen
Martin Wastl
(Toni lacht und meint okay)
Kühle Nächte
Auf meinen BMW
Vernünftiges Frühstück
Essen selber kochen
Joggen
Rennrad fahren

11.08./14.38 Uhr, Vom Essen
Also mir wird das italienische Essen langsam etwas zu langweilig.
Übers Frühstück brauchen wir
ja kaum mehr reden – jeden Tag
Zwieback, Cappuccino, Butter,
Marmelade. Wenn wir viel Glück
haben, der Mars mit dem Jupiter
eine Konjunktion bildet und
der Wind aus Westen kommt,
kann's auch mal einen Saft dazu
geben. Meistens aber nicht frisch
gepresst, sondern eher von der
Qualität eines angerührten, künst-
lichen Pulvers. Und wenn noch
mehr Glück im Spiel ist, kann's
möglicherweise ein bisschen
Schinken oder Käse und ganz vielleicht noch ein Croissant geben.
Das Abendessen dagegen ist
grundsätzlich lecker, wie man das
von den Italienern mit Nudeln,
mit Pizza oder leckerem Fleisch
auch kennt und zu schätzen weiß.
Aber irgendwie fehlt die Abwechslung. Was wäre schon dabei, wenn
es zum Fleisch zum Beispiel mal
Reis oder gar Gemüse gäbe? Ab
und an bestellen wir einen Salat

Calvi dell'Umbria
Albergo La Pineta

Region Latium

Die Region Latium, italienisch Lazio, liegt in Mittelitalien. Ihre direkten Nachbarn sind die Toskana und Umbrien. Latium besteht aus fünf Provinzen, Rieti, Viterbo, Latina und Frosinone sowie der Hauptstadt Rom. Lazio ist ca. 17 000 km² groß und hat 5,1 Millionen Einwohner.

Die Region ist, Rom sei Dank, natürlich eine der wichtigsten und wie uns schien auch eine der reichsten in ganz Italien.

Der Tiber, der größte Fluß der Region, kommt aus Umbrien, fließt durch Rom und mündet ins Tyrrhenische Meer.

Im 6. Jahrhundert vor Christus siedelten im Latium die namensgebenden Latiner. Aufgrund des Latinerkrieges ca. 339 v. Chr. wurde Lazio zum Kern des Römischen Reiches.

1870 wurde Latium gezwungen, sich dem Königreich Italien anzuschließen. 1947 wurde die Region zur Verwaltungseinheit Latium.

extra. Dieser ist zumeist nur grün. Sollte er gar die Bezeichnung gemischter Salat tragen, wurde maximal ein Zehntel einer Tomate reingeschnitten. Die Italiener achten schon sehr darauf, uns ja keine unnötigen Vitamine zu verabreichen.

Ich überlege, wie abwechslungsreich wir es in Deutschland haben. Schuld daran sind nicht zuletzt die vielen Restaurants mit internationaler Küche. Wir können zum Chinesen, zum Italiener, zum Kroaten, zum Griechen, zum Thailänder, zum Spanier, zum Mexikaner, zum Inder etc. essen gehen oder aber bewährtes Deutsches verzehren.

11.08./14.38 Uhr

Wir sind in der Region Latium angelangt und ich spüre schon den Stolz Roms. Woran ich den bemerke? Die Häuser sind sehr gepflegt und wirken teuer. Die Gärten und Außenanlagen sind allesamt piccobello aufgeräumt. Keine Menschenseele ist zu sehen. Offensichtlich arbeiten die Leute in größeren Städten oder ziehen sich vor der Hitze ins Haus zurück.

Seit wir Latium betreten haben, ist uns irgendwie die Heiligkeit des Franziskusweges abhanden gekommen. Und das obwohl er ja auch nach Rom gegangen ist, um

dort seinen Orden zu beantragen. Woran das wohl liegt?

11.08./15.15 Uhr, Von der Leidenschaft

Natürlich fallen einem auf so einer Wanderung jede Menge blödsinnige Fragen ein, die man seinem Liebsten stellen kann. So frage ich Toni, wie man in einer langfristigen Beziehung die Leidenschaft am besten aufrechterhält. Er bringt nach kurzer Bedenkzeit mehrere Argumente hervor: Distanz. Dass man sich ein paar Tage mal nicht sieht, das weckt Leidenschaft.

Distanz erzeugt Leidenschaft!

Überraschung. Zum Beispiel, wenn man seinen Partner mit einem schönen Abendessen empfängt. Oder wenn man heimkommt und der andere hat sich versteckt, vielleicht im Bett. Das Suchen und Finden des Partners erzeugt Leidenschaft. Oder man findet ein Geschenk vor oder nur einen kleinen Zettel, wo was Liebes draufsteht.

Überraschung erzeugt Leidenschaft!

Vorbereitung. Für ihn erzeugt es auch Leidenschaft, für den Anderen etwas vorzubereiten. Er äußert sich nicht konkret dazu, aber ich lasse es so stehen.

Vorbereitung erzeugt Leidenschaft!

Calvi dell'Umbria
Albergo La Pineta

Calvi dell'Umbria
Albergo La Pineta

11.08./15.25 Uhr,
Von der Erotik

Des Weiteren frage ich Toni, was er unter Erotik versteht. Er antwortet:
Zähne: »Bei einer Frau sind es eindeutig die Zähne, die natürlich schön und gerade und weiß sein sollen, das ist erotisch.«
Bewegung: »Nicht einmal besonders angezogen muss sie sein, aber die richtige Art der Bewegung, die Mimik und die Gestik der Frau erzeugen bei mir erotische Gefühle.«
Wobei er natürlich die Gegenfrage stellt. Ich antworte: »Bei mir erzeugt ein Mann Erotik, der neben Selbstbewusstsein zudem Hilfsbedürftigkeit zeigt. Diese Ambivalenz befriedigt beide Bedürfnisse einer Frau, nämlich beschützt zu werden von einem großen, starken Mann, ihn aber auch bemuttern zu dürfen, ihm zu helfen, ihm vielleicht die Wäsche zu waschen, zu kochen, ihn zu pflegen, wenn er krank ist.

Ich finde einen Mann außerdem erotisch, wenn er seine Gefühle ausdrücken kann und sie nicht hinter einer Heldenschale verbirgt, sondern zur Sprache bringt, was er fühlt und denkt. Das gemeinsame Gespräch über Freude, Traurigkeit, Hoffnung, seine Träume – das alles macht für mich einen Mann erotisch.
Des Weiteren ist es schön, wenn sich ein Mann Dinge ausmalen kann, die man normalerweise den Frauen nachsagt, und seinen Spaß daran hat: zusammen einkaufen gehen, zusammen lachen, Blödsinn machen, Sport treiben, Kuscheln ohne Ende – die romantische Vorstellung der wahren Liebe eben.«

11.08./15.20 Uhr,
Von den Mönchen

Als wir vor einigen Tagen in Fonte Colombo waren, war es just 12.00 Uhr mittags, als die dort lebenden Mönche – wir zählten ganze sechs! – ihre Mittagsan-dacht hielten. Wir waren in der Kapelle live dabei und durften die Zeremonie mitverfolgen. Zum einen ist es sehr enttäuschend, nur sechs Mönche in einem Kloster zu sehen, zum anderen waren allesamt wenig konzentriert auf das, was in der Mittagsandacht eigentlich angesagt sein sollte, nämlich das Gebet, die Stille, die Konzentration.
Während einer der Mönche gleich den Platz in der Kapelle einnahm, um uns Touristen perfekt begutachten zu können, hatte der älteste der Mönche stets die große Uhr im Blick, um ja das Mittagessen nicht zu versäumen. Ein anderer, der die Orgel betätigte, hatte ausreichend damit zu tun, in seinem Notenheft hin und her zu blättern, um immer die richtigen Stellen zu finden. So konnte keine andächtige, spirituelle Stimmung aufkommen. Da waren wir, die Pilger und Gläubigen in den Sitzreihen, wohl konzentrierter bei der Sache als die Mönche.

Tags darauf im Kloster Greccio waren deutsche Mönche aus Köln/Bonn zu Besuch. Auch hier hatte ich nicht das Gefühl, dass es ihnen um Religion und Gebet geht. Der eine blätterte ständig in seinem Wörterbuch Italienisch-Deutsch, um einige Worte herauszukramen, die er dann einem Kollegen weitererzählen musste. Der andere hatte nichts Besseres zu tun, als Simone dabei zuzusehen, wie sie aus ihrem iPhone Adressen heraussuchte, um sie auf unsere Postkarten zu kritzeln. Einen dieser Mönche fragte ich, was sie denn in dieser Gegend alles unternehmen möchten, welche Klöster sie besuchen etc. Seine Antwort lautete schlicht und ergreifend, er habe keine Ahnung. Es gäbe einen unter ihnen, der sich um die Reise kümmert, dem fühlen sie sich anvertraut. Interessant, dachte ich: Die machen eine Pilgerreise an Orte wie eben das Kloster in Greccio und informieren sich vorher gar nicht darüber. Seltsame Mönche!

11.08./16.37 Uhr, Kletten
An der Kirche von Vescovìle angekommen, ist mein Kunstinteresse nicht mehr ganz so groß. Nachdem wir in einem Haferkornfeld umhergeklettert sind, habe ich lauter Kletten an den Beinen und vor allem in den Schuhen. Ich bin jetzt also damit beschäftigt, meine Socken zu säubern, während Toni die Kirche besichtigt.

11.08./16.55 Uhr, Wow-Erlebnis in der Kirche von Vescovìle
Gott sei Dank habe ich mich nach der gründlichen Reinigung der Schuhe und Socken doch noch aufgerafft, diese allein auf weiter Flur stehende Kirche der alten Römer zu betreten. Der Wind weht die heiße Luft sanft um mich herum, während ich in die lang gezogene Kirche eintrete. Mein Blick muss sich erst an die Dunkelheit gewöhnen. Ich schreite mit größter Aufmerksamkeit für das Hier und Jetzt nach vorne zum Altar. Von links fällt ein Sonnenstrahl genau auf die erste Stufe des Altars. Es packt mich und ich knie nieder, genau auf die Stufe, genau in den Lichtstrahl. Ich neige meinen Kopf zur Erde. In dem Moment glaube ich, Gott zu spüren, und fühle zudem die Dankbarkeit, leben zu dürfen. Mein Herz empfindet gerade das Leben als großes Geschenk.

11.08./17.46 Uhr, Erkenntnis
Je älter ich werde, desto mehr ist es so, dass ich mich an Dingen erfreuen kann, sie aber nicht mehr besitzen muss. Das kann ein Tier sein, ein schönes Haus mit Garten in den Bergen oder auch ein schickes Motorrad, ein feines Boot, tolle Kleidung, vielleicht ein gut gepflegter Oldtimer, es kann – kurzum – alles Materielle sein, auch wenn es mir nicht gehört. Neidlos kann ich es betrachten, mich daran freuen und es wieder loslassen. Das ist schön.
Ich denke, man muss tatsächlich in ein gewisses Alter kommen, um dieses Stadium zu erreichen. Denn Besitz schafft auch Last, und je mehr Besitz man hat, desto mehr Verantwortung lädt man sich auf seine Schultern.
Je mehr Reichtum man anhäuft, desto mehr Sorgen macht man sich, dass man beklaut werden könnte. Je mehr Häuser man besitzt, umso mehr muss man sich darum kümmern.
Auf einiges trifft das sicher nicht zu. Aber die schönen, nützlichen Dinge von den unwichtigen, lastvollen zu unterscheiden, ist schwer. Dazu braucht man Lebenserfahrung.

11.08./17.49 Uhr,
Erinnerungen pflücken

Eine Freundin meiner Mutter ist
Altenpflegerin und betreut viele
alte Leute. Sie sagt immer wieder:
Das, was im Leben zählt, sind
die gesammelten Erinnerungen
und schönen Erfahrungen. Wenn
man zum Beispiel an Alzheimer
erkrankt, bleibt das Langzeitge-
dächtnis erhalten. Der Kranke
kann sich noch an die Ereignisse
und Dinge erinnern, die er früher
einmal erlebt hat. Und wenn man
ein schönes und erfülltes Leben
hatte, auf das man zurückblicken
kann ist es doch noch schöner, als
wenn man sich großteils mit dem
Leben herumgeschlagen hat und
sich an wenig schönes erinnern
kann.
Diese Wanderung wird mir zwei-
felsohne im Gedächtnis bleiben
und die bis jetzt schönste Erinnerung in meinem Leben darstellen.
Also auf – Erinnerungen pflücken!

11.08./19.00 Uhr, Fazit des
heutigen Tages:
Nasse und trockene Füße und
grandiose Ausblicke

Heute mussten wir zwei Bachläufe
durchqueren. Glücklicherweise
war der breitere Bach vollkommen
trocken, so dass es ein Leichtes
war, ihn zu überwinden. In einem
Waldtal stießen wir jedoch auf
einen kleineren Bach, der Wasser
führte. Simone wurde trotz der
Plastiktüten an den Füßen patschnass, weil sie undicht waren. Es
war für sie ziemlich schrecklich,
diese »verschlammten« Beine
in ihre Socken und Schuhe zu
stecken. Ich hingegen wollte nicht
nass werden. Dafür haben mich
auf meinem Umweg durch das
Dickicht die Dornen an Händen
und Beinen ziemlich zerkratzt.
Der Weg heute war weiter dadurch
gekennzeichnet, dass wir stets an
Hügelkämmen entlang wanderten
und grandiose Ausblicke auf die
Landschaft genießen konnten. Da
es relativ heiß war, entpuppte sich
die etwa 15 Kilometer lange Tour
dennoch nicht als Kinderspiel.
Wir sind um 10.15 Uhr in Calvi
dell'Umbria losmarschiert, verließen den Ort nach einem längeren
Fotoshooting jedoch erst gegen
11.00 Uhr. Um 17.00 Uhr sind wir
in der Albergo La Pineta angekommen. Zwischendurch machten wir
zwei bis drei kleinere Pausen von
jeweils einer Viertelstunde und
eine größere Pause von 13.30 bis
14.30 Uhr.

Calvi dell'Umbria
Albergo La Pineta

253

15. Tag

Albergo La Pineta
Poggio Mirteto

*Eine überraschend
kurze Tagesetappe*

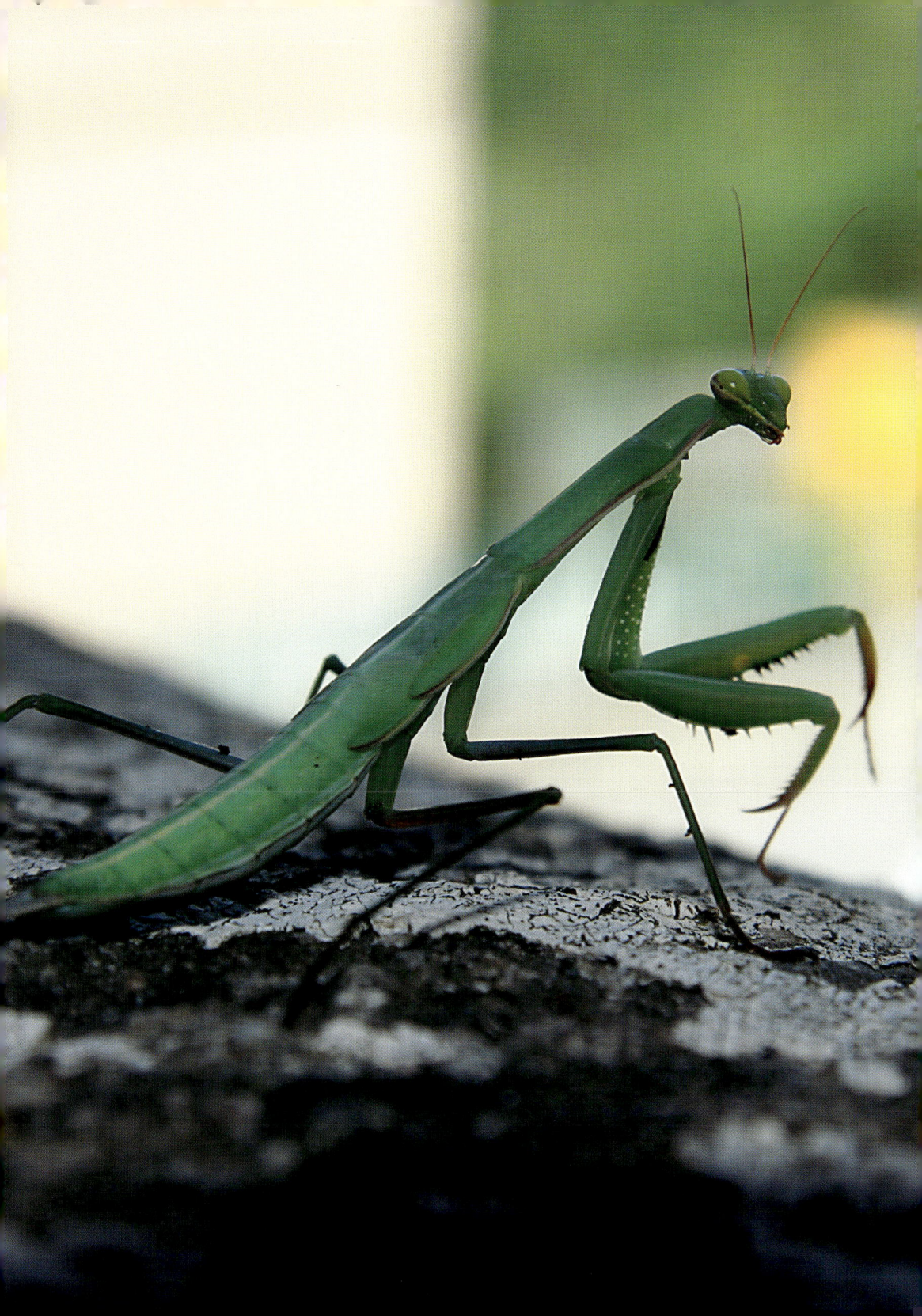

12.08./9.00 Uhr, Vom gestrigen Dreierglück und Dreierpech

Als wir gestern Abend in der Albergo La Pineta zum Essen gingen, lachte uns in dreifacher Hinsicht das Glück.

1. Wir haben das erste Mal auf unserer Reise Spaghetti Arrabiata bekommen. Dazu muss man wissen, dass es das absolute Lieblingsgericht von Simone ist.

2. Wir haben tatsächlich einen gemischten Salat bekommen, soll heißen in dem Salat waren grüner Salat, außerdem Gurken, Tomaten und Karotten drin – kurzum, Vitamine reichlich!

3. Der Chef des Hauses hat von einem riesigen Fleischberg ein Schnitzel heruntergeschnitten und über dem offenen Feuer gegrillt. Da konnte ich mich nicht zurückhalten und musste nach der Riesenportion Spaghetti Arrabiata noch ein Riesenstück Fleisch verdrücken. Und, was soll ich sagen? Ich habe es nicht bereut.

Nun zum Dreifachpech während der Nacht.

1. Simone behauptet steif und fest, dass sich in diesen Betten Milliarden Bettflöhe halten, was uns daran gehindert hat, vernünftig zu schlafen. Sie kratzte sich sekündlich hier und da. Dabei wackelte ständig das gesamte Bett hin und her. Und plötzlich setzte auch bei mir der Juckreiz ein. So kratzten wir uns gemeinsam durch die Nacht.

2. Direkt unter unserem Balkon bewachten mehrere Hunde den Hof. Ab etwa 4.00 Uhr früh haben sie wohl irgendwelche dunklen Gestalten ausgemacht. Die Folge davon war eine Kläfforgie über mindestens zwei Stunden.

3. Die Matratze von Simones Bett hing in der Mitte etwa 30 Zentimeter durch, so dass auch deswegen an einen erholsamen Schlaf nicht zu denken war.

Aber nun gut, irgendwie haben wir die Nacht überlebt. Wir sind um 8.00 Uhr aufgestanden und stellen entsetzt fest: Die Albergo La Pineta hat am Dienstag Ruhetag. Es gibt kein Frühstück und die nächste Ortschaft Selci ist von der Albergo drei Kilometer entfernt.

Auf dem Weg dorthin befinden wir uns jetzt. Vom schlechten Schlaf ermattet, laufen wir – fast verhungert – in Richtung Selci centro, um in irgendeiner Bar etwas Vernünftiges zu essen. Natürlich geht es steil bergauf, was nicht anders zu erwarten war.

12.08./9.30 Uhr

Als wir die Albergo La Pineta verließen, stand unser Herbergswirt zufällig um die Ecke im Garten und wir konnten ihm noch die beiden Stempel für unsere Pilgerpässe abringen. Er hat uns dann noch allerlei Gutes hinterhergerufen – so jedenfalls hoffen wir – und uns den rechten Weg gezeigt.

Albergo La Pineta
Poggio Mirteto

■ *Die Gottesanbeterin*

Lateinisch: Mantis religiosa. Ihr Name resultiert aus der Haltung ihrer Fangarme. Der lateinische Fachname „religiosa" sagt das Gleiche aus. „Mantis" hat seinen Bezug im Griechischen und bedeutet so viel wie „Seherin". Schon seit Jahrhunderten spielt die Gottesanbeterin eine große, religiöse Rolle, insbesondere bei den Mittelmeervölkern. In Deutschland vom Aussterben bedroht, kommt sie in Italien noch recht häufig vor. Sie lebt an sonnigen trockenen Orten mit halbhoher Vegetation, z. B. an Weinbergen oder Trockenwiesen. »Unsere« Gottesanbeterin lebte zwar im »Nero Wolf«, aber sie stellt damit wohl eine Ausnahme dar. Die Mantis religiosa ist eine der am weitesten verbreiteten Fangschreckenarten und ein reiner Fleischfresser. Oft steigen ihre Opfer direkt über die Gottesanbeterin hinweg, weil sie so gut getarnt ist. Dann schnellen ihre Vorderbeine und die verlängerte Hüfte ruckartig nach vorn. Die Beute wird zwischen Schenkel und Schiene geklemmt, wobei die Dornen an den Extremitäten jede Flucht vereiteln. Damit befindet sich die Beute direkt vor dem Kopf der Gottesanbeterin und wird von ihr genüsslich verspeist.

Ohne Frühstück verließen wir also die Albergo und machten uns auf den Weg nach Selci. Der Weg ist zirka drei Kilometer lang und der letzte Kilometer führt, was nicht anders zu erwarten war, steil bergauf. So verfluchten wir auf jedem Schritt dieser drei Kilometer unseren Herbergswirt. Nicht so sehr, weil er heute seine Albergo geschlossen hielt, sondern weil er seinen Übernachtungsgästen nicht einmal einen lausigen Zwieback und einen Kaffee servieren wollte.

12.08./10.40 Uhr,
Die Gottesanbeterin und der
schwarze Wolf

Etwa 100 Meter vor dem Dorfeingang von Selci fährt ein Auto heran, hupt und bleibt stehen. Das ist für Italien sehr außergewöhnlich. Wer ist das? Richtig, unser Herbergswirt. Er fährt hinauf nach Selci, um vermutlich irgendwo sein Frühstück einzunehmen. Wir fragen ihn, wo es eine Bar gibt. Er empfiehlt uns die Bar »Nero Wolf« (Schwarzer Wolf). Dann fährt er von dannen. Weiter quälen wir uns die letzten Meter hinauf zum »Nero Wolf« und schimpfen und lästern erneut über unseren Wirt. Er hätte uns ja mit seinem Auto mitnehmen

können. Schließlich ist es seine Schuld, dass wir mit leeren Mägen unterwegs sind. Wie dem auch sei: Schließlich kommen wir an der Bar an und decken uns mit Cappuccino, Vanillekrapfen und Tramezzini ein. Kaum haben wir uns hingesetzt, betritt auch unser Herbergsvater die Bar. Er begrüßt uns wie immer freundlich und fügt überraschenderweise an, dass er unser Frühstück bezahlen werde! Wir sind einigermaßen versöhnt und bestellen uns einen zweiten Gang Vanillekrapfen. Nebenan sitzt eine etwas ältere Frau, die sich ebenfalls über ihren Cappuccino hermacht. Plötzlich beginnt sie, an den Geranien herumzufummeln. Wir sehen genauer hin und bemerken, dass sie eine Gottesanbeterin in den Geranien entdeckt hat. Die Dame hält ihr ein Stäbchen hin, damit das Tier draufkrabbeln und sich dort präsentieren kann. Ein faszinierendes Insekt, sie passt ins Bild unserer Pilgerreise, ein »heiliges Tier« würde Simone sagen. Nach etwa einer Stunde haben wir also unser verdientes Frühstück hinter uns gebracht. Es bestand aus zwei Vanillekrapfen pro Nase, einem Tramezzini pro Person, Simone hatte zwei Cappuccino und zwei Gläser

Saft – eine unglaubliche Völlerei! Zugegeben, bei mir kommt noch ein Schoko-Croissant dazu. Unsere Ränzlein bestens gefüllt, kaufen wir bei einem netten Metzger noch unsere Mittagsration und gehen von Selci wieder hinab, um den vorgesehenen Weg einzuschlagen.

12.08./11.01 Uhr, Von der Faszination dieser Reise

Ich bin sehr beeindruckt und total begeistert von der Art und Weise, wie wir diese Pilgerreise verbringen. Alles hier ist so intensiv, so schön – man fühlt sich auf das Wesentliche reduziert und die wenigen reizerfüllten Augenblicke kommen umso intensiver an. Toni hat gestern Abend gesagt, er dürfe gar nicht darüber nachdenken, wie tief dieses Erlebnis für ihn sei, sonst müsse er weinen. An was kann das liegen? Ich denke, es ist die Mischung aus körperlicher Belastung, Entlastung, Genuss, Entspannung, Weite, Verzicht und dem Träumen davon, was man sonst in seinem Leben gern hat, das aber im Augenblick nicht greifbar ist. Man wird demütiger und dankbarer, dem Leben und dem gegenüber, was es sonst zu bieten hat.

12.08./13.30 Uhr, Von der Verpflegung auf unserem Wanderweg

Entweder gehen wir so abstruse Wege oder es ist in Italien tatsächlich so, dass es unterwegs quasi nirgendwo etwas zu kaufen oder zu essen gibt. Wir wandern durch viele Dörfer, durch viele Gehöfte, aber nirgendwo kommt man an Verpflegung. Und wenn wir tatsächlich einmal in ein Dorf mit Geschäften kommen, dann, ja dann ist Siesta. Von Mittag bis in den frühen Abend hinein hat jede Bar, jeder Laden, jedes Ristorante schlicht und ergreifend geschlossen. Deshalb ist es zwingend notwendig, sich bereits morgens mit den notwendigen Dingen für den Tag einzudecken. Versteh' einer die Italiener. Es kann natürlich gut sein, dass der Neid aus mir spricht, denn Nichtstun gehört nun mal nicht so zu meinen Tugenden.

12.08./13.45 Uhr, Erstes Fazit des heutigen Tages: eine überraschend kurze Wanderung.

Heute haben wir einiges an Überraschungen erlebt und werden wohl noch weitere erleben. Besonders spannend ist die Frage, ob wir in Poggio Mirteto überhaupt eine Bleibe für die Nacht finden werden. Die anvisierte Übernachtungsmöglichkeit konnten wir telefonisch erst am heutigen Vormittag erreichen. Die Dame am anderen Ende der Leitung teilte uns mit, dass wir bis 14.00 Uhr eintreffen müssten. Sie könne auf keinen Fall länger auf uns warten. Das war garnicht gut für uns, denn schließlich wussten wir da nicht, wie lange uns unsere Route heute beanspruchen würde. So stand diese Übernachtungsmöglichkeit wohl nicht zur Verfügung.

Und nun zur nächsten Überraschung, der Ankunft an unserem Zielort. Die letzten eineinhalb Wochen haben wir eigentlich immer davon geträumt, schneller voranzukommen als wir geplant hatten. Heute ist dieser Wunsch tatsächlich in Erfüllung gegangen. In nur gut 3½ Stunden haben wir die Strecke von der Albergo La Pineta nach Poggio Mirteto bewältigt. Vor uns liegt also ein langer Nachmittag, den wir hoffentlich nicht nur mit der Herbergssuche verbringen werden. Ich stelle mir ihn eher ruhig und angenehm vor, zumal das kleine Städtchen von außen sehr romantisch aussieht. Wir werden sehen. Lassen wir uns weiter überraschen!

**12.08./14.15 Uhr,
Langeweile kommt auf**

Wir sitzen im Stadtzentrum von Poggio Mirteto. Wie immer ist Siesta. Es ist hundeelend langweilig – überhaupt nichts los. Zum Glück hat eine Bar geöffnet, so dass wir wenigstens etwas zu trinken bekommen. Alle Geschäfte haben geschlossen. Es ist weder Mensch noch Ameise zu sehen. Und auf einmal, nachdem ich mein Cola Zero ausgetrunken habe, überkommt mich ein unendlicher Heißhunger auf eine Leberkässemmel, und zwar eine Vollkornsemmel mit einem Schuss Ketchup drauf. Simone hat hingegen andere Wünsche:

Ich sehne mich nach einer Waschmaschine, einem Klo mit Klobrille, einer großzügigen Dusche, einem Parfüm, das meinen Körpergeruch übertüncht, und einem sauberen großen Doppelbett ohne Besucherritze.

Wie wär's noch mit einem Pool, an dem wir relaxen und schwimmen können?

Ja, das wäre auch okay!

12.08/15.00 Uhr

Wir haben tatsächlich noch eine Herberge innerhalb Poggio Mirtetos gefunden – die Albergo da Peppino. Ich finde kaum Worte, um die Qualität dieses Hotels zu beschreiben. Vielleicht diese: Es ist eine Herberge. Oder – wie wir versuchen, es in Worte zu fassen: »Das ist noch nicht das untere Ende der Fahnenstange.«

Wir nehmen auf dem »Ätzbalkon« unser aus Selci mitgebrachtes Mittagessen ein. Unsere Salami, unseren Schinken und unsere Brötchen. Und dann geschieht etwas Seltsames mit uns: Es wird langweilig! In den letzten eineinhalb Wochen war unser Tagesablauf klar vorgezeichnet: morgens aufstehen, frühstücken, alles packen, fertig machen zur Abreise, vielleicht noch eine letzte Orientierung, wie der Weg an diesem Tag verläuft. Abmarsch, auf dem Weg sein, abends um 17.00 Uhr, vielleicht 18.00 Uhr, manchmal auch erst 19.00 Uhr am Zielort ankommen. Schnell die notwendigen Klamotten waschen, sich etwas ausruhen und zum Abendessen gehen. Es blieb kaum freie Zeit, um anderes zu tun, um an anderes zu denken. Und jetzt auf einmal haben wir bereits am Nachmittag all das hinter uns gebracht.

Albergo La Pineta
Poggio Mirteto

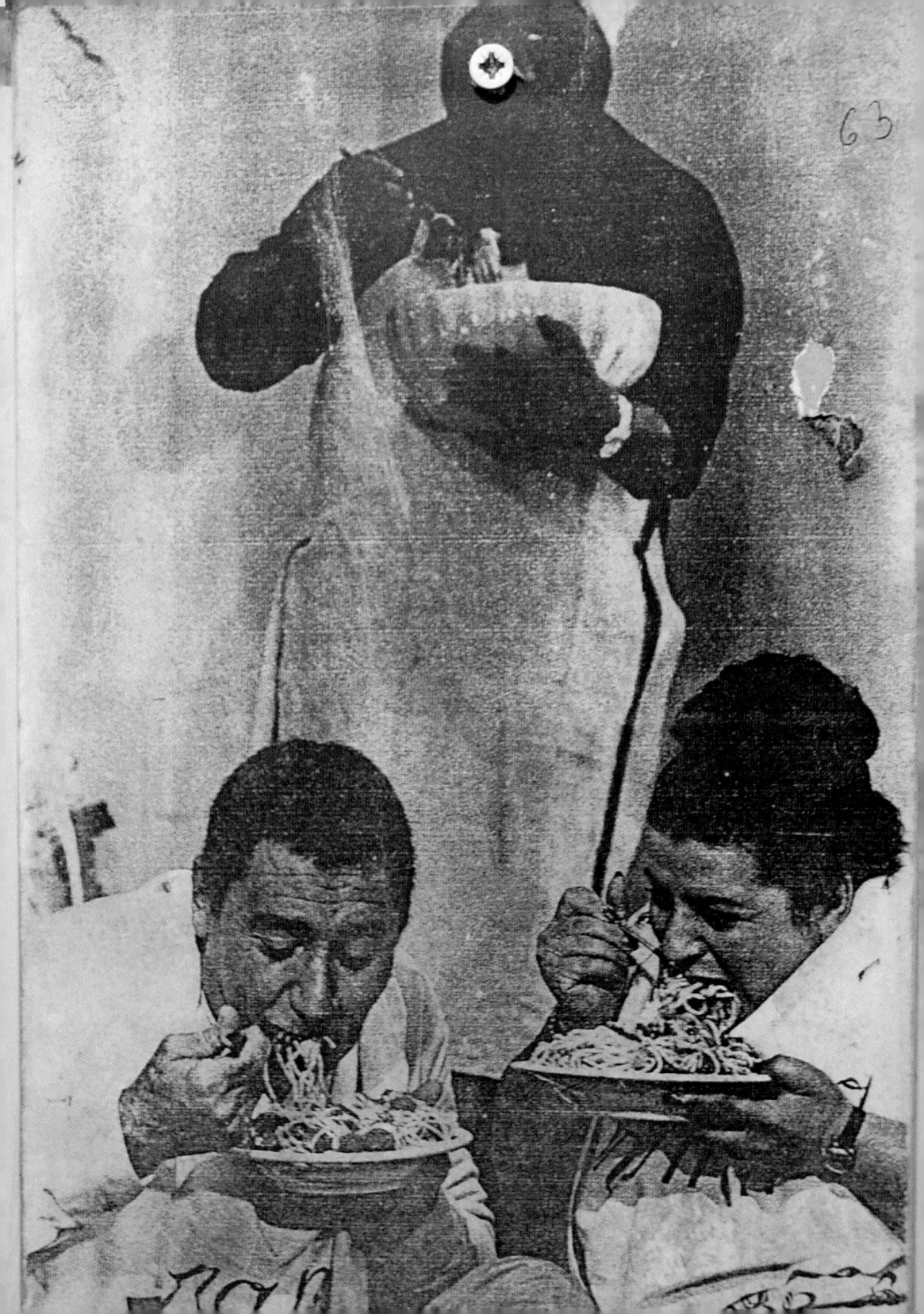

12.08./16.30 Uhr,
Sorge um das Abendessen

Wir streunen durch die Stadt. Es ist ein fürchterlich komisches Gefühl, in irgendeiner Stadt »ausgespien« zu werden, nicht wissend, was es da zu tun und zu sehen gibt. So »stromern« wir sinnentleert hin und her und machen uns auf die Suche nach einem Speiselokal. Die erweist sich wiederum als nicht ganz einfach. Offensichtlich haben alle Gastwirte Urlaub: das Fischrestaurant, die Pizzeria, die Lokanta – alle geschlossen! Das kann ja heiter werden

12.08/18.00 Uhr,
Vor dem Friseur

Toni lässt sich die Haare schneiden. Er hat's gut! Ich würde mich auch gerne pflegen lassen, aber es ist nur einHerrenfriseur zu finden. So habe ich ein wenig Zeit, mit meiner Mama zu telefonieren. Es ist ein komisches Gefühl, nach so langer Zeit Kontakt mit zu Hause aufzunehmen. Etwas Vertrautes dringt von weit her zu mir durch. Diese vergangenen zwei Wochen

kommen mir sowieso vor als wären es drei Jahre. So genieße ich die vertraute Stimme meiner Mutter. Ich höre aufmerksam zu, was sie sagt – sonst gelingt mir das nicht immer. Aber jetzt sauge ich jedes Wort in mir auf. Ich spüre Heimweh. Aber natürlich spüre ich auch: Ich will nach Rom!

13.08./20.00 Uhr,
Labortomaten

Als wir nach endloser Suche das einzige Ristorante in Poggio Mirteto finden, sind wir sehr froh, dass es klimatisiert ist. Zum super Essen gibt's auch einen Salat. Doch, o Schreck: Auf diesem Beilagensalat, der ansonsten superknackig frisch ist, »thronen« obenauf tatsächlich Labortomaten! Die Tomaten müssen aus einem Labor stammen, in dem Ratten mit Tomaten gefüttert werden. Und wenn die Ratten nach endlosen Laborversuchen verenden, geben sie die restlichen Tomaten zum Verkauf frei. So etwas hat die Welt noch nicht gesehen! Keine Farbe, nicht rot, nicht blass, nicht

grün, sie sind einfach nur fahl. Die Tomaten sehen gruselig fad aus, schmecken nach nichts und sind einfach nur fürchterlich. Wir können es nicht fassen. Und das in einem heißen, sonnigen Land wie in Italien, mitten im Herzen Latiums.

12.08/21.00 Uhr,
Wie wird die Nacht?

Als wir beim Essen sitzen, denke ich mit Grauen an die kommende Nacht. Letzte Nacht bewohnten wir ja schon eine »Wanzenbude« und die Herberge heute sieht nicht vielversprechender aus. Im Gegenteil: Sie scheint das Schlimmste zu sein, was ich bis jetzt in meinem Leben betreten habe. Während ich das herrliche Risotto esse, nehme ich mir vor, die Augen zu schließen und sofort zu schlafen. Um dann morgens aufzuwachen, die Augen zu öffnen und dieses Ekelzimmer sofort zu verlassen. Voller Galgenhumor stelle ich mir vor, wie die mitgebrachten Bettwanzen aus der Albergo La Pineta mit den hier heimischen eine heiße Party feiern. So gibt es wenigstens keine Inzucht!

16. Tag

Poggio Mirteto
Farfa

Auf dem Weg
zum Kloster

13.08./8.59 Uhr, Juhu! Kein Frühstück in der Pension

Unsere Ekel-Albergo bietet – Gott sei Dank – kein Frühstück an. Deshalb gehen wir in den Ortskern hinauf, um dort in einer Bar ein leckeres Frühstück einzunehmen.

13.08./9.00 Uhr, Unsicherheit macht sich breit

O je, wir wissen immer noch nicht, wo wir die nächsten Tage übernachten werden. Heute Abend schlafen wir zum ersten Mal in einem Kloster. Wir konnten aber noch kein Hotel für die nächsten zwei Etappen auftreiben. Diese Unsicherheit beschäftigt uns sehr. Deshalb kaufen wir in einem Buchladen eine Straßenkarte, weil wir wahrscheinlich sogar von der geplanten Route abweichen müssen.

13.08./9.08 Uhr, Gefühle für eine Stadt

Ich weiß nicht, wie es anderen geht, bevor sie eine Stadt zum ersten Mal besuchen. Bei mir ist es so, dass ich Städten Gefühle zuordne. Bevor ich hier in Poggio Mirteto einlief, war ich schon schlecht gelaunt und so blieb es auch die ganze Zeit über. Was nicht zuletzt an der grässlichen Albergo lag. Aber auch sonst ist die Stadt irgendwie komisch: Sie ist nicht gemütlich, sie hat kein Flair, sie hat keine Ausstrahlung. Die Leute sind nicht besonders freundlich und man kommt sich dort beinahe aussätzig vor, weil man mit Wanderkleidung und Rucksack ausstaffiert ist. Woran das liegt, kann ich nicht genau sagen. Wir werden jetzt erst einmal ein Frühstück einnehmen, vielleicht geht es mir dann besser. Ich bin auf jeden Fall froh, diese Stadt in Kürze verlassen zu können und zu neuen Abenteuern zu schreiten.

13.08./10.40 Uhr, Vom Träumen

Wenn man mehrere Tage ohne Fernseher und ohne große technische Errungenschaften umherwandert, entzieht man sich der sonst allgegenwärtigen Informationsflut. Und so fallen nachts die Träume anders als im normalen Alltag aus. Längst vergangene Erlebnisse oder Personen tauchen auf und bescheren einem Erinnerungen und sehr lebhafte Träume. Sie werden nicht beherrscht vom bloßen Abarbeiten der Alltagssorgen oder Alltagssituationen, sondern das Gehirn kramt sich tatsächlich Erinnerungen an früher hervor. Irgendwie schön – man taucht ein in eine längst vergessene Vergangenheit.

13.08./10.41 Uhr, Ladies' Night

Simone hat gerade über ihre Träume gesprochen und deshalb möchte auch ich meine »Gute-Nacht-Geschichte« preisgeben. Heute Nacht, vom 12. auf den 13. August, war Ladies' Night. Ich begegnete im Schlaf unheimlich vielen Frauen, die ich im Laufe meines Lebens kennen- und lieben gelernt habe, und zwar zurück bis ins Kindesalter, als ich zwölf oder dreizehn war. Das war sehr

Poggio Mirteto
Farfa

angenehm – zumindest aus heutiger Sicht. Aus der Distanz fühlte ich mich ruhig und versöhnt mit vielen erlebten Gefühlen. Es hat mich nicht aufgewühlt. Im Gegenteil: Es ist gut, so wie es ist, und es ist gut, so wie es war.

13.08./14.30 Uhr,
So ist das beim Wandern

Das Wandern ist eine sehr beeindruckende Geschichte. Es gibt Tage, da bist du nur Rucksack, spürst das Gewicht auf deinem Rücken und kannst dich diesem Gedanken nicht eine Sekunde entziehen. Mit jedem Schritt drückt und schmerzt und quält er dich. Es gibt aber auch Tage, da fühlt sich dein Rucksack mit dem wenigen Hab und Gut federleicht an.

Es gibt auch Tage, da fällt dir jeder Schritt schwer. Die Wanderung wird zur Qual, der Schuh drückt, die Welt und alles um dich herum scheint stillzustehen. Du kommst und kommst nicht vorwärts. Du siehst das Ziel, doch es will um alles in der Welt nicht näher rücken, obwohl du gehst und dich mühst und gehst und Dich mühst. Und es gibt Tage, da fliegt dir dein Ziel regelrecht entgegen. Der Weg scheint mühelos zu sein und man plaudert und lacht.

Ebenso verhalten sich das Plaudern, das Reden, das Lachen, das Singen. Es gibt Tage, da bist du gesprächig und die Themen sprudeln nur so aus dir heraus. Es folgen aber auch Tage, an denen man einfach still nebeneinander hergeht. Jeder denkt für sich allein. Man tauscht sich erst abends beim Abendessen aus, erzählt, was einen bewegt, was man gesehen, gespürt, gerochen, gefühlt hat. Und es gibt Unterkünfte, die sind eine Erholung. Eine Erholung für den Körper, eine Erholung für die Seele. Es gibt aber auch Unterkünfte, die sind einfach nur Schlafmöglichkeiten – ein Bett, eine Waschmöglichkeit, nichts weiter.

Es gibt Essen, das stärkt, das Kraft gibt, das Mut verleiht. Und es gibt Nahrung, die du einfach zu dir nimmst, um dich zu stärken.

Es gibt Tage, da kannst du noch so viel trinken und du wirst den Durst nicht besiegen. Und es gibt Tage, an denen du kaum Flüssigkeit benötigst.

Es gibt Orte, die dich berühren, die deine Seele ergreifen. Orte, an denen du dich sofort wohl fühlst. Aus weiter Ferne schon spürst du, wie dich etwas daran in seinen Bann zieht. Und es gibt Orte, an denen du froh bist, sie verlassen zu dürfen, an denen dein Herz nicht hängt und wo dein Auge keine schöne Ecke erblicken kann. Es gibt Augenblicke der Verzweiflung. Augenblicke, an denen man glaubt, nicht weiter wandern zu wollen. Und es gibt Stunden und Tage, an denen man sich nichts anderes wünscht, als zu wandern und nur mit dem Notwendigsten ausgerüstet durch die Welt zu ziehen.

Es gibt Tage, da tragen dich Deine Beine wie von selbst, und Tage, an denen du die Beine tragen musst. Es gibt Tage voller Kraft und voller Mut. Und es gibt Tage, an denen Du morgens schon niedergeschlagen aufstehst und deinen Weg in Angriff nimmst.

Es gibt Tage, an denen man in der Früh um 8.00 Uhr schon beim Frühstück sitzt und losgehen möchte. Es gibt aber auch Tage, an denen sitzt du um 10.00 Uhr noch am Frühstückstisch und hast keine Lust, dich auf den Weg zu machen.

So eine Wanderung hinterlässt einfach unendlich vielfältige Eindrücke, vor allem den schönen Blick über die weite Landschaft und das hautnahe Erleben der Natur: den Wind fühlen, in der Sonne glühen, die Frische des Waldes spüren, den Aufstieg auf einen Berg erzwingen, den Abstieg in ein Tal genießen. Unerschöpflich scheinen die Impressionen, die man auf einer Pilgerreise gewinnt. Und jetzt, zwei Tage vor Rom, werden wir allmählich wehmütig, weil es bald vorbei sein wird.

Es war bis jetzt eine unglaubliche Reise mit mannigfaltigen Erlebnissen. Wir können uns kaum vorstellen, in zwei Tagen eine Millionenstadt zu erreichen. Die moderne Welt mit ihren unzähligen Geschäften, ihrer Umtriebigkeit und Hektik erwartet uns. Jetzt sind wir aber erst einmal in Farfa, in der Benediktinerabtei, angelangt. Es sieht nach Siesta aus – Ruhe allerorten, Einkehr, Einsiedelei. Heute werden wir mit den Klosterschwestern zu Abend essen. Wir sind neugierig und gespannt. Der Tag ist noch jung.

13.08./16.00 Uhr,
Meine liebe Oma

Wir liegen in der Benediktinerabtei im klösterlichen Bett. Über mir hängt eine Lampe. Toni findet sie lustig. Ich blicke nach oben und muss sofort an meine Großmutter denken. Dabei fällt mir eine Geschichte aus meiner Kindheit ein. Ganz früher, als ich noch nicht einmal in den Kindergarten ging, war ich oft bei meiner Oma über Nacht. Und ich denke zurück an den Tagesablauf bei meiner geliebten Großmutter:

Meine Oma hat ein kleines Siedlungshaus in der Vorstadt von Augsburg. Ich wache durch das Gurren der Stadttauben auf, die auf dem kleinen Fensterbrett im ersten Stock sitzen. Ich freue mich, bei meiner Oma zu sein. Und dann tapsen meine kleinen Füße die steilen Treppen nach unten in die Küche, wo sich Oma in einer blauen Schürze schon sehr geschäftig am Herd zu schaffen macht. Sie steht ja viel früher auf als ich, vielleicht schon um sechs. Jetzt jedenfalls ist es acht Uhr morgens.

Sie bereitet mir mein Frühstück zu, klemmt den Laib Brot an ihre Brust und schneidet zum Körper hin ein Stück davon ab. Jedes Mal habe ich Angst, sie könnte sich in den Busen schneiden. Sie aber lacht nur herzhaft über meine unnötige Sorge. Mit Butter und Marmelade bestrichen, schmeckt das große Stück Brot einfach genial.

Währenddessen köchelt schon die Rindersuppe für die Grießknödel am Mittag vor sich hin. Während ich frühstücke, knetet Oma den Grießknödelteig aus Eiern, Mehl, Grieß uns was sonst noch alles

■ Die Abtei in Farfa

Die Benediktinerabtei ist eines der berühmtesten Baudenkmäler des Mittelalters. Neuere Ausgrabungen und Forschungen haben ergeben, dass ihre Ursprünge bis in die römische Zeit zurückreichen.

Im Mittelalter wurde Farfa innerhalb von wenigen Jahrzehnten eines der bekanntesten und bedeutendsten Zentren Europas. Sogar Karl der Große war hier zu Besuch.

Das Innere der dreischiffigen Basilika ist durch zwei Reihen eleganter ionischer Säulen unterteilt. Heiligen- und Bibelgeschichten schmücken die Apsis und die kleineren Kirchenschiffe. In der ersten Kapelle rechts können Sie eine Kreuzigungsszene sehen. (Kopie von Francesco Trevisani), in der zweiten eine Madonna mit Kind und zwei Engeln.

»Madonna von Farfa« heißt das hochverehrte Tafelgemälde aus dem 13. Jahrhundert. Im 19. Jahrhundert wurde es mit einer gehämmerten Messingplatte bedeckt, aus der nur noch die Gesichter hervorschauen.

reingehört. Dazwischen spiele ich mit altmodischen Puppen in der dampfenden Küche. Mittags essen wir zusammen die köstliche Suppe und verbringen anschließend ein paar Stunden in ihrem wunderschönen Garten.

Am Nachmittag gehen wir zum »Holzapfel«. Das ist ein kleines Geschäft, in dem man alles einkaufen kann. Dort gibt es diese kleinen Pixi-Bücher, die in schönen Bildern Geschichten für Kinder erzählen. Mit einem dieser Pixi-Bücher geht's weiter zu Frau Pfaller. Sie wohnt in der gleichen Straße wie meine Oma. In ihrer Küche steht eine Zuckerdose, aus der sie mir zum Abschied regelmäßig 50 Pfennig schenkt.

Dankbar gehe ich mit Oma wieder nach Hause. Es dämmert schon, meine Oma macht das Licht im Hof an und sperrt das Gartentor ab. Danach reden wir noch ein bisschen, um zusammen mit einer »Bettflasch« im großen Bett einzuschlummern. So verlief jeder Tag bei meiner Oma gleich. Dort

lernte ich auch den Spruch: »Man soll morgens essen wie ein König, mittags wie ein Kaiser und abends wie ein Bettelmann!«

Im Gegensatz zu meinem Oma-Tag sollen die Tage heute immer abwechslungsreicher sein. Dabei hatten die Tage bei Oma auch ihre spannenden Momente. Allerdings lagen diese eher im Detail. Heutzutage brauchen wir immer alles sofort. Wir brauchen Shrimps und Mangos, die von weit her importiert werden müssen. Wir können nicht zwei Tage hintereinander das Gleiche essen. Wir müssen den Nanga Parbat bezwingen, wir müssen Fallschirmspringen, wir müssen neue Grenzen erreichen – je extremer, desto besser – und haben darüber vergessen, wie schön so ein »einfacher« Tag bei Oma war. Das macht mich traurig. Aber das ist wohl das Gute an dieser Pilgerreise: Ich besinne mich wieder darauf, was wichtig und schön ist an einem ganz normalen Tag im Leben eines Menschen.

Poggio Mirteto
Farfa

13.08./20.00 Uhr,
Im Kloster

Zum ersten Mal auf unserer Pilgerwanderung essen wir in einem Kloster zu Abend. Es gibt Spaghetti mit Tomatensoße, zubereitet aus selbst gemachten Nudeln – ein einfaches Essen und doch so schmackhaft. Als zweiten Gang bekommen wir gegrillte Hühnchenbrust mit Fenchelgemüse und gebackenen Kartoffeln, dazu einen grünen Salat. Die Klosterschwestern bedienen uns und wir müssen geduldig sein – die vielen älteren Herrschaften genießen Vorrang.

Die Schwestern ziehen uns, obwohl wir noch Hunger haben, die Schüsseln weg. Dennoch fühlen wir uns behütet, alles wirkt so fromm hier. Es hat etwas Beruhigendes und Vollendetes.

13.08./23.55 Uhr,
Der Abend im Kloster

Die einzige Trattoria in Farfa hat ausgerechnet heute Ruhetag. Wir haben uns am Nachmittag eine Flasche Rotwein gekauft, weil wir schon ahnten, dass die klösterliche Versorgung in Sachen Alkohol nicht perfekt sein würde. Und so beschließen wir, uns im Klostergarten niederzulassen.

Auf zwei Plastikstühlen sitzen wir hier, um in den herrlichen Nachthimmel zu blicken, geradeaus über den verwunschenen Klostergarten hinweg. Vor uns steht eine Klosterschwesternstatue, die Papst Johannes Paul II. eingeweiht hat. Hinter uns erklingt der sanfte Lärm der Menschen im Dörfchen, über uns strahlt der Sternenhimmel und wir sind allein an diesem einsamen Ort. Es kommt ein Gefühl von großer Verbundenheit und Liebe auf. Wir fühlen uns beseelt von diesem wunderbaren Augenblick. Er ist ein weiteres einmaliges Highlight dieser Wanderung: Wir sitzen im Dunkeln, genießen eine fantastische Sommernacht mit lauen Temperaturen, lauschen dem Zirpen der Grillen und fühlen uns rundum behütet von Gott und der Welt. Wir küssen und kuscheln und lachen noch bis spät in die Nacht hinein. Toni und ich sind wieder ein richtiges Liebespaar.

Poggio Mirteto
Farfa

285

17. Tag

Farfa
Roma

*Das urplötzliche
Ende*

14.08./6.30 Uhr, Von der Gleichförmigkeit des Lebens im Kloster zum realen Leben

Während wir hier verschiedene Klöster besuchen und Mönche und Nonnen erleben, stellt sich die Frage, wie das Leben in einem Kloster wohl so abläuft. Eines steht auf jeden Fall fest: Es folgt einem stets gleichen Rhythmus: frühmorgendliches Aufstehen, das Gebet, das Frühstück, die vormittägliche Beschäftigung mit dem Garten oder mit anderen Dingen, das gemeinsame Mittagsgebet und Mittagessen, vielleicht eine nachmittägliche Siesta, möglicherweise gemeinsames Arbeiten, Studieren, gemeinsame Lektüre, das Abendgebet, das gemeinsame Abendessen, Nachtgebet und zu Bett gehen.

Und das Tag für Tag, Woche für Woche, Monat für Monat, Jahr für Jahr. Von außen betrachtet, hört es sich fast ein wenig wie Gefängnisalltag an. Was soll an diesem klösterlichen Dasein befreiend wirken, was an diesem klösterlichen Leben soll gut sein – so gut, dass es ein Menschenleben erfüllt? Wie viel anders sieht da unser Leben außerhalb der Klostermauern aus: ab in die Arbeit, rein in den Feierabend und möglichst viel Freizeit konsumieren, möglichst viel Urlaub, möglichst viel Abwechslung, möglichst viele neuen Ideen, möglichst an vielen verschiedenen Orten auf dieser Welt sein, möglichst viel erleben, Genuss pur zu jeder Zeit, an jedem Ort, überall und stets griffbereit.

Da ist der Kontrast zum Klosterleben doch enorm. Gibt es dort wirklich lebenswertes Leben? Oder ist sogar das reguläre, also unser Leben, gar nicht so lebenswert, da wir irgendwohin rennen, wo es gar nichts zu finden gibt – selbst dann nicht, wenn wir danach suchen.

Nehmen wir zum Beispiel das Reisen: Nahezu überall auf dieser Erde ist es mittlerweile möglich, gleichartige Produkte zu bekommen! Warum also reisen? Über das Internet, über das Satellitenfernsehen bist du überall auf der Welt zu Hause. Ist es also von Wert, um die Welt zu reisen? Liegt nicht vielleicht das Glück, die Freude darin, den Nachbarn im eigenen Ort oder sogar im eigenen Haus kennenzulernen, sich mit ihm zu treffen, um Ideen auszutauschen, gemeinsam etwas zu tun. Ist es denn so, dass viel Beschäftigtsein auch viel Leben heißt? Bisweilen denke ich – nein! Tagtäglich stürzen viel zu viele Eindrücke auf uns ein, es bleibt zu wenig Ruhe, um all das auch bewusst erleben und reflektieren zu können. Und leider bleibt dabei allzu oft die Wertschätzung dessen, was man besitzt, auf der Strecke.

Doch der moderne Mensch scheint so zu funktionieren: Viel Action ist viel Leben. Ist dem wirklich so?

14.08./7.00 Uhr, Die Nacht im Kloster

Wir ließen einfach die Zimmertür offen. Ein sanfter Wind bewegte die langen Vorhänge. Er verschaffte uns einen kühlenden Lufthauch und so schliefen wir selig. Aller-

Farfa
Roma

dings war ich etwas unruhig, weil die Tür offen stand. Ich bin da fast wie ein verängstigtes Tier: immer auf der Hut. Aber ansonsten war die Nacht unglaublich ruhig. Kein Geräusch drang von außen herein. Erst morgens, als der Tag schon graute, krähte direkt unter unserem Fenster garstig ein Hahn. Er tat das vier-, fünfmal und dann kehrte wieder Ruhe ein. Etwa eine halbe Stunde später kündigte er noch einmal laut und kräftig den neuen Tag an. Da war die Nacht endgültig zu Ende.

14.08./7.20 Uhr,
Morgendliche Messe
Morgens um 7.30 Uhr wird in der Klosterkapelle die Morgenmesse gehalten. Eigentlich wollten wir ausschlafen, aber der lästige Hahn hat uns keine Ruhe gelassen. Also schleppen wir uns müde und unausgeschlafen in die Kapelle. Die hinteren Bänke sind mit Klosterschwestern besetzt. Wir reihen uns irgendwo in der Mitte ein. Drei Pfarrer zelebrieren gemeinsam die Messe. Die morgendliche Sonne schickt ihre ersten Strahlen in die Kapelle. Alles wirkt unglaublich feierlich – fast heilig. Wir sind angekommen! Von mir fallen alle Last und alle Sorgen ab. Als ob der allmächtige Gott anwesend wäre und mich

zur Kenntnis nimmt. Kurz ist der Augenblick – das Hier und Jetzt verschwimmen. Ich tauche ein und verstehe. Es gibt nichts mehr außer diesem einen Gefühl: Alles ist gut, ich habe keine Angst mehr!
Und dann ist es vorbei – ein kurzer Blick in die Ewigkeit. Ich fühle mich unendlich geborgen. Ich fühle mich verstanden. Ich bin ich! Ich bin am Ziel!

14.08./11.05 Uhr,
Klosterschwestern
Beim Anblick von Nonnen erinnere ich mich immer an meine bisherigen Berührungspunkte mit Klosterschwestern. Bereits im Kindergarten gab es eine Klosterschwester, die ich sehr liebte, die Schwester Oberin. Sie war eine etwas molligere Dame um die 50. Sie nahm sich meiner an, als ich sehr unglücklich war, da ich den ganzen Tag in den Kindergarten gehen musste. Meine Eltern verschafften sich dadurch ein bisschen Luft und Erleichterung. Und so denke ich an diese Schwester Oberin, wie ich sie als Kind liebte – fromm und ehrlich.

14.08./11.12 Uhr,
Der ehrwürdige Weg
Unser Weg fängt direkt hinter dem Kloster an. Es ist offensicht-

lich ein uralter Pilgerweg. Und so sieht er auch aus: Die Bäume wachsen wie ein Dach über unseren Köpfen, schließen uns ein, schön schattig ist es, große Steine liegen herum und wir mussten auch schon durch hohes Gras gehen. Es macht Spaß, am vorletzten bzw. letzten Tag unserer Wanderung einen so ehrwürdigen Weg gehen zu dürfen.

14.08./11.30 Uhr, Vom Internet
und den Mobiltelefonen
Während wir hier wandern, stellen wir fest, dass wir es eigentlich nicht vermissen – weder das Internet noch das Mobiltelefon. Doch wie abhängig ist man davon im regulären und normalen Leben! Man scheint nicht zu existieren, wenn man nicht angerufen wird und keine dringende E-Mail-Nachricht eintrifft. Man glaubt, tot zu sein. Ich erinnere mich an eine Zeit, in der es beruflich ruhiger und ich tatsächlich vom Festnetzanschluss mein Mobiltelefon angerufen habe, um zu überprüfen, ob es noch funktioniert. Und ebenso habe ich mir selber E-Mails geschrieben, um sicher zu sein, dass mein E-Mail-Account und der Internetzugang noch in Ordnung sind. Erschreckend, wie abhängig man sich von diesen Dingen heutzutage macht. Und interessant

ist auch, dass man schon nach wenigen Tagen auf der Wanderschaft merkt, dass es gar nicht so wichtig ist.

Bemerkenswert ist zudem von hier draußen die Beobachtung, wie radikal sich das Leben in dem letzten Jahrzehnt durch die Nutzung dieser Techniken verändert hat. Wie man heute über das Internet Flüge, Züge, Hotels bucht, wie man binnen kürzester Zeit an Informationen kommt, wo vor Jahren noch der Besuch einer Bibliothek ganz oben auf der Prioritätenliste stand. Das Mobiltelefon macht es möglich, überall und jederzeit jeden erreichen zu können, während man früher auf Festnetzanschlüssen Anrufbeantworter besprochen hat und darauf wartete, Antwort zu bekommen. Und so manches Mal hat ein Anrufbeantworter die Anfragen verschluckt, das Band war kaputt, die Batterie hinüber und der ach so wichtige Rückruf blieb aus. War es vor zehn Jahren ohne Internet und ohne Mobiltelefon überhaupt möglich, geschäftlich aktiv zu sein? Wie hat das damals funktioniert? Es kommt einem vor, als wäre es das graue dunkle Mittelalter gewesen, in dem man mit Rauchzeichen versuchte, sich zu verständigen.

Ehrlich gestanden: Wir haben ein Mobiltelefon dabei – allerdings mit einer italienischen SIM-Karte. Das brauchen wir zur Buchung der nächsten Unterkünfte. Unglaublich: Während man im regulären Leben immer nervöser wird, je mehr der Empfang nachlässt, weil doch wichtige Leute vergeblich versuchen, einen zu erreichen, ist das hier völlig belanglos. Man wartet geduldig, bis das Mobiltelefon wieder Empfang meldet, um anzurufen, ob man zwei Tage später seine Unterkunft beziehen kann. So unwichtig wird das moderne Leben, dass man einfach nur geht und geht und geht oder – besser gesagt – nur noch „Gehen" ist.

**14.08./11.45 Uhr,
Wann ist alles endgültig
zuende? Rätselraten über den
Ausgang der Pilgerreise**

Vorletzter oder letzter Tag? Das ist unsere Unsicherheit. Wir wissen nicht, wo wir heute Nacht schlafen sollen. Die nächste geplante Übernachtungsmöglichkeit können wir vergessen, weil der Gastgeber Urlaub macht. Er hat uns, als wir per Telefon reservieren wollten, nicht viel Hoffnung auf Alternativen gemacht. In Morricone gibt es eben nur diese eine Pension. So gehen wir heute auf etwas unsicheren Pfaden mit bebenden Herzen Richtung Morricone. Möglicherweise können wir ja in einem Agriturismo oder in der Nähe von Monte Libretti noch eine Nacht verbringen, um dann mit dem Zug nach Rom zu fahren.

Wir haben uns aber überlegt, die Nacht über im vorgelagerten Fara in Sabina zu bleiben, sofern überhaupt nichts anderes klappen sollte.

Wir haben es nicht ganz geschafft, zu Fuß nach Rom zu kommen. Das lag zum einen am mangelnden Bargeld für die Übernachtungen. Zum anderen war es für uns unmöglich, an dieser Wegstrecke im August Unterkünfte zu finden. Selbstverständlich können Sie die Wanderung nach Rom fortsetzen. Jedoch macht es wenig Sinn, die letzten Kilometer nach Rom zu Fuß zu laufen, weil die Vorstädte dem Wanderer nichts zu bieten haben. Auch die Verkehrsstraßen sind breit, stark befahren und für Fußgänger bisweilen auch gefährlich. Wenn Sie jedoch noch auf eigene Regie weitergehen möchten, finden Sie in der Wegbeschreibung die komplette Skizze – allerdings ohne Wegbeschreibung – bis kurz vor Rom. Wir empfehlen Ihnen, sich schon vorab die nötigen Informationen für die letzte Etappe, wie z. B. Übernachtungen und eine detaillierte Wegbeschreibung, über das Internet zu beschaffen.

31.07./14.20 Uhr, Vom Sinn des Lebens und des Wanderns

Ein Stück weit ist das Wandern wie das Leben. Es fängt an und es hört auf und es gibt dazwischen Zeiten und Orte, an denen man sich befindet. Beides hat die wesentliche Eigenschaft, dass nur dann sowohl das Wandern als auch das Leben gelingt, wenn man sich zwischendurch auf den Weg konzentriert. Beim Wandern bringt es dir nichts, wenn du dich auf den Zielpunkt fixierst, du musst dich auf das Gehen, auf das Erleben, auf die Eindrücke konzentrieren, genauso wie im Leben. Wenn man ein Leben nur lebt, um Ziele zu erreichen, vergisst man das Hier und das Jetzt, die Dinge eben, die das Leben wertvoll, einmalig und schön machen. Jeder Tag, jede Stunde, jeder Mensch, jeder Ort benötigt Aufmerksamkeit. Diese Eindrücke färben das Bild, das man vom Leben hat, geben einem Zuversicht und Hilfe. Das Wandern und das Leben, bei beiden ist der Weg das Ziel!

14.08./14.24 Uhr, Rom, wir kommen!

Nach der verzweifelten Suche nach einem Geldautomaten in Fara in Sabina und der erfolglosen Herbergssuche wollen wir Fara in Sabina mit dem Bus verlassen.

Eigentlich wollten wir im Kloster des Ortes übernachten, jedoch wissen wir bereits aus Erfahrung, dass Klöster keine Kreditkarten annehmen. Da wir die letzten Tage immer wieder mit Bargeld zahlen mussten, reicht es nicht mehr für die Nacht hier. Natürlich ist in diesem Bergdorf kein einziger Automat vorhanden. So lautet unser Plan, in den nächsten größeren Ort zu fahren, Bargeld zu besorgen und dann wieder nach Fara in Sabina zurückzukehren. Wider Erwarten kommt der Bus eine Stunde früher an die Haltestelle – wir freuen uns darüber. Er bringt uns in das nächstgelegene Nest namens Passo Corese. Der Busfahrer erlässt uns freundlicherweise die Gebühren und wir steigen an der Endhaltestelle Passo Corese Bahnhof aus. Als wir dort ankommen, stellen wir fest, dass dieses Kaff nicht einmal ein Zentrum hat! So ist es wieder nichts mit dem Geldautomaten. Jetzt beschließen wir kurzerhand, die Pilgerreise hier endgültig zu beenden und den Zug nach Rom zu nehmen. Wir reservieren uns per Telefon bei den Klarissinnen in einem Kloster in Rom ein Zimmer für fünf Nächte und harren nun der Dinge, die da kommen werden. Mal sehen – Rom ohne Stadtplan? Der Zug fährt vor!

Farfa
Roma

Roma

Das Ziel
ist erreicht

15.08./15.00 Uhr

Von der Einsamkeit des Waldes ausgespuckt in die Hölle des Tourismus. Wir latschen durch Rom und es gibt hier nichts als Touristen. Es scheint, als „blockierten" Millionen und Abermillionen Reisende die Stadt, Sightseeing-Busse verstopfen die Straßen. Außer Touristen gibt's nichts zu sehen, weil sie alle Sehenswürdigkeiten so belagern, dass ich froh bin, einen flüchtigen Eindruck davon zu erhaschen – ein äußerst seltsames Gefühl. Darüber hinaus sehen alle so aus wie wir: Kamera, Landkarten, Rätselraten, wohin der Weg wohl führen mag.

15.08./15.00 Uhr,
Rom Innenstadt

Den Einzug nach Rom habe ich mir ganz anders vorgestellt. Erstens nicht so abrupt und zweitens viel theatralischer. Ich bin ein bisschen enttäuscht. Aber ich beginne zu verstehen, dass ein Bauwerk, sei es noch so prunkvoll und bombastisch, nicht mithalten kann mit den Schönheiten der Na-

tur – einem uralten Baum, einem gigantisch blauen Himmel, einer Rose oder einem Olivenhain. So ist mir auf dieser Pilgerreise die vom Menschen geschaffene Welt ein bisschen fremd geworden. Rom quillt über vor lauter Reichtum und angesammelter Schätze, die bis ins Altertum reichen. Ich bin schlicht überfordert.

17.08./14.00 Uhr, Rom,
Spanische Treppe

Gleich werde ich Roberto treffen. Roberto ist ein berühmter italienischer Dirigent und Komponist. Er hat mir vor zwei Jahren mein geliebtes altes Cabrio abgekauft. Jetzt stehe ich auf der Spanischen Treppe, starre verzweifelt auf die vielen Touristen und versuche, ihn auszumachen. Da! Jetzt kommt er auf mich zu! Mein Gott, sieht der gut aus …

17.08./18.00 Uhr ,
Das ist Rom! Das ist Roberto!

Nach der Begrüßungszeremonie mit Roberto lädt er uns noch ein, mit seinen Freunden die Stadt zu

besichtigen. Maurizio ist Stadtführer aus Leidenschaft. Wir lernen einiges über Roms Innenstadt und amüsieren uns prächtig, weil Roberto so lustig ist. Das ist Rom, wie ich es mir vorgestellt habe: Menschen, Kultur, Freunde. Den Abend runden wir mit einer Pizza im Stadtviertel Trastevere ab. Leider müssen wir den Abend schon früh beenden. Wir wohnen im Kloser, da müssen wir um 22.30 Uhr zu Hause sein.

18.08./12.44 Uhr,
Der Lügenaltar

Ich stehe vor dem Lügenaltar in der Peterskirche. Ich habe es geschafft. Ich habe alle meine Lügen abgetragen, bin so weit gelaufen, um dieses eine Bild zu betrachten. Ich versinke darin. Ich sehe mich, wie ich am Boden liege, weil ich gelogen habe. Alle sind aufgebracht und schockiert. Aber es ist vorbei. S. tragen sie auf der Trage davon. Ob er auf dem Bild tot ist? Ich weiß es nicht. Ich wünsche ihm Frieden. Ich bin meine Bürde jedenfalls los. Schluss, aus, fertig.

Roma

Epilog

»Für Wunder muss man beten,
für Veränderungen
aber muss man arbeiten«

Thomas von Aquin

Wir sind nun seit zwei Wochen wieder zurück von unserer Wanderreise, die uns von Assisi nach Rom führte. Was bleibt? Das Erlebnis schwingt nach, man hört die Vögel singen, man sieht den Weg, man spürt die Landschaft, man fühlt die Wärme. Anfangs fiel es uns beiden sehr schwer, uns im Alltag zurechtzufinden, ihm die nötige Aufmerksamkeit zu schenken. Uns fehlt bisweilen heute noch die rechte Konzentration, zum Beispiel beim Autofahren, wo alles so schnell gehen muss. Während des Wanderns denkst Du rückwärts, an Dein bisheriges Leben, wagst nur kurze Ausblicke in die Zukunft. Ansonsten bist Du der Weg und auf Dich selbst reduziert. Schritt für Schritt wirst Du leerer. Jetzt sind wir ziemlich haltlos und würden gerne sofort erneut aufbrechen. So unglaublich schön waren die Eindrücke, so unheimlich intensiv war das Erlebnis des Wanderns, des Schritt für Schritt Vorankommens, des Zweifelns. Die Natur spüren, eins sein mit dem Leben, sich aufgehoben fühlen – das Wandern ist definitiv der beste Weg, zu sich selbst zu finden und sein Leben neu zu ordnen.

Und erst gestern haben wir gemeinsam beschlossen, eine eventuell erneut aufkeimende Krise bereits im Keim zu ersticken. Dann packen wir wieder unsere Schuhe ein, zurren den Rucksack fest und machen uns wieder auf den Weg. Denn so lassen sich viele Dinge deutlich einfacher lösen, als sich einem permanenten Kampf zu stellen.

Uns hat der Weg zusammengeschweißt. Unsere Beziehung als Paar stand auf der Kippe. Unser Leben war uns fad geworden, wir waren haltlos und teilweise sinnentleert. Der Alltag, die Arbeit, das stete Streben nach Anerkennung, das Geldverdienen – all das hat unsere Ehe zermürbt. Simone wollte nur noch weglaufen, einfach abhauen. Heraus aus der immergleichen Mühle des täglichen Daseins. Hinein in ein Leben mit Spontaneität und weg von Zwängen aller Art. Ein Leben mit einem anderen Partner, um die Liebe neu zu entdecken und zu erfahren.

Viel haben wir gemeinsam gesprochen in den vergangenen Monaten. Aber das allein hat uns nicht wirklich vorwärts gebracht. Dann kam uns die Idee mit der Pilgerwanderung: 15 Tage – das ist einen Versuch wert. Schuhe und Rucksäcke waren rasch besorgt, der Weg schnell gefunden.

Und es hat funktioniert! Nach vielen Jahren der gemeinsamen Partnerschaft haben wir eine neue Dimension des Lebens erfahren. Unsere Beziehung steht nun auf einem neuen Fundament. Tief und innig war das gemeinsame Pilgern, das Naturerlebnis, das Miteinander.

Was bleibt? Wir haben uns in nur zwei Wochen verändert. Während der Wanderung ist man genügsam, man freut sich der kleinen Momente und vor allem wird man wieder eins mit der Natur. Du spürst die Kälte des Morgens, die Hitze des Mittags, genießt die Frische des Abends nach Sonnenuntergang. Du lobst den Wind für seine Erfrischung. Du lernst den Schatten der Bäume lieben und den Duft der Wiesen. Du siehst so viel, schaust in die Ferne, bist auf Weniges reduziert, auf Weniges konzentriert – und das ist gut so. Wenn wir heute einkaufen gehen, dann fragen wir uns stets: Muss das überhaupt sein, brauchen wir das? Wir wissen jetzt, dass das Leben an sich weniger Dinge bedarf. Wird man religiös, sobald man wandert? Ich denke, man ist religiös, wenn man sich auf den Weg macht. Religiös sein heißt, nach dem Sinn zu suchen. Und wer wandert, sucht definitiv nach einem Sinn.

Ändert sich das Verständnis von Religion und Gott? Wir denken ja. Unterwegs spürst du eine tiefe Kraft, die mit dir wandert. Du beginnst eine Gelassenheit zu entwickeln, die im »normalen« Leben nicht erreichbar ist. Du wirst eins mit der Natur, siehst wie vieles zusammenhängt, voneinander, miteinander lebt und ohneeinander nicht existieren könnte. Da muss es einfach jemanden geben, der sich darum gekümmert hat, der verantwortlich ist für all das. Man fühlt sich als Teil dieses Bauwerks und wird sehr, sehr zufrieden.

ENDE

Wegbeschreibung

Assisi
Roma

Wegbeschreibung

🏃 18 km 🕐 7 Std. ⬆ ca. 850 m ⬇ ca. 950 m

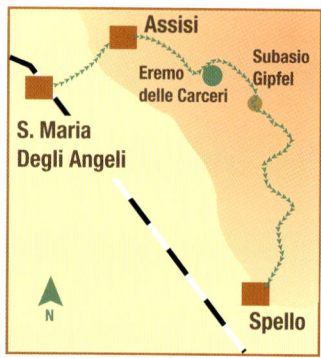

M an verlässt Assisi am oberen Tor, der Porta Cappuccini, und hält sich nach dem Tor leicht links, geht steil den Schotterweg entlang der Allee hinauf und kommt dann nach einigen hundert Metern am oberen Eckpunkt der Stadtmauer vorbei. Rocca Minore heißt dieser Eckpunkt. Von hier führt der Weg weiter steil nach oben (leicht rechts) bis zum Picknickplatz. Der Weg ist anfangs sehr steinig und ziemlich breit, so dass ein Fahrzeug bequem darauf fahren könnte. Er verjüngt sich aber zusehends. Biegen Sie weder links noch rechts ab, sondern bleiben Sie gerade auf diesem Weg.

Sie werden ab und zu ein rot-weiß-rotes Schild mit der Nummer 50 sehen, außerdem gibt es Wegweiser, die den Weg zur Einsiedelei Eremo delle Carceri beschreiben. Immer geradeaus halten – keine Angst, der Weg wird zwar sukzessive steiler, aber Sie werden es schaffen. Nach etwa 2½ Kilometern ist das steilste Stück überstanden und der Weg geht über in einen waagerecht am Berghang entlang verlaufenden Pfad mit kleineren Steigungspassagen.

Nach zirka gut einem Kilometer erreichen Sie eine Asphaltstraße, die nach rechts unten mündet. Auf dieser kommen Sie nach ungefähr 500 bis 600 Metern zur Eremo delle Carceri, der franziskanischen Einsiedelei, die Sie unbedingt besuchen sollten.

Man verlässt die Einsiedelei wieder in die Richtung, aus der man kam, folgt aber nicht der Straße geradeaus, sondern biegt gleich nach rechts ab. Die Straße scheint neu asphaltiert zu sein. Nach einem knappen halben Kilometer macht sie eine stärkere Rechtskurve, in der links der Weg in den Wald führt. Sie sehen einige Picknickplätze und wieder die rot-weiß-rote Markierung.

Erneut steigt der Weg steil an hinauf auf den Monte Subasio. Nach etwa zwei bis zweieinhalb Kilometern

kommt man hinaus aufs freie Feld, steigt weiterhin bergan und gelangt an eine Wegkreuzung. Rechts sehen Sie in zirka 100 Metern Entfernung ein Steingebäude, einen Stall. Auf dieses Gebäude gehen Sie zu. Der Weg führt am Steingebäude vorbei, immer geradeaus, auf gleicher Höhe den Berghang entlang. Diesem leicht ansteigenden Weg folgen Sie zirka eineinhalb Kilometer und sehen dann vor sich rechts am Hang ein Bergkreuz, das durch einen Zaun geschützt ist. Darauf halten Sie zu.

Sind Sie auf der Höhe des Bergkreuzes angelangt sehen Sie vor sich mehrere kleine schmale Pfade. Sie nehmen davon den exakt „linksten" Weg, der sich in Richtung des sich links oben auf dem Berg befindlichen Turmes schlängelt. Es handelt sich vermutlich um einen Telekommunikationsmasten. Der Weg führt über die Grasfläche, manchmal in Serpentinen, dann wieder ein Stück geradeaus, direkt hinauf zu den Masten. Fast oben angekommen, stoßen Sie auf eine breite Schotterstraße.

Biegen Sie dort rechts ein und bewegen sich an den Masten vorbei. Hier beginnt die Straße bergabwärts zu führen. Einige hundert Meter später sehen Sie auf der linken Seite der Schotterstraße eine auffällige Bronzestatue. Biegen Sie nach links, ostwärts, ab. In einem weiten Halbbogen gehen Sie nun um eine rechter Hand liegende Senke herum.

Danach geht's geradeaus weiter. Sie sehen weiter vorne steinerne Viehtränken. Gehen Sie daran vorbei, um erneut die Schotterstraße zu erreichen. Überqueren Sie diese durch die Zaunöffnungen auf beiden Seiten der Straße.

Gehen Sie erneut im senkrechten Winkel zur Schotterstraße und Sie kommen nach dem offenen Feld wiederum an eine Viehtränke. Wenn Sie diese erreicht haben, marschieren Sie einfach den Berghang hinunter und halten sich dabei links. Etwas weiter unten erkennen Sie im Boden verankerte Stangen. Dort ist der Weg, den Sie über das offene Feld ansteuern sollten. Haben Sie diesen erreicht, werden Sie zudem die rot-weiß-roten Markierungen wieder vorfinden.

Dieser schmale Trampelpfad auf dem Berghang geht kurz über in einen fahrzeugbreiten Schotterweg und führt anschließend nach rechts bergabwärts. An einem Schild mit der Aufschrift »50 – 60 Spello 7 km« biegen Sie links ab.

Der Weg wird jetzt immer schattiger und läuft am Berghang entlang in Richtung Süd-Süd-Ost. Nach etwa 1½ bis zwei Kilometern kreuzt von rechts unten der Weg mit der Nummer 56. Sie gehen jedoch nach links oben und verlassen den Weg 56, der nach etwa 100 Metern bei einem Zaun nach links verläuft, während Sie geradeaus gehen.

Nach etwa einer Viertelstunde biegen Sie rechts in einen breiten Weg ab. Auf diesem Weg gehen Sie gemütlich bergab und gelangen an eine Kreuzung, an der rechts und links große Schilder mit dem Hinweis stehen, dass Sie jetzt ein Naturschutzgebiet betreten. Sie gehen einfach geradeaus über die Kreuzung. Der Weg führt wieder flach bergab ins Tal in Richtung Spello.

Rote Steine, roter Weg – am Ende des Weges biegen Sie rechts ab in einen breiten, schönen Weg, der oberhalb der Olivenhaine in Richtung Spello führt, das man links unten liegen sieht. Sie marschieren eine Weile oberhalb der Olivenhaine. An deren Ende sehen Sie eine Trockensteinmauer. Dort biegen Sie links ab und gehen entlang des Olivenhains geradeaus den Hang hinab. Sie durchqueren nochmals kurz einen Olivenhain und erreichen eine kleine Siedlung. Von dort führt der Weg über einige Serpentinen hinunter nach Spello. ∎

M an verlässt Spello durch das südliche römische Tor Porta Consolare und hält sich ein bisschen rechts an den Piazza J. F. Kennedy. Sie kommen dann senkrecht auf eine belebte Straße, über die Sie in Richtung Bahnhof gehen. In einigen hundert Metern Entfernung sehen Sie die Superstrada, die Sie bald darauf durchqueren. Danach wird es schwierig, denn man überquert auf dieser Straße, die nach Cannara führt, die Zuggleise. Gleich, wenn diese passiert sind, verläuft eine Straße parallel zu den Gleisen nach Foligno. Sie schlagen sich links über die Leitplanke hinunter, zu der Teerstraße nach Foligno, der sie einen knappen Kilometer folgen. Dabei laufen Sie weiter parallel zu den Zuggleisen. Sie sehen auf der linken Seite den Bahnhof von Spello. Ein gutes Stück nach dem Bahnhof folgt rechts die Abbiegemöglichkeit

Via San Giuseppe, dort biegen Sie rechts ab.

Der Via San Giuseppe folgen Sie bis zu deren Ende, dann geht's rechts und gleich wieder links. Man erkennt die Hauptstraße daran, dass sie eine Leitplanke aufweist. Der Straße mit Leitplanke folgen Sie zirka einen Kilometer, bevor Sie an eine Straßenkreuzung gelangen. Wie das Ortsschild verkündet, verlassen Sie erst jetzt Spello endgültig. An dieser Straßenkreuzung biegen Sie links in die Via Cascina Piermarini ab. Der Straße folgend erreichen Sie eine Kreuzung, an der links eine Kapelle steht. Sie gehen geradeaus weiter.

Später marschieren Sie durch das Dorf Budino. Am Ende des Dorfs bitte nicht nach rechts in Richtung Straßenschild Ortsende gehen, sondern auch dort geradeaus weiter. Einige hundert Meter später sehen Sie vor sich schon den quer zum eigenen Weg verlaufenden Damm. Dort links in eine breite asphaltierte Straße abbiegen und am Damm entlangwandern.

Sie folgen der Teerstraße am Deich und kommen nach einem guten Kilometer an eine Brücke, die über den Deich führt. Übrigens heißt das Flüsschen, das es zu überqueren gilt, Topino. Während Ihre Straße links abbiegt, kann man sich rechts durch die Büsche hinauf zur Straße schlängeln, dann über die Brücke gehen und danach gleich wieder links über die Leitplanke runter. Sie erkennen rechts des Deichs einen Feldweg, der längs zum Deich verläuft und den Sie entlangschreiten.

Sie folgen diesem zirka einen halben Kilometer am Deich entlang und biegen nach rechts im 90-Grad-Winkel in einen geschotterten Weg ab. Diesem folgen Sie zirka einen Kilometer und kommen an eine rechteckige Lagerhalle. Dort biegen Sie links auf eine Asphaltstraße ab. Nach wenigen Metern erreichen Sie ein Stoppschild und biegen scharf rechts in die nächste Asphaltstraße ab.

Nach wenigen hundert Metern kommt eine leichte Rechtskurve.

Geradeaus beginnt ein Feldweg, den Sie einschlagen. Sie gehen nun parallel zur Straße, die in den Ort hineinführt, am Rand des Ortes vorbei. Sie passieren dabei die Rückseite von Firmengebäuden und einzelnen Häusern. Der Weg besteht mal aus Schotter, mal aus Asphalt, mal aus Gras. Dann sehen Sie rechter Hand eine Esso-Tankstelle, wo sich ein Cappuccino genießen lässt. Nach einigen weiteren hundert Metern hört der Weg auf. An der T-Abzweigung wenden Sie sich nach links, gehen über ein Flüsschen, um hernach in einer Kehre dem Weg scharf rechts weiter zu folgen.

Dieser feinschottrige Weg führt zu einer Teerstraße, der Sie geradeaus folgen.

Wenn Sie Lust haben, gehen Sie an der nächsten Kreuzung, wo mehrere Straßen aufeinandertreffen, nach rechts in den Ort Bevagna hinein, um dort auf dem Marktplatz etwas Leckeres zu essen oder die uralten romanischen Kirchen zu besichtigen. Kehren Sie nach der Ortsbesichtigung wieder auf die Kreuzung zurück und schlagen Sie den Weg in Richtung Montefalco ein. Wandern Sie an der Hauptstraße entlang.

Nach ca. zwei-, dreihundert Metern geht es links in eine mit einem Schild gekennzeichnete Sackgasse namens Via Pian dei Molini. Keine Angst, das ist keine wirkliche Sackgasse, der asphaltierte Weg geht später in einen Kiesweg über.

Nachdem man diesen Kiesweg ein Weilchen gegangen ist, erscheint auf der rechten Seite einsam stehend eine gewaltige, große Eiche. Kurz danach kann man rechts ansteigend einen Weg hinaufgehen. Dieser Weg führt ein wenig später, wenn man sich rechts hält, zurück auf die Straße, die man vorher in Bevagna verlassen hat. Nun kann man diese Straße hinauf nach Montepennino gehen. Die Straße führt – manchmal weniger, manchmal stärker ansteigend – einige Kilometer hinauf auf den Berg. Wunderschön ist der Ausblick rechts auf die Hügel mit den Oliven, mit den Bäumen und den Weinreben. Am Ortsende von Montepennino kommen Sie an eine Rechtsbiegung der Hauptstraße. Dort gelangen Sie links hinunter auf einen breiten Schotterweg, so dass Sie abseits der Straße die letzten ansteigenden Meter nach Montefalco in Ruhe genießen können. Von hier aus geht es noch gut einen Kilometer steil ansteigend hinauf nach Montefalco. Für Ihre Anstrengung werden Sie mit einem wunderschönen Ausblick links hinunter in das Tal und nach oben auf das am Berghang »klebende« Montefalco belohnt. ∎

Montefalco
  Lasignano
    S. Luca
Mad.d.Stella
    Fratta
    Borgo

Camporoppolo

    Maiano
S. Anastacia
    Ponte Bari

    S. Nicolo

N

Spoleto

Sie verlassen Montefalco durch die Porta Spoleto. Nach knapp einem halben Kilometer – rechts befindet sich ein Supermarkt, in dem man vortrefflich einkaufen kann – biegt die Hauptstraße nach rechts ab.

Sie gehen links und sehen das Schild zum Kloster San Fortunato. Dort gehen Sie einfach gerade aus – zirka einen halben Kilometer – und sehen dann links ein gelbes Schild, das den Weg dorthin weist. Wenn Sie wollen, können Sie dem Kloster, das vor allem durch seinen beeindruckenden Kreuzgang zu überzeugen weiß, einen Besuch abstatten.

Danach kehren Sie wieder zurück zur Hauptstraße, die Sie aber überqueren, um auf einem Asphaltweg bergab zu gehen. Nach etwa 300 Metern können Sie rechts und links abbiegen. Sie nehmen die von Olivenbäumen eingerahmte Asphaltstraße nach links.

Nach zirka zwei Kilometern – die Hauptstraße macht eine Rechtskurve – haben Sie die Möglichkeit, links in einen Kiesweg hineinzugehen (an der Ecke steht ein Verkehrsspiegel). Nehmen Sie den Schotterweg, der nach links einbiegt. Nachdem Sie abgebogen sind, macht nach zirka 300 Metern der Kiesweg eine Rechtskurve. Dort nicht geradeaus, sondern rechts gehen. Diesem sehr breiten und komfortablen Kiesschotterweg folgen Sie zirka zwei Kilometer, bis Sie auf eine Asphaltstraße stoßen. Links sehen Sie das Ortsschild von San Luca. Sie gehen nach rechts über die Brücke und überqueren den Bachlauf, dem Sie schon seit einiger Zeit gefolgt sind.

Auf diesem Weg erreichen Sie Madonna della Stella. Im Ort sehen Sie rechts die Poststelle und biegen dort links ab. So marschieren Sie geradewegs auf eine belebte Straße zu, wo Sie rechts ein Schild »Spoleto 10 km« sehen. Sie gehen geradeaus über eine stählerne Fußgängerbrücke, um danach sofort rechts den breiten Weg einzuschlagen.

Dieser komfortable Weg nach der Fußgängerbrücke schlängelt sich mal nach links, mal nach rechts und trifft nach etwa einem Kilometer auf eine Asphaltstraße. Sie nehmen die Abbiegung nach links, um in das

Dorf Fratta zu gehen. Relativ nahe am Eingang des Dorfes finden Sie an der rechten Seite eine Bar mit Geschäft und biegen dahinter in die asphaltierte Straße nach rechts ab.

Nachdem Sie an der nächsten T-Kreuzung links abgebogen sind, folgen Sie dem Verlauf der Teerstraße so lange, bis diese eine scharfe Rechtskurve macht. In der Kurve folgen Sie dem links abbiegenden, asphaltierten Weg.

Nach zirka 25 Metern geht es gleich wieder rechts. Gehen Sie auf diesem Weg erst links über eine kleinere Brücke mit Stahlgittern und etwa 50 Meter geradeaus. Vor sich sehen Sie eine größere Brücke (ebenfalls mit Stahlgittern). Gehen Sie geradeaus drüber und folgen Sie weiter dem Verlauf der Asphaltstraße. Sie kommen dann an eine Dreier-Kreuzung. Biegen Sie dort rechts ab, um ein Stück weiter vorne auf eine stärker befahrene Straße zu treffen. Biegen Sie dort rechts ab.

Nach wenigen Metern auf der Asphaltstraße sehen Sie schon das Ortsschild von Borgo und biegen danach links in eine schmalere asphaltierte Straße ein und kommen so geradewegs zu einem Verkehrsspiegel. Dann biegen Sie erneut links ab. Nachdem Sie abgebogen sind,

halten Sie sich geradeaus (nicht rechts abbiegen). Anschließend macht der Weg eine scharfe Rechtskurve. Diesen Weg weitergehen (er schlängelt sich). Sie kommen nach knapp einem Kilometer an eine einsam stehende Eiche. Wenn Sie an der Eiche zurückschauen, dann sehen Sie Montefalco, vorne ist bereits Spoleto zu erkennen. An dieser Eiche einfach im 90-Grad-Winkel rechts abbiegen.

Sie marschieren geradeaus weiter und sehen vor sich einzelne Gebäude, die passiert werden. Hernach gehen Sie über zwei kleine steinerne Brücken und erreichen erneut eine Reihe von Häusern. Dort stoßen Sie auf eine breite asphaltierte Straße, wo zwei Autos nebeneinander bequem Platz haben. Sie biegen rechts in die Asphaltstraße ein und folgen ihr für gut einen Kilometer.

Wenn Sie dann in 200 bis 300 Metern Entfernung sehen, dass die Teerstraße nach links und nach rechts abzweigt, können Sie vorher links einen Feldweg nehmen und dadurch etwas abkürzen. So erreichen Sie direkt das Dorf Camporoppolo.

Gehen Sie auf der Asphaltstraße in das Dorf hinein und biegen Sie bei dem Kirchlein in den Kiesweg rechts ab.

Sie bleiben für zirka 300 Meter auf diesem Weg und biegen dann rechts ab, um dem sehr breiten, komfortablen Kiesweg zirka einen Kilometer zu folgen. Der Kiesweg geht in einen asphaltierten Weg über. Wenige Meter später erreichen Sie eine Kreuzung (eine asphaltierte Straße kreuzt Ihren Weg). Gehen Sie einfach geradeaus über diese Kreuzung. Es geht auf einem Kiesweg geradeaus – Spoleto bereits in Sichtweite.

Der Schotterweg neigt sich allmählich nach rechts. Sie kommen durch mehrere Anwesen hindurch und gelangen dann an eine Verkehrsstraße. Biegen Sie dort links ab, bleiben aber nur etwa 150 Meter auf dieser Straße. Dann biegen Sie links in einen asphaltierten Weg ein. Sie sehen etwa in 100 Metern Entfernung ein zart rosarot bemaltes Anwesen. Der Asphaltweg geht in einen Kieselweg über, bleiben Sie darauf, bis Sie in zirka einem halben Kilometer rechts abbiegen können.

Montefalco
Spoleto

Nach weiteren 50 Metern folgt eine wunderschöne schattige Allee, links und rechts gesäumt von wuchtigen Eichenbäumen. Genießen Sie hier, sofern Sie im Sommer unterwegs sind, den wohltuenden Schatten der Bäume.

Sie verlassen die Eichenallee, indem Sie an deren Ende wieder rechts abbiegen und so nach wenigen Metern erneut auf die Verkehrsstraße kommen, von der Sie vorher abgebogen sind. Der Umweg ist tatsächlich nur deshalb interessant, weil Sie diese Eichenallee genießen können. Wenn Sie das nicht wollen, können Sie sich diesen Umweg sparen und auf der Verkehrsstraße bleiben, auf der Sie nach etwa einem Kilometer das Dorf Maiano durchschreiten.

An dessen Ende steht ein Ortsausgangsschild. Direkt vor dem Schild biegen Sie auf der rechten Seite schräg rechts in eine Asphaltstraße ein und folgen dem Verlauf der dieser Straße. Nach knapp einem halben Kilometer kommen Sie an eine Weggabelung. Dort biegen Sie links ab. Sie gelangen in das Dorf San Venanzo. Dann gehen Sie – zirka einen halben Kilometer weiter – links über eine steinerne Brücke. Nach 200 bis

300 Metern erneut links abbiegen, danach wieder links und dann geradeaus bis zum Kreisverkehr.

Wenn Sie am Kreisverkehr ankommen, müssen Sie rechts über die Brücke. Dann sehen Sie schon das Ortsschild von Spoleto gehen geradewegs auf Spoleto zu. Vom Ortseingangsschild bis zum Zentrum sind es noch zirka zwei bis drei Kilometer. ■

Wegbeschreibung

🥾 11 km 🕐 5 Std. ⇧ ca. 750 m ⇩ ca. 20 m

Als Ausgangspunkt für die Tagesetappe dient der Dom. Machen Sie sich auf einen interessanten Aufstieg durch die alten Gassen von Spoleto gefasst, ehe Sie auf dem weitläufigen Platz vor dem Dom ankommen. Nehmen Sie sich auf jeden Fall die Zeit, um den Dom zu besichtigen. Anschließend nehmen Sie die Treppe gegenüber, um dann nach links abzubiegen in Richtung des Ponte delle Torri. Sie gehen durch das steinerne Eingangstor zur Stadt hinaus, steigen wieder Treppen hinauf und gehen geradeaus auf der Via del Ponte. Auf dieser erreichen Sie eine imposante Brücke.

Nachdem Sie über die beeindruckende Steinbrücke aus der Römerzeit gegangen sind, nehmen Sie gleich den Weg rechts, um nach etwa 50 Metern links abzubiegen und den Berg hinaufzuklettern.

Der Weg ist steinig, aber gut beschrieben. Folgen Sie den Schildern Richtung Monteluco. Aktuell befinden Sie sich auf 400 Höhenmetern. Das Kloster Monteluco liegt auf 800 Höhenmetern.

Auf dem steinigen Weg hinauf nach Monteluco kann man kaum etwas falsch machen. An einigen Stellen gibt es zwar Abzweigungen, die jedoch als Privatstraße gekennzeichnet sind. Sie folgen der rot-weiß-roten Kennzeichnung mit der Nummer 1. Weiter oben dient oftmals nur noch die farbliche Kennzeichnung als Wegmarkierung. Sie kommen etwa auf der Hälfte des Weges zweimal an einer Kapelle vorbei. Dort beide Male links abbiegen. Etwas später kreuzen Sie die Straße nach Monteluco, auf der häufig Radfahrer und auch Autos und Motorräder zu sehen sind. Sie gehen einfach schräg über die Straße hinüber, um dem Weg gegenüber aufwärts zu folgen. Sie finden dort ein Schild mit dem Hinweis »Monteluco 804 Meter 0.15«. Das »0.15« bedeutet, dass Sie in ungefähr einer Viertelstunde in Monteluco ankommen werden. Ein Großteil des Weges ist also schon geschafft.

Wenn Sie beim Kloster Monteluco ankommen, sollten Sie nicht erschrecken. Dort befindet sich ein Picknickplatz, wo die Italiener vor allem an Wochenenden und abends ihre Ruhe

suchen. Wobei man von Ruhe kaum sprechen kann, weil so viele Leute hier sind. Halten Sie sich rechts, dann kommen Sie am Kloster vorbei. Wenn Sie es besichtigen möchten, achten Sie bitte auf die Öffnungszeiten: 9.00 bis 12.00 Uhr und 15.00 bis 18.00 Uhr. Danach gehen Sie einen leichten Berghang hinab und Sie sehen vor sich eine mit Holz eingezäunte große Graswiese. Halten Sie sich am Zaun rechts. Nach etwa 200 Metern sehen Sie eine abbiegende Asphaltstraße mit einem Hinweisschild in Richtung Patrico.

Auf den restlichen Kilometern hinauf nach Patrico werden Sie aus dem Staunen kaum herauskommen. Anfangs führt die Asphaltstraße noch durch dicht bewaldete Regionen, aber schon bald wird es lichter und Sie können links und rechts herrliche Ausblicke über die Hügel und die Berge der Nachbarschaft genießen. Blicken Sie ruhig einmal zurück auf Montefalco. Und ganz in der Ferne, sofern die Luft klar ist, sehen Sie Assisi und den Berg des ersten Tages, den Monte Subasio. ■

Sie gehen vom Gut Patrico die Straße zurück, auf der Sie gestern gekommen sind, und nehmen später dort die Abbiegung nach rechts, wo auf Alutafeln geschrieben steht »Monte Fionchi«. Sie kommen auf einen breiten steinernen Weg, der flach an einem Zaun rechter Hand am Berghang entlangführt. Nach gut einem Kilometer kommen Sie zu einer Weggabelung: Rechts geht es nach Eremo. Das lesen Sie auf dem Stein, der in der Weggabelung steht. Sie nehmen jedoch den Weg nach links, der wiederum durch Alutafeln mit dem Hinweis »Monte Fionchi« beschrieben ist. Sie gehen auf dem Hauptweg weiter, biegen also weder links noch rechts ab und kommen nach zirka zehn Minuten an zwei steinernen Viehtränken vorbei.

An diesen beiden Viehtränken sehen Sie erneut ein Aluminiumschild mit dem Namen des Berges, den Sie anpeilen. Sie gehen einfach geradeaus und steigen den Berg querfeldein hinauf. Nach 200 bis 300 Metern kreuzt ein flacher steinerner Trampelpfad. Folgen Sie diesem einfach nach rechts und Sie gelangen wenige Meter später an ein Schild, auf dem zu lesen ist, dass Sie jetzt noch 55 Minuten bis auf den Monte Fionchi benötigen. Der Weg steigt an und ist steinig, aber ausreichend breit.

Nachdem Sie dem breiten Weg zirka 100 Meter gefolgt sind, verläuft quer zu Ihnen ein schmaler Trampelpfad, zirka einen halben Meter breit. Dem folgen Sie nach rechts. Dabei werden Sie ab und zu durch rote Markierungen geleitet.

(Wenn Sie zu weit gegangen sind, kommen Sie nach zirka 200 Metern an ein grünes, möglicherweise verschlossenes Tor. Drehen Sie wieder um, um dann linker Hand dem schmalen Trampelpfad zu folgen.)

Dieser schmale Pfad führt flach bis leicht ansteigend an dem Berghang entlang und immer auf den Gipfel des Monte Fionchi zu. Sie erreichen eine Anhöhe, auf der wieder Schilder stehen. Dort sehen Sie ein Schild, dass Sie nach rechts in 25 Minuten auf dem Monte Fionchi ankommen. Sie gehen jedoch geradeaus am Zaun entlang.

Nach etwa 50 Metern führt der Zaun in den Wald hinein. Sie gehen auf einem Pfad in etwa zwei bis drei Metern Abstand parallel zum Zaun linker Hand. Der Weg führt gemütlich bergab. Nach einigen hundert Metern kommt eine Absperrung, durch die Sie hindurchkriechen. Bleiben Sie immer am Zaun, dann taucht auf der rechten Seite ein weiterer Zaun auf.

So gehen Sie also, rechts und links flaniert von Stacheldrahtzäunen, weiter geradeaus, bis diese nach 200 bis 300 Metern aufhören. Links sehen Sie eine steinerne Viehtränke. Sie gehen geradeaus durch das Holzgatter und dann – linker Hand wieder flankiert von einem Zaun – bergaufwärts.

Nachdem Sie durch das Holzgatter gegangen sind, bleibt Ihnen links als Orientierung immer noch der Zaun aus Holzpflöcken und Stacheldraht. Sie gehen an diesem entlang. Er dürfte knapp 300 Meter lang sein und endet dann plötzlich.

Sie erkennen aber rechts leicht ansteigend einen nicht besonders guten, aber dennoch breiten Weg. Bleiben Sie auf diesem Weg und kämpfen Sie sich durch.

(Wenn Sie jetzt das Gefühl bekommen, sich verlaufen zu haben, sind Sie genau richtig. Man kann nicht mehr wirklich von einem Weg sprechen. Hier oder da erkennt man vielleicht im Herbst oder im Winter, dass es tatsächlich ein Weg sein könnte – im Frühjahr oder Sommer ist er aber gut bewachsen und schwer zu erkennen. Als Orientierung gilt: Immer leicht rechts ansteigend halten.)

Sie gehen durch ein Wäldchen hindurch – die Strecke dürfte etwa 300 bis 400 Meter lang sein – und kommen dann von einem Augenblick auf den anderen auf eine Lichtung, wo Sie den wunderbaren Ausblick über die umgebenden Berge genießen sollten. Der Weg steigt nun auf offener Fläche an. Nachdem Sie für einige Augenblicke die Aussicht in sich aufgenommen haben, folgen Sie wieder Ihrem schmalen, leicht

steinigen Wanderweg. Schon bald kommt die nächste Herausforderung auf Sie zu.

Denn Sie sehen, dass der Weg in etwa auf der gleichen Höhe weiter verläuft, Sie aber ein längeres Dickicht passieren müssen. Jetzt heißt es lange Kleidung anlegen, um durch das Dickicht zu gelangen. Als Orientierungspunkt sehen Sie auf der gegenüberliegenden Seite links am Hangrand einen einzelnen Baum stehen. Dort führt Ihr Weg vorbei. Kämpfen Sie sich also durch das Dickicht, um hernach Ihren Weg an dieser Stelle fortsetzen.

Sie gehen nun auf gleicher Höhe am Berg herum. Im Sommer werden Sie bisweilen Schwierigkeiten haben, diesem Weg zu folgen, da er durch die üppige Vegetation überwuchert

sein kann. Bleiben Sie einfach auf der gleichen Höhe, ohne weiter den Berg hinauf- oder herunterzusteigen. Sie werden dann an einer kaputten Viehtränke vorbeikommen.

Wenn Sie nach Süd-Süd-West schauen, sehen Sie drei kleinere Bergkuppen. Auf der rechten Seite sehen Sie eine weitere Bergkuppe und dazwischen eine Senke. In Richtung der Senke entdecken Sie leicht rechts davon einen Zaun. Sie gehen nun am Weg entlang in Richtung des Zaunes und folgen ihm bergaufwärts.

Am Ende des Stacheldrahtzaunes sehen Sie in südlicher Richtung mehrere kleine Bergkuppen, dazwischen liegt ein Tal. In diesem Tal sehen Sie einen breiten Karrenweg, auf den Sie sich nun geradeaus begeben.

Patrico
Ferentillo

Wenn Sie diesem Karrenweg nach unten folgen, finden Sie in der Senke drei blecherne Viehtränken, an denen ein Bach vorbeiläuft. Gehen Sie durch den meist leeren Bachlauf hindurch und danach sofort links am Bachlauf entlang. Nach den ersten dreihundert Metern wird immer deutlicher der Pfad erkennbar, auf dem Sie gerade gehen. Folgen Sie diesem Pfad und er wird auf etwa gleicher Höhe am Berghang nach links herumführen. Sie kommen durch einen Wald mit sehr vielen Eichen und wandern auf dem steinigen Weg durch den schattigen Wald am Hang des Berges entlang.

Nach einigen hundert Metern treffen Sie auf zwei Stahlstangen, die vor einem freien Bereich zu sehen sind. An den Stahlstangen führt links der Weg steinig und steil nach unten ins Tal.

Während Sie so gemächlich bergab gehen, kommen Sie an einer kleinen steinernen Viehtränke vorbei. Der Weg führt am Berghang entlang abwärts. Wenn Sie gegenüber auf den Hügel schauen, sollten Sie ein steinernes Gebäude, eine Scheune, sehen, die aber als Kapelle dient. Das heißt: Der steinige Weg bringt Sie am Berghang entlang bergabwärts durch Eichenwälder auf die Kapelle zu.

Sie kommen an zwei steinerne Viehtränken. Dort biegen Sie nach rechts unten ab, um nach wenigen hundert Metern auf der rechten Seite die Kapelle zu sehen. Davor stehen zwei neu errichtete Picknicktische. Gehen Sie geradeaus über das Feld und lassen Sie in 50 Metern Entfernung die Kapelle rechts liegen. So finden Sie den schmalen Serpentinenpfad, der südwärts ins Tal führt.

Seien Sie bitte sehr vorsichtig, wenn Sie den Serpentinenweg steil nach unten gehen, denn hier liegen viele rutschige Steine. Sie sollten konzentriert und aufmerksam den Weg hinabgehen. Nach zirka einer Viertelstunde mündet der steile Weg rechts in einen etwa autobreiten steinigen Weg, der weiter steil nach unten führt und an einer Asphaltstraße endet.

Nachdem Sie an der Asphaltstraße angekommen sind, haben Sie genau eine Aufgabe. Diese Aufgabe lautet: bergab, bergab, bergab. Folgen Sie der asphaltierten Straße den Berg hinab. Sie kommen irgendwann an einem Wegweiser vorbei, der Ihnen sagt, dass Sie aus Richtung Cese kommen (5 km). In die andere Richtung zeigt der Wegweiser nach Ferentillo. Lassen Sie sich aber nicht täuschen: Der Weg von hier nach Ferentillo hinunter bedeutet noch ein gutes Stück Arbeit. Da es ständig bergab geht, ist das zwar nicht so anstrengend, aber Sie werden gut eineinhalb Stunden benötigen, um nach Ferentillo zu kommen. Das heißt, Sie haben definitiv noch sechs, sieben Kilometer vor sich. Wenn Sie ein Zimmer in der Agriturismo La Pila gebucht haben, können Sie am Ortseingang von Ferentillo nach rechts abbiegen (beschildert!). Von dort aus geht es noch einen knappen Kilometer den Berg hinauf, bevor Sie Ihre Unterkunft erreichen. ∎

Wenn Sie im Agriturismo La Pila übernachtet haben, gehen Sie die Asphaltstraße, auf der Sie gestern herkamen, wieder hinab, um die Hauptstraße zu erreichen. Dort geht's geradeaus weiter. Nach etwa eineinhalb Kilometern biegen Sie links ab, um in das Zentrum von Ferentillo zu gehen. Sie sehen auf der linken Seite genug Lebensmittelmärkte, um sich mit Getränken und Essen für die Mittagspause einzudecken.

Gehen Sie danach weiter durch den Ort und biegen Sie an der Via Roma rechts ab. Diese Abbiegung befindet sich relativ nahe am Ortsende und führt rechts hinab. Die Via Roma macht schnell eine Rechtskurve. Dort gehen Sie quer über die Straße sowie eine Brücke über den Fluss und halten sich dann wieder rechts.

Bleiben Sie auf der Straße, die jetzt eine leichte Linkskurve beschreibt. Steigen Sie hernach einige Stufen die Treppen hinauf. Sie kommen an einen Platz, in der Ecke befindet sich eine Bar. Überqueren Sie diesen Platz und halten Sie sich rechter Hand – wieder leicht ansteigend. Am Ende des Ortes führen die flachen Treppenstufen links hinauf zum spektakulären Mumienmuseum.

Zurück auf der Hauptstraße gehen Sie in das Tal hinein und auf der Asphaltstraße nach Monterivoso hinauf.

Wenn Sie Monterivoso erreicht haben, gehen Sie rechts hinter dem Ortsschild (zirka 70 Meter) eine Asphaltstraße entlang über eine Flussbrücke. Diese Asphaltstraße wandelt sich in einen Schotterweg und führt südlich den Berg hinauf.

Der breite Kieselweg führt noch einen guten Kilometer südwärts den Berg hinauf und macht eine Rechtskurve, wo Sie über einen Bach gehen. Sofort danach parallel zum Bach links abbiegen und steil nach oben gehen. Hier steht ein Wegschild mit dem Namen »Tripozzo« oder »Casale Carpio«. Diesem Weg folgen Sie hinauf auf den Carpio-Pass.

Der Carpio-Pass beansprucht zirka eineinhalb Stunden Gehzeit. Sie werden relativ weit oben an zwei Viehtränken vorbeikommen, biegen rechts ab, dann noch einmal rechts und wandern den breiten Weg zirka 250 Meter weiter steil nach oben. Dann stoßen Sie auf einen breiteren

Schotterweg, den Sie nach links einschlagen. Nach etwa 300 Metern kommen Sie erneut an einer Beschilderung vorbei und sehen daran, dass Sie sich auf dem Weg nach Petozzo befinden.

Sie gehen auf diesem breiten kiesigen Weg leicht ansteigend am Berghang entlang in Richtung der Hochspannungsmasten, die Sie voraus sehen. Lassen Sie Ihren Blick nach unten schweifen, um Monterivoso noch einmal von oben zu betrachten.

Wenn Sie genau hinsehen, können Sie den Weg, den Sie gestern um den Monte Fionchi herum beschritten haben, erblicken.

Dieser breite geschotterte Weg führt leicht ansteigend am Berghang hinauf. Sie gehen etwa eine Stunde – also zirka vier Kilometer – hinauf, knapp an einem Hochspannungsmasten vorbei, durchqueren die Leitungen und steigen weiter bergan. Wenn es allmählich flacher wird, kommen Sie an eine T-Kreuzung. Sie sehen rechter Hand die Leitungen der Hochspannungsmasten. Dort biegen Sie links ab, um nach 50 Metern wieder rechts abzubiegen. Jetzt gehen Sie auf einem flachen Weg geradeaus, links und rechts befindet sich ein Zaun und rechter

Hand sehen Sie nach wie vor die Hochspannungsmasten. Linker Hand taucht nach einigen Metern ein Haus auf.

Nachdem Sie Haus Nummer eins und Haus Nummer zwei oben auf der Anhöhe passiert haben, geht der breite Weg leicht abfallend, zum Teil in Serpentinen, eine Anhöhe hinab. Anfangs laufen Sie immer unter den Hochspannungsleitungen hindurch, später neigt sich der Weg nach rechts und Sie wandern quasi am Berghang entlang leicht abfallend bequem nach unten. Nach etwa zweieinhalb Kilometern stoßen Sie wieder auf einzelne Häuser. Sie werden auf der linken Seite auf einer kleinen Anhöhe ein gelbliches Haus sehen.

Rechts vor Ihnen liegt direkt am Weg ein kleines mit Wellblech verkleidetes Gebäude, möglicherweise liegen immer noch die Betonsteine im Garten. Dort nehmen Sie scharf rechts die Abbiegung in Richtung Polino, die mit roten Markierungen versehen ist.

Der Weg nach Polino steigt zunächst steil an und besteht aus Waldboden mit Steinen. Dann wird es bald flacher. Zur linken Seite gehen Sie an einem Zaun entlang. Nach etlichen hundert Metern endet der Zaun und Sie kommen an eine T-Kreuzung. Nehmen Sie die linke Abzweigung, gehen Sie den breiten Weg ein kleines Stückchen hinauf. Sie erreichen so eine asphaltierte Straße, auf der Sie nach rechts abbiegen.

Die Asphaltstraße gehen Sie etwa vier Kilometer – also zirka eine Stunde – weiter. Sie führt am Berghang, mal leicht ansteigend, mal leicht abfallend, meist eben entlang. Und auf der Hälfte Ihres Weges sehen Sie rechts unten Polino.

(Es gibt einen schräg rechts und stark abfallenden Weg dorthin. Sie könnten auch in Polino übernachten, müssten dann jedoch am Folgetag das zusätzliche Stück hinauf nach Don Bosco auf sich nehmen.)

Auf Ihrem Weg kommen Sie nach gut einer Stunde in einer Rechtskurve an eine kleine Brücke mit Leitplanken links und rechts. Dort nehmen Sie direkt vor der Brücke auf der linken Seite einen steinigen Weg, der erst für 20 bis 30 Meter steil nach oben führt und rechts abbiegt, gehen durch eine kleine Mulde, um danach ansteigend auf einem steinigen Waldweg nach oben durch einen dunklen, kühlen und schattigen Wald zu gehen, den Sie sich an der Stelle redlich verdient haben.

Nachdem Sie den relativ steilen Anstieg durch den Wald geschafft haben, halten Sie sich an einen Graben, der zuerst rechter Hand verläuft, den Sie aber durchschreiten.

Anschließend sehen Sie von links nach rechts Telefon- oder Stromleitungen. Orientieren Sie sich am besten an diesen Masten sowie an der Leitung und gehen Sie nach rechts oben, um die Asphaltstraße zu erreichen. Das gelingt Ihnen am besten, indem Sie querfeldein über

den leichten Berghang gehen. Keine Angst, die Strecke beträgt nur 200 bis 300 Meter. An der Straße angekommen, gehen Sie in Richtung Westen. Sie biegen nach rechts ab und folgen der Straße, die leicht abwärts führt. Es sind jetzt nur noch einige hundert Meter, bis Sie rechter Hand nach Don Bosco kommen. ■

Wegbeschreibung

🥾 24 km   🕐 6 Std.   ⇧ ca. 480 m   ⇩ ca. 900 m

Nach dem Verlassen der Albergo Don Bosco gehen Sie zurück auf die Straße und biegen dann links ab, um bergauf zu marschieren. Sie bleiben auf der breiten Asphaltstraße, die sich in Serpentinen langsam den Berg hinaufschlängelt. Zirka in der Mitte der zu gehenden etwa zwei Kilometer befindet sich eine Quelle. Dort können Sie frisches Trinkwasser zapfen, was wir Ihnen auf jeden Fall empfehlen.

Nach den etwa zwei Kilometern, also zirka einer halben Stunde Gehzeit, sehen Sie auf der rechten Seite zwei Häuser. Das hintere der beiden besteht aus drei Komplexen und

ist komplett aus Holz. Hinter diesem Haus biegt rechts ein breiter Schotterweg ab. Folgen Sie diesem Schotterweg, der anfangs waagrecht am Berghang entlang verläuft und danach allmählich leicht fallend wird. Nach zirka einer halben Stunde Gehzeit kommen Sie durch ein Holzgatter. Nach weiteren etwa zehn Minuten marschieren Sie durch eine Grube. Durchqueren Sie diese Grube geradeaus, um weiter auf einem Pfad bergabwärts durch den Wald zu marschieren.

Nach der Grube verjüngt sich der erst fahrzeugbreite Weg relativ zügig zu einem schmalen Pfad. Diesen schmalen Pfad gehen Sie nun entlang.

Er führt erst quasi waagerecht am Berghang entlang, wird aber später leicht abwärts gehen. Sie werden nach etwa einer knappen halben Stunde auf Steine stoßen, auf denen einen rotes Tau zu erkennen ist. Sie haben also den richtigen Weg gewählt und gehen diesen weiter.

Nach wenigen Metern kommen Sie an einer Ruine vorbei und sehen rechter Hand einen Hochspannungsmasten. Sie lassen die Ruine rechts liegen, gehen geradeaus über einen kleinen Picknickplatz und sehen einen Weg, der abfallend weiterführt. Nach wenigen hundert Metern stoßen Sie auf einen Bachlauf.

Der Weg führt nun sanft bergauf. Nach etwa einer Viertelstunde gelangen Sie an eine Asphaltstraße. Gegenüber sehen Sie ein Restaurant, das zu einer kleinen Stärkung einlädt.

Danach geht der Weg über die Brücke weiter, die über den Bach führt, den sie vorhin entlanggingen. Sie marschieren auf einer Asphaltstraße, die sanft ansteigt. Nach etwa einem Kilometer passieren Sie einen Grenzstein und danach auf der rechten Seite ein einsames Haus. Kurz hinter dem Haus – auf der linken Seite – sollten Sie aufpassen, denn dort zeigt Ihnen ein Schild einen Wanderweg an, gekennzeichnet mit »2C«, der links in den Wald hineinführt. Sie werden etwa 25 Minuten durch den Wald nach oben gehen. Erst flach, dann übergehend zu einem sanften Anstieg und hernach doch sehr kräftig geht es in Form von Serpentinen hinauf. Dann kommen Sie aus dem Wald heraus und erreichen einen herrlichen Aussichtspunkt mit Blick auf die umliegenden Berge.

Wenn Sie an der Lichtung angekommen sind, folgen Sie einfach geradeaus dem schmalen Pfad. Dieser führt anfangs auf gleicher Höhe, also quasi eben weiter. Etwas später beginnt er leicht anzusteigen und es geht wieder durch etwas dichteren Wald hindurch. Der Pfad neigt sich dann links um den Hang herum und Sie kommen im weiteren Verlauf in einen wunderschönen, traumhaften Buchenwald mit herrlichen Lichtungen dazwischen. Gehen Sie auch hier leicht ansteigend geradeaus. Sie können sich daran orientieren, dass links und rechts ein steiler Hang ist. So marschieren Sie quasi leicht ansteigend zirka 30 Minuten in einer Senke dahin.

Nachdem Sie die letzte Lichtung passiert haben, links und rechts gesäumt von Buchen, kommen Sie auf einen breiten, geschotterten Weg. Diesem folgen Sie nach rechts, gehen leicht abwärts. Danach steigt dieser breite Kiesweg wieder leicht an, um dann aus dem Wald herauszuführen und freies Feld zu erreichen.

Sie haben von nun an bis hinunter zur Franziskuskapelle immer wieder herrliche Blicke hinunter ins Tal, in dem Sie schon Rieti sehen können. Sie gehen etwa eine Stunde auf dem breiten, bequemen Schotterweg nach unten und erreichen die Franziskuskapelle. Dort können Sie einen Abstecher zur Franziskusbuche machen. Der Platz an der Kapelle eignet sich natürlich auch hervorragend für eine mittägliche Pause.

Wenn Sie die Franziskuskapelle verlassen haben, führt Sie der Weg weiter bergab. Aus diesem Kieselweg wird eine Asphaltstraße. In größeren und kleineren Kurven geht es serpentinenähnlich etwa eine Dreiviertelstunde hinunter zu einem Dorf namens Cepparo. Sie können aber den Weg leicht abkürzen, denn Sie sehen an einigen Kurven dieser Asphaltstraße Schilder mit der Aufschrift »Cammino di Francesco«. Von dort führen meist kleine steilere Pfade den Berg hinunter. Wir bevorzugen den sanfteren Abstieg über die Asphaltstraße.

Nachdem Sie das Dorf Cepparo verlassen haben, führt die Asphaltstraße weiter steil nach unten. Sie kommen durch die erste, zweite und dann durch die dritte scharfe Kehre. In der dritten Kehre sehen Sie linker Hand eine niedrige Betonmauer und einen

Kieselweg, der geradeaus führt. Diesem folgen Sie und verlassen die Asphaltstraße. Der Weg geht sofort ein Stückchen nach rechts hinunter, führt durch ein trockenes Bachtal hindurch und dann in einer leichten Rechtskurve sanft ansteigend weiter. Sie sehen linker Hand eine zirka 150 Meter lange Wiese. Gehen Sie einfach quer über die Wiese. An deren Ende führt zwischen Büschen, etwas schwierig zu erkennen, ein schmaler Pfad von der Wiese weg. Nach weiteren 150 bis 200 Metern wird dieser schmale Pfad auf einen breiten Fußweg geführt, auf dem Sie nun weitergehen.

Sie gehen an einem Berghang entlang und kommen nach zirka zehn Minuten an eine größere, von links herunterkommende Wiese. Dort nehmen Sie den steilen Weg nach links oben. Dieser führt auf etwa 300, 400 Metern ziemlich steil am Rand der Wiese entlang.

Am Ende angekommen sehen Sie rechts einige aus Stein und Beton erstellte Picknickplätze. Hier gelangen Sie an einen fahrzeugbreiten Kiesweg. Biegen Sie nach rechts ab, um In Richtung Süd bis Südost zu marschieren. Am Anfang ist der Weg relativ flach, steigt aber wieder stärker an und hält sich links am Berghang. Gehen Sie diesen Weg so lange weiter, bis Sie auf eine Asphaltstraße treffen. Auf dieser Straße gehen Sie dann geradeaus, leicht den Berg hinunter.

Nachdem Sie so in Poggio Bustone angekommen sind, bleiben Sie auf dieser Asphaltstraße, die am Berghang entlang leicht abwärts geht. Nach knapp einem Kilometer stoßen Sie auf die Hauptstraße – Sie laufen auf ein Stoppschild zu. Nach links sehen Sie jetzt die Wegweiser, die hinauf zum Kloster führen. Wenn Sie rechts der Straße folgen, um in den Ortskern hinunterzugehen, dann kommen Sie nach vier Kilometern auf einer Asphaltstraße Richtung Rieti direkt an die Villa Tizzi. Falls Sie im Dorf übernachten, können Sie schon nach einem Kilometer Feierabend machen. ■

🚶 20 km   🕐 6 Std.   ⬆ ca. 300 m   ⬇ ca. 600 m

Achtung: Diese Beschreibung startet vom Kloster Santuario di Poggio Bustone. Von der Villa Tizzi lassen Sie sich am besten mit dem Auto dorthin bringen, um es zu besichtigen.

V om Klostervorplatz aus nimmt man die steil nach links unten führende Straße, um rasch in das Zentrum von Poggio Bustone zu gelangen. Dort finden Sie ein Geflecht an Gassen und Gässchen vor. Halten Sie sich eher links innerhalb der Altstadt. Am unteren Ende des Dorfes sollten Sie auf die Via Goito stoßen. Dieser folgen Sie wiederum nach links unten, wo der Weg in einen Kieselweg übergeht.

Bergab erreichen Sie nach etwa 300 Metern eine kleine Brücke vor Felsen. Dort nehmen Sie den breiten Weg nach rechts. Sie sehen immer wieder Holzwegweiser mit der Aufschrift »Santuario della Foresta«, die

Ihnen die Richtung weisen. Nach gut 200 Metern sehen Sie wieder solche Holzwegweiser und nehmen den Weg nach links. Sie sollten ab und an mal nach rechts oben schauen, um die Stadt, die Sie soeben durchwandert haben, zu begutachten.

Auf dem schmalen Trampelpfad, der auf gleichbleibender Höhe linker Hand um den Berg herumführt, bleiben Sie nun. Nach wenigen Metern werden Sie rechter Hand die Villa Tizzi sehen.

Sobald der schmale Pfad auf einen breiten Kieselweg trifft, gehen Sie nicht nach rechts unten, sondern quasi geradeaus. Der Weg steigt nun ein gutes Stück steil bergan. Die Fahrrinnen sind ein Stück weit mit Beton ausgegossen. Wenn Sie den höchsten Punkt erreichen, sehen Sie einen Weg, der steil nach rechts unten abfällt und mit gelben Punkten markiert ist. Nehmen Sie diesen Weg. Gehen Sie also nicht links durch das Tor hindurch.

Nachdem Sie den steil abfallenden Teil hinter sich gebracht haben, wird der Weg flacher. Ein Stück weiter unten kommen Sie an eine Y-Kreuzung. Halten Sie sich hier bitte links, um wenige Meter später auf eine Asphaltstraße zu gelangen. Hier gehen Sie zunächst rechts und direkt danach gleich links leicht ansteigend an einem Häuschen auf der linken Seite vorbei.

Auf der breiten, bequemen Asphaltstraße gehen Sie ebenen Weges sanft ansteigend auf ein Dorf zu. Das Dorf hört auf den Namen S. Liberato. In dem Dorf kommen Sie dann links an einem Brunnen vorbei. Der Weg neigt sich leicht bergab und macht eine Rechtskurve. Aufgepasst, in dieser Rechtskurve stehen linker Hand zwei Häuser, die mit weißer Farbe verputzt sind. Zwischen den beiden

Häusern führt ein schmaler Weg hindurch. Den müssen Sie entlanggehen. Sie erkennen das schnell an dem gelben Punkt, der den Cammino di Francesco kennzeichnet. Wenn Sie genau hinschauen, sehen Sie zudem ein Holzschild, das den Weg beschreibt.

Wenn Sie dem schmalen Weg zwischen beiden weißen Häusern folgen, dann geht es zunächst erst einmal kräftig bergauf. Aber bereits nach 200 bis 300 Metern können Sie rechts in einen schmalen Pfad abbiegen. Sie erkennen ihn wiederum an den gelben Pünktchen. Dieser schmale Pfad führt nun etwa auf gleichbleibender Höhe, manchmal leicht ansteigend, um den Berghang herum. Sie sehen rechts unten das Rieti-Tal und bewegen sich eine gute halbe Stunde auf dem schmalen Pfad.

So erreichen Sie das an einem wunderschönen Hang gelegene Städtchen Cantalice. Sie gelangen an eine Asphaltstraße, der Sie in Serpentinen nach unten in das Dorf folgen. In Cantalice kommen Sie gleich linker Hand an einen größeren Platz, wo eine sehr nette Bar ist. Auf dieser Straße erreichen Sie nach weiteren zirka 50 Metern nach dem Platz links eine breite Treppen hinauf in den Ortskern von Cantalice.

Es wird jetzt ziemlich anstrengend, weil Sie eine Reihe von Treppen steigen müssen auf der Via G. B. Valentini. Sie kommen zur Kirche hinauf, lassen diese links liegen und halten sich danach aber wieder rechts, so dass Sie oberhalb auf einen Platz kommen, die Piazza del Popolo, von wo aus Sie hinunter auf den Kirchplatz schauen können. Gehen Sie nun durch das Tor in die Via Lamarmora.

Sie verlassen auf der Via Lamarmora die Altstadt von Cantalice. Die Straße steigt nun an. Sie kommen danach an eine Kreuzung, an der Sie rechts abbiegen und auf beiden Seiten gesäumt von Kastanien, ebenen Fußes weitermarschieren.

So gehen Sie die Via del Castello entlang. Nach etwa 250 Metern biegen

Sie links ab in die Via San Gregorio. Auf dieser asphaltierten Straße gehen Sie nun zirka eine Stunde weiter. Die Straße ist manchmal eben, sanft ansteigend oder abfallend. Nach etwa einer Stunde fällt die Straße längere Zeit stärker ab und Sie laufen geradeaus auf die Kirche San Felice zu. Dort biegen Sie links auf eine asphaltierte Straße ab, die bergab führt.

Nach 300 bis 400 Metern geht links ein breiter Schotterweg ab. Sie können das auch an dem Schild erkennen, das darauf verweist. Folgen Sie nun diesem Schotterweg. Er geht allmählich über in einen schattigen Waldweg, manchmal flach, dann wieder steil abfallend. Etwas später, zirka nach einem Kilometer, kommen Sie an eine Y-Abzweigung, bei der Sie den steilen Weg nach links unten einschlagen und auf einem steinigen Weg abwärts gehen. Später wird der Weg wieder flacher und Sie erreichen nach einiger Zeit eine Asphaltstraße.

Sie biegen links ab und gehen auf dieser Asphaltstraße sanft ansteigend 200 bis 300 Meter weiter, um hernach rechts über eine kleine, kaum erkennbare Brücke über ein Bächlein zu gehen. Danach geht's wieder rechts in einen breiten kommoden Kiesweg mit dem Namen Via La Foresta.

Zunächst führt ein breiter Kieselsteinweg, rechter Hand vom Bach flankiert, geradeaus. Auf der gegenüberliegenden Seite sehen Sie die Straße, die Sie vorhin in die andere Richtung gegangen sind. Später steigt der Weg an und endet vor einem Anwesen. Aber rechts führt ein Pfad in den Wald hinein, der Sie weiter in Richtung des Klosters bringt. Sie gehen nun in einem schattigen Wald relativ steil bergan. Während Sie steil den Waldweg hinaufschreiten, werden Sie schon bald eine wunderschön gepflasterte, breite Treppe sehen.

Sie gelangen nun ans Kloster. Nehmen Sie sich Zeit und Ruhe, um den Klostergarten, die Klosteranlage, den Kreuzweg und die Abbildung des betenden Franziskus neben dem Kloster zu begutachten.

Nach dem Kloster liegt noch der Abstieg hinunter nach Rieti, der zirka eine Stunde dauert, vor Ihnen. Nachdem Sie das Kloster besucht haben, gehen Sie den weiten Weg oben um den Kreuzweg herum und bestaunen den wunderschönen Klostergarten in der Mitte der Klosteranlage.

Am Anfang des Kreuzwegs nehmen Sie die Straße, die nach Rieti hinabführt. Sie bleiben auf dieser Asphaltstraße, bis Sie das Ortsschild von Rieti erreichen. Es sind etwa drei Kilometer. Hernach kommen Sie an einen großen Kreisverkehr, in dem Sie genauso wie die Autos links in Richtung Rieti abbiegen. Nach etwa einem halben Kilometer, der Hauptstraße geradeaus folgend, können Sie rechts in die Straße A. M. Ricci abbiegen, auf der Sie nach knapp einem Kilometer in die Altstadt von Rieti kommen. ■

Wenn Sie sich auf den Weg nach Greccio machen, müssen Sie Rieti an der Porta Romana verlassen. Gehen Sie dort über die Brücke und hernach noch zirka 200 Meter weiter, bis Sie an den Platz der Republik kommen. Dort halten Sie sich zunächst rechts und biegen dann links in die Via Tancia ab. Über die nächste größere Kreuzung gehen Sie gerade aus, um etwa 20 Meter hernach rechts in die Via Don Giovanni Olivieri abzubiegen.

Dort sehen Sie nach etwa 200 Metern rechts einen Fahrradweg, der neben dem Flüsschen entlang verläuft und Sie sehen auch ein braunes Schild mit dem Wegweiser »Cammino di Francesco«, was auf Deutsch so viel heißt wie Weg des Franziskus. Das ist der Weg, auf dem auch Sie sich heute bewegen werden, um das dritte Franziskanerkloster zu besichtigen. Sie bleiben etwa einen Kilometer auf dem Fahrradweg.

Sie verlassen den Fahrradweg, wenn der Fluss eine starke Rechtskurve macht. Sie sehen ein Holzschild, das Sie links auf die Hauptstraße runterführt. Bleiben Sie etwa 50 Meter auf dieser Straße und biegen dann erneut links in die Straße Via di Carlo ab.

Sie folgen der Teerstraße geradeaus, gut einen halben Kilometer, und gelangen so an eine Kreuzung, wo von links eine Straße mündet. Sie gehen gerade aus über eine kleine Brücke und folgen dem Verlauf der Straße nach rechts. Nach zirka 100 Metern sehen Sie auch das braune Schild »Santuario di Colombo«, biegen nach links ab, gehen an einer Siedlung entlang und passieren auf der rechten Seite eine freie Wiese. So geht es geradewegs auf eine ziemlich befahrene Straße zu.

Sie bleiben auf dem schmalen Asphaltsträßchen, gehen durch eine Unterführung und queren so die Autostrada. Nach etwa 200 Metern erreichen Sie eine Kreuzung mit einer Asphaltstraße. Dort biegen Sie rechts ab, am Ende der Straße dann links. Kurz darauf erreichen Sie eine Snackbar. Gegenüber beginnt der Anstieg zum Kloster. Zunächst bewegen Sie sich noch auf einer Asphaltstraße, die später in einen Kieselweg übergeht, der nach etwa 400 Metern rechts abbiegt.

Wenn Sie den steilen Weg hinauf zum Kloster beschreiten, kommen Sie an einer Kapelle vorbei. Dort bitte rechts halten und dem Holzzaun folgen. Es ist nicht mehr allzu weit, schon bald werden Sie das Kloster erreichen. Nehmen Sie sich dort ruhig etwas Zeit, um es genauer zu besichtigen. Es besteht aus vielen einzelnen Gebäuden und Kapellen und ist unserer Meinung nach das eindrucksvollste Kloster ist, das wir bisher auf unserer Reise gesehen haben.

Weiter folgt der Weg diesmal nicht den Wegweisern »Cammino«, sondern Sie nehmen nach rechts die Asphaltstraße ins Tal hinunter. Auf dieser bleiben Sie etwa eineinhalb Kilometer, bis Sie in eine nach rechts führende Kehre kommen. In dieser Kehre führt links ein schmaler steiniger Pfad erst bergan, ein kurzes Stück steil bergan, danach geht er in einen flachen Weg über, um später wieder zu fallen.

Auf diesem Waldpfad erreichen Sie das nächste Dorf. Sie gehen direkt auf das Haus mit der Nummer 48 zu. Nehmen Sie dort rechts die Asphaltstraße, die in das Dorf hineinführt. Bleiben Sie auf dieser Asphaltstraße, die dorfabwärts führt. Danach steht Ihnen ein kleiner Anstieg bevor. Dann biegen Sie links in die Straße Colle S. Antimo ab.

Die Colle S. Antimo führt im Dorf auf eine Asphaltstraße, die sich zu einem Weg verjüngt und steil hinabführt. Wenig später kommen Sie auf eine breite, meist vielbefahrene Straße. Dort biegen Sie links ab. Sie bleiben

für zirka einen Kilometer auf dieser Straße, bis Sie das Ortsendeschild sehen. Danach ist es nur noch ein kleines Stück, bevor Sie rechts in die Via dei Prati abbiegen. Anschließend laufen Sie über die Zugschienen.

Vor sich sehen Sie nun die Unterführung der Autostrada. Sie gehen jedoch direkt hinter den Schienen links und bleiben damit auf der Via dei Prati. So bewegen Sie sich zwischen den Schienengleisen und der breiten Straße ebenen Fußes auf das nächste Dorf namens Larghetto zu.

Dort angekommen, biegen Sie am Ortsschild dort links ab in Richtung Schienen. Sie kommen an dem Bahnhof Poggio Fidoni vorbei und überqueren die Schienen. Nachdem Sie über die Schienen gegangen sind, nehmen Sie rechts die asphaltierte Straße Via G. Gregori und laufen geradewegs auf Contigliano zu.

Auf diesem Weg bleiben Sie. Nach zirka 20 Minuten kommen Sie an eine breite Verkehrsstraße. Dort biegen Sie zunächst rechts und gleich wieder links ab. Sie erkennen jetzt auch wieder die Schilder, die den Weg, italienisch Cammino, kennzeichnen. Nachdem Sie links abgebogen sind, bleiben Sie auf dieser Asphaltstraße nur etwa 200 Meter, dann biegen Sie nach rechts in eine schmalere Asphaltstraße ein, die in Serpentinen den Berg hinaufführt.

Nach einigen 100 Metern auf der Asphaltstraße sehen Sie einen Wegweiser, der rechts über einen Schotterweg führt. Dieser Schotterweg führt Sie nun auf einer Länge von knapp drei Kilometern nach Contigliano hinein. Manchmal ist der Weg leicht ansteigend, bisweilen flach, danach wieder abfallend.

Der Weg, der von der Asphaltstraße in Richtung Contigliano führt, ist in der Summe ziemlich nervig, weil man erst ein gutes Stück bergauf geht und dann auf einer Asphaltstraße wieder steil nach unten. Aber es gibt wohl keine einfachere Möglichkeit, dort hinauf zu kommen. Von diesem Weg führen oftmals links und rechts Wege ab. Trotzdem können Sie kaum die Richtung verfehlen, denn der Weg ist mit gelben Symbolen und mit den Schildern, die den Cammino di

Francesco weisen, sehr gut ausge-schildert. Sie werden also zielsicher den nächsten Ort erreichen.

Wenn Sie Contigliano erreicht ha-ben, führt der Weg nicht in die Altstadt hinein. Sie sollten aber dennoch das »Centro storico« be-suchen, da es durch wunderbare Gässchen und altes Gemäuer zu überzeugen weiß. Ihr Weg hingegen führt zum Platz vor der Kirche und dann gehen Sie die Asphaltstraße wieder links hinab. Die braunen und auch gelb-blauen Tafeln »Cammino di Francesco« beschreiben den Weg zum Santuario di Greccio wunder-bar. Von hier aus sind es noch et-wa sechseinhalb Kilometer, bis Sie Greccio erreichen.

Unten im Dorf kommen Sie an die Kreuzung mit der Hauptstraße, wo Schilder Ihnen den Weg weisen:

links abbiegen. Etwas später kom-men Sie an einer Bar vorbei und nehmen den Weg schräg rechts. Sie sind auf der Via del Colle. Dann führt der Cammino rechts in die Via delle Corona. Später biegen Sie links ab und folgen dem breiten Schotterweg, der bergauf führt, für zirka einen hal-ben Kilometer, bevor Sie nach rechts abbiegen.

Nach dem Anstieg führt der Weg abwärts, um sich dann waagrecht – manchmal auch sanft ansteigend – am Hang des Hügels entlangzu-winden. So gehen Sie gut einen Ki-lometer, bis Sie an ein imposantes Gebäude stoßen. Es handelt sich hierbei um eine frisch renovierte Ab-tei. Sie gehen an der unteren Mau-er der Abtei entlang. Am Ende des Gebäudes gehen Sie zirka 40 Meter

nach rechts den breiten Kiesweg, um dann links abzubiegen. Der Weg-weiser »Cammino di Francesco« hilft Ihnen bei der Orientierung.

Jetzt fehlt nur noch der Endspurt. Sie haben noch zirka zwei Kilome-ter bis nach Greccio. Aber diese zwei Kilometer haben es in sich. Sie gehen zunächst über einen hal-ben Kilometer auf einem Waldpfad steil bergan. Sodann stoßen Sie auf die Straße, die hinauf nach Greccio führt. Während diese in ausladenden Serpentinen den Berg hinaufkriecht, haben Sie es gut. Sie dürfen steil an-steigend mehrere Serpentinen rasch überwinden. Etwa einen Kilometer vor dem Dorf wird Ihr steiler Anstieg auf die Straße führen, der Sie noch den letzten Kilometer folgen. ■

Wegbeschreibung

🥾 15 km ⏱ 5 Std. ⬆ ca. 370 m ⬇ ca. 600 m

Wenn Sie Greccio verlassen, wenden Sie sich am zentralen Dorfplatz auf die Asphaltstraße nach rechts gehen, also in der Richtung weiter, aus der Sie am Vortag gekommen sind. Dort führt eine Teerstraße leicht abwärts, zum Schluss leicht ansteigend hinüber zum Kloster von Greccio. Der Weg ist zirka zweieinhalb Kilometer lang. Jetzt haben Sie die Gelegenheit, das Greccio-Kloster zu besichtigen. Besonders hervorzuheben sind die verschiedenen Krippen, die ausgestellt sind, denn Greccio ist der Ort, an dem Franziskus das erste Mal eine lebendige Weihnachtskrippe inszeniert hat. In dem Kloster zu Greccio zeugen viele andere Krippendarstellungen vom Ursprung der Weihnachtskrippe.

Der weitere Weg beginnt am Vorplatz des Klosters, wo auch die Kirche steht. Sie sehen in westlicher Richtung eine Treppe, weiter oben ein farbiges Mosaik. Gehen Sie diese

Treppe hinauf. Dort kommen Sie an einen Wegweiser mit der Nummer 1B. Der Weg biegt rechts ab und führt an einer Steinmauer entlang. Gehen Sie hinauf, bis Sie zu einem herrlichen Aussichtspunkt kommen: Genießen Sie einen letzten fantastischen Blick ins Rieti-Tal, auf Greccio und die vielen Orte, die sie im Verlauf der letzten Tage besucht und gesehen haben.

An dem Kreuz gegenüber führt links hinauf ein schmaler Waldpfad. Diesen schlagen Sie ein und gehen zunächst steil nach oben. Im weiteren Verlauf wird der Weg wieder etwas flacher. Direkt nach dem Beginn des Weges gibt es an der rechten Seite eine Abbiegung, die Sie bitte nicht nehmen, sondern Sie gehen geradewegs steil nach oben.

Der steil ansteigende Waldpfad mündet bei einer Kehre in einen mit Steinen gepflasterten Weg. Sie nehmen den aufsteigenden Pfad. Es wird nun ziemlich anstrengend und Sie werden eine gute halbe bis knappe Dreiviertelstunde nochmals steil bergan steigen. Der Untergrund besteht weiterhin aus gepflasterten Steinen und ist bequem zu begehen. Am höchsten Punkt Ihrer Reise sollten Sie noch einmal in das Tal zurückblicken, das Sie nun endgültig verlassen. Durch ein Gattertor, das vermutlich geschlossen sein wird, gehen Sie geradewegs hindurch, um dann einen breiten ebenen Schotterweg zu erreichen, auf dem Sie Ihren Weg fortsetzen.

Der ebene, breite, sehr angenehme Schotterweg führt auf einer Hochebene direkt auf das nächste Ziel zu, das Dorf Prati. Sie benötigen dazu etwa 30 Minuten. In Prati stoßen Sie auf eine Asphaltstraße, der Sie nach links folgen. Sie sehen rechter Hand einen Campingplatz. Nach etwa drei- bis vierhundert Metern auf der linken Seite kommen Sie an eine Bar.

Sie verlassen Prati auf derselben Straße, auf der Sie sich aktuell befinden, und gehen auf dieser bergab in Richtung Stroncone. Nach zirka drei Kilometern sehen Sie rechts in einer Linkskurve ein hölzernes Schild, auf dem zu lesen ist: »Sentiero Francescano«. Folgen Sie diesem Wegweiser und gehen Sie einen steinigen Pfad bergab.

rechts weiter bergabwärts. Sobald Sie an der Asphaltstraße angekommen sind, überqueren Sie diese, um dem steinigen Weg nach unten zu folgen.

So marschieren Sie zirka 45 Minuten weiter, bis Sie erneut an eine Asphaltstraße gelangen. Auf dem Weg dorthin passieren Sie zwei Kapellen, die erste nach zirka 35 Minuten an einer Trinkwasserquelle, etwas später eine weitere an einer alten Kiesgrube. An dieser Kiesgrube halten Sie sich bitte

Sie gehen weiter bergab und erreichen die nächste Asphaltstraße. Bleiben Sie knapp 100 Meter auf dieser. Dann sehen Sie einen hölzernen Wegweiser, an dem Sie rechts auf einen steinigen Weg abbiegen. Sie haben nun die letzten Meter den Hang entlang mit herrlichen Blicken auf die Ortschaft Stroncone vor sich. Wenn Sie nach zirka einem halben Kilometer Stroncone betreten, empfehlen wir Ihnen, die Zypressenallee zu wählen und geradewegs auf den Eingang zur Stadt zuzugehen. ■

S ie verlassen Stroncone durch das Tor im Südteil der Stadt, gehen ein Stück geradeaus und sehen rechter Hand eine Bar. Direkt hinter dieser Bar geht die nach Franz von Assisi benannte Straße steil bergab. Nach wenigen Metern gelangen Sie an ein Stoppschild und kommen auf die Verkehrsstraße. Folgen Sie dieser weiter bergab. Nach wenigen Metern stehen Sie direkt vor dem Kloster in Stroncone, das Sie kurz besichtigen können. Links führt die Straße nach Coppe (Hinweisschild »Coppe 3 km«). Diese wählen Sie, um auf einer Asphaltstraße eben bis leicht abwärts nach Coppe zu gelangen.

Wenn Sie das Ortsschild von Coppe erreichen, sehen Sie links eine Kapelle, an der eine schmale Asphaltstraße abwärts führt. Sie sehen auch, dass diese Asphaltstraße mit einer roten Wegbeschreibung mit der Nummer 1 gekennzeichnet ist. Folgen Sie dieser Asphaltstraße. Wenig später kommen Sie an einem Gebäude (Viehtränke) vorbei. Dort sehen Sie wieder die Nummer 1, die geradeaus abwärts führt. Folgen Sie diesem Weg.

Sie gehen den asphaltierten Weg weiter bergab, der anschließend in einen breiten, angenehmen Schotterweg übergeht. Hier und da zweigen links und rechts Wege ab. Sie jedoch bleiben auf dem Hauptweg und wandern talabwärts weiter. So gelangen Sie nach zirka einer halben Stunde an eine Verkehrsstraße, kurz vorher durchqueren Sie eine Hochspannungsleitung.

Nach dem Überqueren der Asphaltstraße biegen Sie etwa nach 100 Metern rechts ab, um nach etwa weiteren 50 Metern links abzubiegen und durch ein hoffentlich ausgetrocknetes Bachbett zu gehen. Folgen Sie dem steinigen Weg jenseits des Bachlaufs, um zirka 200 bis 300 Meter später geradeaus bergauf zu laufen.

Es geht nun auf einem steinigen Waldweg durch einen Pinienwald steil nach oben. Nach zirka einer halben Stunde kommen Sie wieder an eine Asphaltstraße an den Dorfanfang von Aguzzo. Folgen Sie hier der Beschilderung mit dem Weg Nummer 1 und gehen Sie die Asphaltstraße weiter bergauf.

Nach weiteren etwa zehn Minuten verlassen Sie das Dorf Aguzzo und ein Wegschild mit »Nummer 1« zeigt eine Abbiegung nach rechts, wo Sie auf einer schmalen geteerten Straße aufwärts weitermarschieren.

Sie gehen die schmale Asphaltstraße leicht bergan und erreichen linker Hand einige Häuser. Sie bleiben auf der Teerstraße, die am Zaun des Hauses Nummer 31 entlang bergabwärts führt und später in einen breiten Schotterweg übergeht. Sie gehen leicht absteigend hinunter in ein Tal. Wenn Sie geradeaus in westliche Richtung blicken, sehen Sie gegenüber am Hügel das Ziel, auf das Sie zusteuern: Lo Speco.

Nachdem Sie das erste Tal erreicht haben, führt der steinige, breite Waldpfad wieder nach oben, um hernach erneut steil abzufallen. So wandern Sie weiter, bis Sie aus dem Wald herauskommen und ein Bachtal überqueren. Sie folgen den Wegweisern mit der Nummer 1 und nehmen dann den breiten Weg nach links.

Bleiben Sie zwei-, dreihundert Meter auf dem Weg, um dann dem Schild nach rechts oben zu folgen. Es geht auf einem breiten, gekiesten Weg zirka 700 Meter nach oben in das Dorf Ville. Dort, an der Asphaltstraße angekommen, biegen Sie nach rechts ab, um bei dem Schild »Alimentari/Tabacchi« wieder nach links abzubiegen. Es geht weiter steil nach oben. Zunächst ist der Weg geteert, wird anschließend aber zu einem Pfad. Sie wandern oberhalb eines Olivengartens vorbei, um dann noch einmal

ein kurzes Stück steil aufzusteigen. Nach zwei-, dreihundert Metern erreichen Sie eine Asphaltstraße, die Sie geradeaus überqueren und gemütlich bergaufwärts wandern.

Anschließend marschieren Sie wieder entlang eines Olivenhains und treffen oberhalb davon auf einen Waldpfad. Dieser beginnt nun steil anzusteigen und führt auf einer Länge von zirka vier-, fünfhundert Metern steinig steil bergauf. Wenn Sie den Wald verlassen, gelangen Sie an eine Asphaltstraße, wo Sie links abbiegen und in Serpentinen nach Lo Speco kommen. Von dort aus ist es noch gut ein halber Kilometer, bis Sie die Einsiedelei am Berghang erreichen.

Sobald Sie am Kloster Lo Speco angekommen sind, genießen Sie einen unglaublichen Ausblick auf das Tal. Sie sehen in der Ferne den heutigen Ausgangspunkt Stroncone. Sie erkennen Coppe, und wenn Sie genau

hinsehen auch den Weg bzw. Pfad, den Sie heute schon gegangen sind. Sie sollten auch die Felsspalte über dem Kreuzgang der Klosteranlage besuchen. Dort soll der heilige Franziskus gebetet haben. Dazu nehmen Sie gegenüber dem Klosterplatz die Treppen mit dem Kreuzweg nach oben. Wir haben an der Stelle die Mittagspause eingelegt, um unseren Blick über die Weite des Landes schweifen zu lassen.

Hernach geht's vom Klosterplatz wieder ein Stück abwärts, anschließend scharf rechts in Richtung WC. Der Weg führt Sie nun leicht bergab. Sie halten sich links, um 300 Meter weiter leicht bergab zu gehen. So erreichen Sie eine Y-Gabelung, an der Sie rechts den Weg nach oben wählen, der zunächst kräftig ansteigt, dann aber flacher wird.

Nach etwa einem halben Kilometer, der Weg wird flacher, kommen Sie an eine – ja, wie soll man das nennen – eine Stelle, wo Sie aus dem Wald hinausschauen können. Sie sehen gegenüber das wunderschöne Dorf Narni. Hier folgen jetzt zwei Abbiegungen nach rechts. Nehmen Sie die zweite. Wenn Sie ein Stück nach oben gegangen sind, sehen Sie auf dem Boden einen größeren Stein mit einer gelben und roten Markierung liegen. Der Weg führt bergaufwärts. Diesem Weg folgen Sie zirka einen dreiviertel Kilometer.

Dieser lange Anstieg wird nochmals stark an Ihren Kräften zehren, denn es geht sehr, sehr steil bergauf.

Dafür werden Sie auf dem Plateau mit einem gewaltigen Ausblick in das Tal entschädigt. In der Ferne sehen Sie Stroncone und links daneben Terni. Sie erreichen das Hochplateau zwischen mehreren Licht- oder Telefonmasten. Auf dem Plateau angekommen, sehen Sie links im 90-Grad-Winkel zu Ihrem Weg eine Karrenspur. Dieser folgen Sie etwa 200 Meter, um danach in den Weg scharf rechts abzubiegen. Davor sehen Sie linker Hand noch ein Gebäude. Diesem Weg, der sich auf dem Hochplateau nun eben dahinschlängelt, folgen Sie erst einmal.

Nach weiteren drei-, vierhundert Metern kommen Sie an eine Y-Gabelung und nehmen die linke Abzweigung.

Bleiben Sie auf dem breiten geschotterten Kiesweg. So erreichen Sie nach sechs-, siebenhundert Metern nach einem leichten Anstieg einen Baum. Sie nehmen nun nicht den grasbewachsenen Weg geradeaus, sondern folgen dem breiten Schotterweg, der sich rechts um die Kurve schlängelt.

An dem Baum sehen Sie ein gelb-rotes Rechteck und einen Pfeil nach links. Dort unbedingt in den breiten Schotterweg nach rechts abbiegen und auf zirka einen Kilometer weitergehen. So gelangen Sie an eine Asphaltstraße.

Unterwegs haben Sie einen unglaublichen Ausblick in das vor Ihnen liegende Tal. Genießen Sie ihn während einer kleinen Rast. Ab dem Erreichen der Asphaltstraße können Sie die

Bremsen lösen. Auf dieser ruhigen Straße geht es hinunter ins Tal nach Calvi dell'Umbria.

Es sind noch gut sieben Kilometer! Anfangs führt die Straße bergab und wird nach etwa der Hälfte flacher. Nach dem Ortsschild kommen Sie an eine Y-Abbiegung. Nehmen Sie dort die Asphaltstraße nach links, um direkt in die Altstadt von Calvi dell'Umbria zu gelangen. ■

Wenn Sie im Hotel La Locanda del Francescano übernachtet haben, gehen Sie einfach aus dem Hotel heraus und auf das Stadttor zu. In der Stadt selbst gehen Sie zunächst in Richtung Süd-Süd-Ost. Es stehen Ihnen viele Möglichkeiten offen, um treppab aus dem Dorf herauszukommen. Nachdem Sie Hunderte von Treppenstufen nach unten gestiegen sind, erreichen Sie am südöstlichen Ende von Calvi eine um das Dorf herumführende Asphaltstraße, der Sie nach links folgen.

Die Asphaltstraße führt sanft bergab und Sie erreichen wenig später eine Rechtskurve, in der Sie eine größere Brücke erkennen. Später beginnt die Straße sanft anzusteigen und Sie sehen nach wenigen Metern linker Hand oberhalb einer Mauer einige Olivenbäumchen. Zirka hundert Meter später führt links ein steiler Pfad – Achtung, die Abzweigung ist schwer zu erkennen – in den Wald hinein. Diesem Pfad folgen Sie bis in das nächste Dorf namens S. Maria Maddalena. Es sind von der Straße bis zum Dorf hinauf vielleicht 400 Meter auf einem schattigen Waldpfad. Gehen Sie dann auf dem breiten Schotterweg, der durch das Dorf führt, geradeaus, bis Sie an eine asphaltierte Viererkreuzung kommen. Biegen Sie hier rechts ab.

Sie gehen an der Kirche vorbei, die Straße fällt leicht ab. Sie kommen danach an eine Kreuzung, die Sie geradeaus überqueren, um die Straße nach Fianello zu beschreiten. Auf dieser Straße bleiben Sie nun 2½ Kilometer und genießen die wunderbare Aussicht in das Tal.

Lassen Sie die Abzweigung nach Fianello rechts liegen, marschieren geradeaus und kommen später direkt auf eine Kapelle zu. Dort angekommen, nehmen Sie die rechte Asphaltstraße und wandern gemütlich nach unten ins Tal. Dabei lassen Sie alle Abzweigungen links und rechts liegen und folgen der Asphaltstraße. Diese geht in einen breiten Schotterweg über und Sie passieren einen rechts auf einem kleinen Hügel liegenden Bauernhof. Ihr Schotterweg führt links an dem Bauernhof entlang. So erreichen Sie eine Y-Gabelung, an der Sie rechts das Schild für einen Privatweg sehen. Sie nehmen links den Weg hinunter auf das grüne Feld.

Sie gehen nun über eine Wiese an einer Baumreihe entlang talwärts und können dort bereits den Schotterweg sehen, an dem Sie links abbiegen. Nach etwa 300 Metern kommen Sie an eine etwas versetzte Viererkreuzung, wo Sie scharf rechts hinuntergehen und Bachläufe zu überqueren haben. Sollte der Bach Wasser führen, stehen Sie vor einem kleineren Problem, denn der

Bachlauf ist auf der Höhe des Weges einige Meter breit.

Trick Nr. 1: Sie haben leere Plastiktüten dabei, die Sie sich um Ihre Schuhe oder aber um ihre nackten Füße wickeln. So gerüstet, waten Sie durch den flachen Bachlauf.

Trick Nr. 2: Links und rechts des Weges ist der Bachlauf sehr schmal. Sie können also mit einem beherzten Sprung den Bach überwinden. Dabei haben Sie allerdings das Problem, sich auf beiden Seiten des Baches durchs Dickicht kämpfen zu müssen. Wir empfehlen an dieser Stelle auf jeden Fall lange Kleidung, um Kratz- und Schürfwunden möglichst zu vermeiden.

Hernach steigt der Weg steil nach oben. Nach dem ersten Stück des steilen Weges gehen Sie am besten an einer Baumreihe entlang über die Wiese. Am oberen rechten Eck der Wiese führt der Weg weiter steil nach oben. So erreichen Sie nach etwa einem Kilometer eine Asphaltstraße. Dort haben Sie wiederum einen wunderschönen Blick über das vor Ihnen liegende Tal. Der Platz bietet sich für die mittägliche Rast an. Hernach gehen Sie auf der Asphaltstraße links abbiegend etwa einen halben Kilometer weiter.

Nehmen Sie links die Teerstraße in Richtung Tarano und Montebuono. Auf dieser Teerstraße, die sich an einzelnen Gehöften und Häusern vorbeischlängelt, bleiben Sie zirka fünf Kilometer. Hernach erreichen Sie eine breite Autostraße, wo Sie nach rechts in Richtung Selci abbiegen.

Sie bleiben nur etwa 100 Meter auf der Straße nach Selci und biegen dann links abfallend auf einen breiten Schotterfeldweg ein. Wieder genießen Sie einen wunderschönen Ausblick auf die Umgebung. Nach etwa 600 bis 700 Metern kommen Sie an eine Y-Abzweigung und nehmen dort den Weg nach links. Kurz danach führt der Weg direkt auf ein Haus zu. Gehen Sie rechter Hand um das Haus herum und dahinter auf einem schmalen Pfad an einer Baumreihe entlang hinunter ins Tal.

Wandern Sie nun ein Stückchen am Flussbett entlang. Überqueren Sie den Fluss an der Stelle, wo Sie auf der gegenüberliegenden Seite einen kräftigen Baum und einen Zaun sehen, der den Hügel hinaufzeigt. Hier haben Sie hoffentlich die Chance, trocken über das Flussbett zu gelangen. Gegenüber quälen Sie sich durch den Stacheldraht hindurch und gehen bergauf geradewegs über die Wiese. Am oberen Ende der Wiese erreichen Sie einen breiten Feldweg, dem sie nach rechts folgen. Durch das Gatter hindurch kommen Sie auf die Teerstraße und sind an der Kirche von Vescovìle angelangt.

Hinweis: Sollte das Flussbett wegen der Wassermenge nicht passierbar sein, müssen Sie notgedrungen zur Asphaltstraße zurückkehren, südwärts wandern und dort die Abbiegung nach Vescovìle nehmen. Von dort aus führt die Straße zur Albergo La Pineta. In der Summe müssen Sie so leider über fünf Kilometer Umweg auf sich nehmen.

Nach dem Besuch der Kirche von Vescovìle bleiben Sie auf der Asphaltstraße und erreichen nach zirka 300 bis 400 Metern die Albergo La Pineta. ∎

Albergo La Pineta
Poggio Mirteto

Wegbeschreibung

🏃 14 km   ⏱ 4 Std.   ⇑ ca. 350 m   ⇓ ca. 250 m

Wir sind um 9.00 Uhr von der Albergo La Pineta aufgebrochen, um auf der Asphaltstraße in Richtung Selci zu marschieren. Nach gut einem halben Kilometer biegen Sie rechts auf die Asphaltstraße nach Selci ab und kommen nach zirka 1½ Kilometern an die Straße Via Riatello, die man rechts abbiegend den Berg hinaufmarschiert.

Wenn Sie Lust haben, können Sie natürlich auch das Städtchen Selci besuchen. Dann bleiben Sie auf der Asphaltstraße und gehen noch etwa einen Kilometer weiter nach oben. Sie finden dort eine Bar und mehrere Geschäfte, wo sie sich mit Marschverpflegung eindecken können.

Verlassen Sie anschließend Selci auf demselben Weg wie Sie gekommen sind und folgen der Via Riatello.

Die Via Riatello führt erst leicht bergab und dann steil hinauf auf einen Hügel. Nach etwa einem halben Kilometer stoßen Sie auf eine Asphaltstraße, der Sie nach links folgen. Bleiben Sie einen guten halben Kilometer auf dieser Asphaltstraße, bis Sie an eine T-Kreuzung gelangen. Links geht's in eine Sackgasse. Sie wandern nach rechts, bleiben auf der Asphaltstraße, lassen einige Seitenwege nach links oder rechts

liegen und gehen auf eine breitere Verkehrsstraße zu, der sie rechts abbiegend folgen.

Sie bleiben etwa einen Kilometer auf der asphaltierten Straße. Danach nehmen Sie die Abbiegung nach links in Richtung des Ortes Cantalupo. Wenn Sie weiter auf der Asphaltstraße in Richtung Cantalupo gehen, kommen Sie wiederum nach einem Kilometer zu einem Wegweiser, der links nach Cantalupo zeigt. Sie jedoch nehmen 20 Meter hinter der Abzweigung links die Asphaltstraße, die langsam bergab führt.

Sie bleiben auf dieser Asphaltstraße etwa für einen halben Kilometer, dann erreichen Sie einzelne Gebäude. Würden Sie geradeaus gehen, sehen Sie ein Sackgassenschild. Deswegen biegen Sie an dieser Stelle nach rechts in einen breiten Schotterweg ab. Dort bleiben Sie etwa 200 Meter und nehmen dann die Abbiegung nach links, gehen den Berg hinunter und sehen schon in einiger Entfernung Starkstrommasten, unter deren Leitungen Sie hindurchgehen.

Nachdem Sie die Hochspannungsleitungen bergabwärts auf dem breiten Kiesweg passiert haben, sehen Sie rechter Hand schon eine wunderschöne neue Villa auf einem Hügel thronen. Sie gehen weiter steil bergab, um zwischen dieser Villa und einer weiteren auf der linken Seite vorbeizugehen. Zwischen diesen beiden Villen macht der Weg eine Rechtskurve, um dann weiter

ins Tal hinabzuführen. Sie erreichen nach wenigen Schritten eine vielbefahrene Asphaltstraße. Der folgen Sie zunächst nach rechts, um nach etwa einem halben Kilometer wieder nach links abzubiegen. Die Abzweigung verweist auf »S. Luigi«.

Nachdem Sie links auf die Asphaltstraße nach S. Luigi eingebogen sind, nehmen Sie nach etwa 200 Metern die Abzweigung nach rechts – eigentlich eher geradeaus – und steigen auf einer Asphaltstraße in Form von Serpentinen den Berg hinauf. Nach gut einem Kilometer gehen Sie nicht nach links in das Dorf hinein, sondern geradeaus in die Via Carlo Parlagreco, um auf ebener Strecke einer schmalen Asphaltstraße zu folgen.

Sie bleiben auf der Asphaltstraße, der Via Carlo Parlagreco, die zuerst eher flach und dann ansteigend verläuft. So erreichen Sie eine Viererkreuzung, an der rechts eine kleine

Kapelle und ein kleines Kirchlein stehen. Sie gehen geradeaus und sehen vor sich auf dem Hügel bereits den Zielort Poggio Mirteto. Sie bleiben auf der Asphaltstraße und gehen etwa einen Kilometer leicht abfallend weiter, um dann an einer T-Kreuzung rechts abzubiegen. Hier sehen Sie rechts ein Haus mit der Nummer 15. Nun führt Sie Ihr Weg wiederum zirka einen Kilometer bergab. Anschließend erreichen Sie eine Asphaltstraße, die sie überqueren. Dann geht's geradewegs hinauf zum Stadttor von Poggio Mirteto. ■

Ihre Strecke beginnt heute dort, wo sie gestern geendet hat. Nämlich an dem Tor, das Sie beim Betreten von Poggio Mirteto durchschritten haben. Gehen Sie dort den schmalen Asphaltweg wieder ein Stück hinab, bis Sie auf die breite Asphaltstraße kommen, der sie nach links folgen. Sie gehen nun gut einen halben Kilometer bergabwärts und kommen dann an eine Abzweigung nach links und nehmen dort die Via Fonte Cupido.

Sie gehen dann den Hügel für zirka einen dreiviertel Kilometer hinauf und gelangen an ein Stoppschild, wo sie links in eine befahrene Straße einbiegen. Wandern Sie dort sanft bergauf weiter, bis Sie rechts eine schmale Asphaltstraße sehen. Es sind von der vorherigen Einbiegung bis hierher etwa 400 Meter. Hier finden Sie zudem ein Schild mit der Aufschrift Agriturismo Le Murene (Dort können Sie ebenfalls statt in Poggio Mirteto herrlich übernachten:

http://www.agriturismolemurene.it). Sie gehen also nun auf dieser schmalen Asphaltstraße und sehen nach zirka 100 Metern hinter der Einbiegung rechter Hand ein Transformatorhäuschen und gehen einfach dem Asphaltsträßchen folgend geradeaus weiter.

Nach zirka einem halben Kilometer biegen Sie dann links ab. Geradeaus würden Sie zum Agriturismo Le Murene gelangen.

Sie erreichen so die ersten Häuser von Montopoli di Sabina. Sie stoßen dabei auf eine Verkehrsstraße, die U-förmig vor Ihnen liegt. Nehmen Sie bei dem U die rechte Seite und marschieren auf einer Asphaltstraße an den Häusern vorbei in Richtung des Hügels, auf der dem alte Teil von Montopoli liegt. Nach ca. ½ km sehen Sie auf der linken Seite das Schild »Via Rovane«. Dieser Straße folgen Sie steil bergab. Gehen Sie

dabei nicht nach links in Richtung des Friedhofs, sondern folgen Sie der Via Rovane steil bergab.

Nach einigen 100 Metern folgen Sie dem Verlauf der Straße (nach links) und gehen nicht geradeaus in die Einbahnstraße hinein. Aus der Asphaltstraße wird dann ein breiter Schotterweg, der am Hügel entlang und wieder hinunter ins Tal führt. Unten im Tal angekommen, gehen Sie rechter Hand über eine Betonbrücke und Sie erreichen erneut eine geteerte Straße. Biegen Sie an der Asphaltstraße rechts ab. Nun gehen Sie auf der Asphaltstraße etwa auf der Länge von knapp zwei Kilometern bis an die Kreuzung, in der Sie links das Schild nach Farfa sehen (Kilometerangabe 3 km). Nehmen Sie diese Abbiegung nach links.

Von der Asphaltabbiegung gehen Sie nun zirka einen Kilometer die Asphaltstraße entlang. Biegen Sie nicht nach rechts in Richtung Farfa ab, sondern bleiben Sie weiterhin auf der Asphaltstraße geradeaus in Richtung Rieti. Nach etwa einem Kilometer beginnt die Asphaltstraße in einer leichten Linkskurve stärker anzusteigen. Dort gehen Sie geradeaus in einen breiten Schotterweg hinein.

Nach etwa einem dreiviertel Kilometer gehen Sie rechts über eine hölzerne Brücke und dann in Richtung eines rosafarbenen Hauses.

Kurz davor (zirka 30 Meter) biegen Sie links ab, um nach weiteren knapp 100 Metern in einen Olivengarten zu kommen. An diesem Olivengarten gehen zunächst einmal steil nach oben, um dann auf der linken Seite im Zaun durch eine Lücke zu schlüpfen. Diese Lücke ist etwa zwei bis drei Meter breit und Sie erreichen den danebenliegenden Olivengarten. In diesem Olivenhain wenden Sie sich schräg rechts nach oben und erreichen so die südliche Mauer der Benediktiner-Abtei von Farfa.

Gehen Sie dann linker Hand an der Begrenzung der Abtei entlang, um wenig später auf eine Straße zu stoßen, die zur mächtigen Benediktiner-Abtei führt. ■

Farfa
Roma

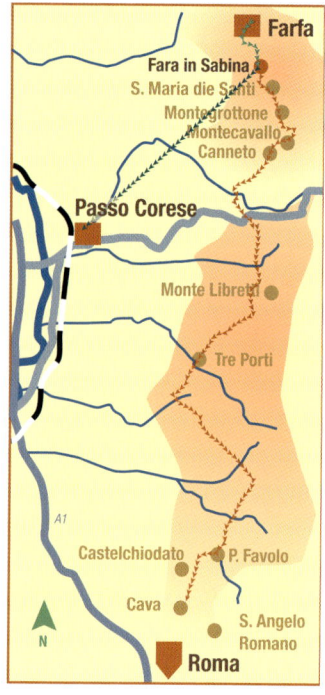

Sie nun hindurch und steigen einen verträumten schattigen Weg bergaufwärts.

Sie gehen diesen vermutlich sehr alten Pilgerpfad zirka einen Kilometer nach oben. Hier und da weisen Ihnen rote Punkte den Weg. Zunächst steigt er steil bergan und wird dann sukzessive immer flacher. Auf einmal, nach etwa einem Kilometer, endet der Weg, respektive ist er nicht weiter geradeaus begehbar. Deswegen folgen Sie jetzt den roten Punkten nach rechts, und zwar ziemlich steil nach oben. Nach etwa 200 bis 300 Metern erreichen

Sie einen breiten Feldweg, dem Sie nach links folgen. Nach wiederum etwa 300 Metern erreichen Sie eine asphaltierte Kreuzung. Nun können Sie die Teerstraße nach Fara in Sabina nehmen, die etwa auf zwei

Kilometern Länge nach oben führt. Sie sehen geradeaus vor sich Beton- und Holzpfähle (vermutlich Strom- oder Telefonleitungen), die den Berg direkt nach Fara hinaufführen. Wenn Sie möchten, können Sie sich hier durch das Gras bis nach oben durchkämpfen.

Wenn Sie diesen steilen Weg wählen, sollten Sie sich bewusst sein, dass Sie im weiteren Verlauf des Weges auf allen vieren nach oben kriechen müssen. Später erreichen Sie die Asphaltstraße, auf der Sie rechts abbiegend nach Fara in Sabina hineingehen können. Bequemer, aber natürlich zeitaufwendiger ist der Weg über die Asphaltstraße.

In Fara in Sabina gibt es ein herrliches Kloster für die letzte Übernachtung. Dort können Sie in herrlicher Umgebung noch ein letztes Mal die Ruhe genießen und Ihren Blick über die unglaubliche Landschaft schweifen lassen. Von Farfa bis Fara in Sabina benötigen Sie knapp zwei Stunden.

Wir haben uns entschlossen, an dieser Stelle den Bus nach Passo Corese Bahnhof zu nehmen, um von dort aus mit dem Zug in zirka einer Stunde Rom-Trastevere zu erreichen. Erkundigen Sie sich im Ort Fara in Sabina nach der Busstation. ■

Sie verlassen Farfa am besten durch das Tor in nördlicher Richtung und gelangen auf eine Asphaltstraße, der Sie nach links oben folgen. Sie erreichen eine Y-Verzweigung, an der rechts Passa Corese und links Rieti angeschrieben steht. Sie folgen ein kurzes Stück der Straße nach Rieti.

Nach einigen 100 Metern sehen Sie auf der rechten Seite einen Weg abzweigen, den Sie einschlagen. Dort sollten Sie auf einem Stein ein rotes Tau und dahinter ein Gatter sehen. Durch dieses Gatter gehen

Übernachtungsadressen

Die Telefonvorwahl von Italien ist 0039. Aus dem Ausland wählen Sie bitte die Ländervorwahl und dann die vollständige Telefonnummer mit der beginnenden »0« .

1. Assisi
Albergo San Giacomo, Via S. Giacomo 6,
06081 Assisi (PG), Tel. 075/816778

2. Spello
Albergo Ristorante Alta Villa, Via Mancinelli 2,
06038 Spello (PG), Tel. 0742/301515 o. 0742/302098,
Fax 0742/651335, E-Mail: info@hotelaltavilla.com

3. Montefalco
Antonio Frantoio Brizi, Via Verdi 60/34,
06036 Montefalco (PG), Tel. 0742/379165,
E-Mail: frantoiobrizi@libero.it, www.frantoiobrizi.it

4. Spoleto
Emanuela Brizi führt auch die Stadtvilla in Spoleto.
Kontakt über die Montefalco-Adresse

5. Patrico
Agriturismo Bartoli, 06049 Patrico di Spoleto (PG),
Tel. 0743/220058, www.agriturismobartoli.it
E-Mail: info.bartoli@yahoo.it

6. Ferentillo
Agriturismo La Pila, 05034 Le Mura di Ferentillo (TR),
Tel. 0744/780793, E-Mail: agriturismolapila@tiscalinet.it

7. Don Bosco
Albergo Don Bosco, Località Piano Monte 4,
05030 Polino (TR), Tel. 0744/789120,
www.argoweb.it/hotel_donbosco

8. Poggio Bustone
Hotel Villa Tizzi, Marisa Mancini und Valentino Previati,
02040 Poggio Bustone (RI), Tel. 0746/688956,
E-Mail: info@villatizzi.it, www.villatizzi.it

9. Rieti
Grande Albergo Quattro Stagioni Rieti,
Piazza Cesare Battisti 14 , 02100 Rieti (RI),
Tel. 0746/271071, Fax 0746/271090,
E-Mail: info@hotelquattrostagionirieti.it,
www. hotelquattrostagionirieti.it

10. Greccio
Albergo Belvedere, Via Parrocchia 1–3,
02040 Greccio (RI) Tel. 0746/753096

11. Stroncone
Albergo La Porta del Tempo, Via G. Contessa 22,
05039 Stroncone (TR), Tel. 0744/608190,
E-Mail: info@portadeltempo.com,
www.portadeltempo.com

12. Calvi dell'Umbria

Hotel La Locanda del Francesco, Via Niamense 3a,
05032 Calvi dell'Umbria (TR), Tel. 0744/71029

13. Albergo La Pineta

Albergo La Pineta, Bivio Vescovio 69, Torri in Sabina (RI),
Tel. 0765/608168, Dienstag Ruhetag

14. Poggio Mirteto

Unsere Pension in Poggio Mirteto ist nicht zu
empfehlen, darum haben wir nach einer Alternative
gesucht: Agriturismo Le Murene, Via Colle Ballone 5,
Montopoli di Sabina, Tel. 0765/276054,
E-Mail: info@agriturismolemurene.it,
www.agriturismolemurene.it

15. Farfa

Casa Accoglienza delle suore di Santa Brigida,
Via del Monastero 12, 02030 Farfa (RI),
Tel. 0765/277072 oder 277087,
E-Mail: suorefarfa@openaccess.it

16. Roma

Suore Francescane della Croce, Via Fratelli Bandiera 19,
Monte Verde Vecchio, 00152 Roma,
Tel. 06/5899792 oder 06/5800594

Wir haben hier eine kleine Auswahl an Büchern zusammengestellt, die für die Leser dieses Buches ebenfalls von Interesse sein könnten, wenn sie auf dem Franziskusweg pilgern möchten:

Italien: Franziskusweg
Outdoor, der Weg ist das Ziel, Kees Roodenberg, erschienen im Conrad Stein Verlag,
ISBN 978-3-86686-186-2

Der Franziskusweg, von Laverna über Gubbio und Assisi bis Rieti
Angela Maria Seracchioli, erschienen im Tyrolia Verlag
ISBN 978-3-7022-282-55

Bruder Feuer
Luise Rinser. Was wäre, wenn Franz von Assisi im 20.sten Jahrundert zu Hause wäre?
ISBN 3-596-22124-2

Rom
Natonal Geographic, Magazin Infos & Tipps, Touren, Cityatlas, ISBN 978-3-8297-3240-6